普通高等教育铁道部规划教材

铁路路基养护维修

刘建坤　主　编
谢纫秋　副主编
郭战伟　主　审

中国铁道出版社
2010年·北　京

内　容　简　介

本书阐述了铁路路基养护的基本原则和路基各组成部分的功能及保证其工作状态的基本要求，讲述了铁路路基的基本技术要求及检测方法、既有铁路路基常见病害的分类与整治、路基监测与预报、路基维修工作的实施及质量标准、路基大修工作的实施及质量标准。

本书为普通高等学校铁道工程专业教学用书，也可作为高职院校和铁路维修养护人员及相关技术人员的参考书。

图书在版编目(CIP)数据

铁路路基养护维修/刘建坤主编. —北京：中国铁道出版社，2010.8
普通高等教育铁道部规划教材
ISBN　978-7-113-11624-8

Ⅰ.①铁…　Ⅱ.①刘…　Ⅲ.①铁路路基－铁路养护－高等学校－教材 ②铁路路基－维修－高等学校－教材　Ⅳ.①U216.42

中国版本图书馆 CIP 数据核字(2010)第 131348 号

书　　名：铁路路基养护维修
作　　者：刘建坤　主编

责任编辑：李丽娟　**电话：**010-51873135　**电子信箱：**LLJ704@163.com　**教材网址：**www.tdjiaocai.com
封面设计：崔丽芳
责任校对：孙　玫
责任印制：陆　宁

出版发行：中国铁道出版社（100054，北京市宣武区右安门西街 8 号）
网　　址：http：//www.tdpress.com
印　　刷：河北省遵化市胶印厂
版　　次：2010 年 8 月第 1 版　2010 年 8 月第 1 次印刷
开　　本：787 mm×1 092 mm　1/16　印张：8.75　字数：210 千
书　　号：ISBN 978-7-113-11624-8
定　　价：18.00 元

前　言

本书是普通高等教育铁道部规划教材，是由铁道部教材开发领导小组组织编写，并经铁道部相关业务部门审定，适用于高等院校铁路特色专业教学以及铁路专业技术人员使用。本书为铁道工程系列教材之一。

铁路路基是轨道的基础，它的工作状态的好坏直接影响着线路的运行安全。路基养护维修就是要保证其一直处于良好的工作状态，保证列车的正常运营。由于不同历史时期铁路建设的水平和标准不同，我国既有铁路线路长期以来一直处于不断的养护维修之中。在铁路大面积提速过程中，路基的养护维修工作变得更加繁重，提速之后的路基养护维修也变得复杂，技术要求也随之提高。路基养护维修是铁路工务部门非常重要的、持久的工作内容，如何组织、实施路基养护维修工作是铁道工程专业学生应掌握的基本内容。本书就是针对这一需要而编写的介绍既有铁路路基养护维修方面知识的教材。

本书由北京交通大学刘建坤主编，铁道部运输局郭战伟主审。全书共分七章：第一章主要介绍铁路路基养护维修的意义和主要原则，由广州铁路（集团）公司谢纫秋编写；第二章主要介绍铁路路基各个组成部分应有的状态及检测方法，由北京交通大学田亚护、刘建坤、冯瑞玲编写；第三章主要介绍铁路路基的主要病害及其治理方法，由谢纫秋编写；第四章介绍铁路路基的监测内容及方法，由北京交通大学彭丽云、刘建坤编写；第五章介绍铁路路基维修工作的质量标准，由谢纫秋编写；第六章介绍路基大修工作的实施和标准，由谢纫秋编写；第七章主要介绍特殊条件下铁路路基养护的特点和注意事项，由田亚护编写。

本教材的编写参考了大量前人的工作、成果及法规等，未能一一列出，在此一并致谢。书中难免出现错误和不当之处敬请读者指正并谅解。

编　者

2010 年 8 月

目　　录

第一章　总　　论 …… 1

第二章　铁路路基的基本技术要求及检测方法 …… 4
　第一节　路基本体 …… 4
　第二节　路基附属设备 …… 12
　第三节　路基检测 …… 13
　复习思考题 …… 20

第三章　既有铁路路基常见病害的分类与整治 …… 21
　第一节　既有铁路路基常见病害的一般分类 …… 21
　第二节　路基基床的常见病害与治理 …… 22
　第三节　路基边坡的常见病害与治理 …… 28
　第四节　路基连接处及基底的常见病害与治理 …… 68
　复习思考题 …… 78

第四章　路基监测 …… 79
　第一节　路基监测概述 …… 79
　第二节　路基监测常用方法 …… 80
　第三节　路基本体及其特殊地段监测项目 …… 88
　第四节　路基监测预报 …… 89
　复习思考题 …… 90

第五章　路基维修工作的实施及质量标准 …… 91
　第一节　路基维修工作范围 …… 91
　第二节　路基维修工作实施 …… 91
　第三节　路基维修质量验收 …… 94
　第四节　路基保养质量评定 …… 100
　第五节　路基设备状态评定和病害分级 …… 101
　复习思考题 …… 104

第六章　路基大修工作的实施及质量标准 …… 105
　第一节　路基大修工作范围 …… 105

第二节　路基大修工作实施………………………………………… 105
第三节　路基大修验收标准………………………………………… 108
复习思考题………………………………………………………… 114

第七章　特殊条件下路基的养护维修………………………………… 115
第一节　冻土地区路基的养护维修…………………………………… 115
第二节　黄土地区路基的养护维修…………………………………… 118
第三节　膨胀土地区路基的养护维修………………………………… 120
第四节　盐渍土与盐湖地区路基的养护维修………………………… 122
第五节　风沙地区路基的养护维修…………………………………… 125
第六节　粉土地区路基的养护维修…………………………………… 128
复习思考题………………………………………………………… 130

参考文献………………………………………………………………… 131

第一章 总论

我国铁路在国民经济中具有不可替代的重要地位。随着社会的发展、科技的进步，我国铁路已发展成为具有运量大、距离长、安全、不间断等优点的大能力的骨干交通运输工具。根据现有的基本国情，我国铁路要在市场竞争中保持与提高已有的地位，必须按照铁路发展的主要技术政策，建立“速度快、密度高、重量大”的运输新模式，努力提高铁路运输服务质量水平。这不但对新建铁路提出了更高的设计标准与施工质量，对既有铁路的养护维修工作亦提出了更高的要求。

一、铁路路基养护维修的重要性

在本教材中，铁路路基养护维修的工作对象系指既有铁路上承担运营任务的铁路路基，铁路路基养护维修的工作内容包括路基的维修工作与路基的大修工作。

铁路路基与桥梁、隧道和轨道一起构成了铁道线路的整体，铁路路基作为重要的土工结构物，是轨道的基础。铁路路基主要包括了路基本体部分和路基防护设备、支挡及加固设备、排水设备等附属部分。铁路路基的长度与工程投资在整个铁道建筑工程中占有很大的比重。同时，由于铁路路基是在多种复杂作用下工作的土工结构物，它不仅承载着铁路轨道的全部重量，经受列车荷载的反复作用；还经常遭受水流、风沙、雨雪、严寒、高温、地震等自然营力的侵袭和各种不良地质条件及人为因素的影响。

在铁路线路不间断地运营条件下，铁路路基不可避免地会发生程度不同、形态不同的变形与病害。因此，及时发现、消灭和修复这些变形与病害，使路基本体与附属设备各部分都保持完好状态，提高其强度与稳定性，提高其抵御灾害和满足运输条件的能力，才能确保轨道的畅通无阻，更好地体现铁路安全、经济和高效能。这就是既有铁路路基养护维修工作的重要性所在。

二、铁路路基养护维修的基本原则

路基维修工作贯彻“预防为主，修养并重，综合整治，排水第一”的原则，做到预防性计划维修、小型病害整治与经常保养相结合，并加强检查和巡守工作，对路基病害治早、治小，防患于未然。

路基大修工作主要承担对工作量较大、技术较复杂的路基病害工点，根据路基本体及其附属设备的技术状态和病害程度，按照轻重缓急安排计划进行修理和病害整治，改善和提高路基的稳固性，为铁路行车提供安全稳定的基础。

路基维修、大修工作应采用先进的信息化管理技术，积极应用新技术、新材料、新工艺及先进的检测手段，努力发展机械化，不断改善劳动条件、提高作业效率，保证工程质量。同时，应建立健全路基检定制度及机构,以及时掌握路基设备技术状态,确保路基设备满足行车速度和载重的需要。

三、铁路路基养护维修的基本任务和工作范围

铁路路基养护维修的基本任务有三大项。第一,经常保持路基本体及其排水、防护、支挡及加固等附属设备的完好状态,延长设备使用寿命;第二,及时整治路基病害,预防病害的发生和发展;第三,有计划地改善路基设备状态,不断提高路基整体强度。

铁路路基维修的工作范围主要包括设备的计划维修、小型病害整治、经常保养和巡守工作。其中,计划维修的工作内容含有:整修各种排水设备;修补边坡植被;整修各种防护、加固设备;修理路基范围内的河岸防护、河流调节等建筑物;整修路基安全设备(栏杆、检查梯、检查台阶等);清除或固定危石;修补坡面岩石裂缝;修补隔离栅栏等。属于小型路基病害整治的系指技术不太复杂、整治工程量较小(圬工 100 m^3、土石方 500 m^3 以下)的病害,包括堑坡或山坡上的危岩;岩(土)体裂缝;边坡溜坍或风化剥落;基床下沉外挤或翻浆冒泥;河岸冲刷;排水不良等。需要进行路基经常保养的工作范围有:少量修补边坡植被;清除零星坍体及设备上的土石堆积;清除坡面的零星活石、松动孤石及危树,清除防护加固设备坡面的杂草,疏通各种路基建筑物的泄水孔,夯填砌体与土体间离缝,勾补脱落损坏的灰缝;夯填(填塞)影响坡面稳定的土质坡面裂缝(岩石裂缝);整平土质路肩,清除路堤肩缘下的弃渣弃土,处理路肩低洼处的积水;清除排水设备内的淤积物及杂草,勾补脱落损坏的灰缝,修补沟内及沟帮外缘的漏水部位,保持水沟出入口畅通;经常保持路基防护栏杆、检查梯(井)等检查设备及线路隔离栅栏的完整牢固,按期涂漆防锈及加固修补;负责路基范围内的崩塌、落石、滑坡、泥石流等病害处所的报警设施的检修保养;做好路基禁耕范围内的水土保持工作,提出路基坡面、堤脚及堑顶植被防护计划;修筑、整修上山下河检查小道以及其他临时修补工作。路基巡守工作主要系指对威胁行车安全的病害处所设置专人看(巡)守。

铁路路基大修的工作范围主要分为两方面。第一方面是治理路基维修工作范围以外的各种路基病害(如滑坡、边坡溜坍、崩坍落石、风化剥落、陷穴、基床下沉外挤与翻浆冒泥、河岸冲刷、水浸路基、排水不良、沙害、冻害、雪害、泥石流等)及地基问题。第二方面是恢复及改善路基设备的技术状态,如加宽路基,改善基床、边坡,增设、接长、翻修路基附属设备等。

四、铁路路基养护维修的管理机制

为了满足目前旅客列车设计行车速度 200 km/h 及以下、货物列车设计行车速度 120 km/h及以下和客货共线标准轨距的既有铁路的运营需求,加强路基大修维修工作,提高设备抵御灾害和适应运输的能力,铁道部制定了《铁路路基大维修规则》,作为指导铁路路基养护维修的工作法规。

按照铁道部现有的管理模式与组织方式,各铁路局(公司)负责铁路路基维修工作的组织与管理;同时亦是路基大修工程的建设(法人)单位,负责计划审查立项、工程投资拨款、设计预算审批、监督并检查代建单位的施工管理,主持重点工程验收。各铁路局(公司)根据路基设备的数量合理设置组织机构和配备人员。

工务段是路基维修工作的责任单位。工务段设置实施专业管理的路基科(室)、路基领工区、路基工区(包括危岩工区)、路基工队。路基领工区负责领工区管内路基维修及设备管理工

作;路基工区负责设备的计划维修、经常保养及重点病害的观测和危险地段的巡守工作;领工区与工区配备机械设备、工具材料及防护用品。路基工队负责工务段范围内的小型病害整治工作。风沙地区的工务段设置治沙领工区和治沙工区。

工务段是路基大修工程代建(委托法人)单位,同时也是路基大修工程竣工后的设备接受单位。工务段负责计划申报、施工发包与监理(规模较大的重点工程由建设单位委托监理单位监理),协助施工单位办理与铁路运输有关的计划,以及组织工程竣工验收。

第二章 铁路路基的基本技术要求及检测方法

铁路路基是为满足轨道铺设和运营条件而修筑的土工构筑物，必须保证轨顶设计标高，并与桥梁、隧道等建筑物平顺连接以形成完整贯通的铁路线路；运营过程中，在列车荷载作用和各种人为因素作用下，路基的变形不允许超过容许限度，更不能失稳。

铁路路基由路基本体和路基附属设备两部分组成。其中路基本体工程主要包括路基面、路肩、基床、边坡、路基基底等部分；路基附属结构是路基的组成部分，是为确保路基本体的稳固性而采用的必要的工程措施，包括排水结构和防护、加固结构两大类。路基本体是路基中很容易出现病害的关键部分，铁路路基养护维修中关于路基本体的养护维修在整个路基养护维修中占有很大比重，路基本体工作状态的好坏，直接影响到线路的完好及列车的安全运营。

铁路路基横断面如图 2－1 所示。铁路路基主要应满足以下要求：

(1)平顺性，且路基面有足够的宽度和限界。

(2)有足够的强度、刚度、稳定性和耐久性。

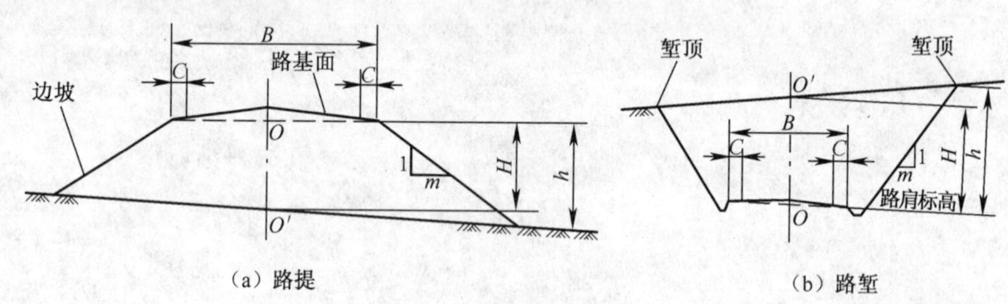

图 2－1 铁路路基横断面图

B－路基宽度；C－路肩宽；H－路基中心高；h－路基边坡高

第一节 路基本体

一、路基面

直接在其上铺设轨道的部分，称为路基顶面简称路基面。在路堤中路基面为路堤的顶面；在路堑中，路基面为堑体开挖后形成的构造面。

(一)路基面的构筑要求

路基面的高程应使轨面标高符合设计要求，当其高程可能因路基面以下土体压密等出现变化时，应先做好加大路基面宽度等的预处理工作，以便用加厚道床的措施保持轨面标高不变。

路基面的宽度除了应满足轨道铺设的要求外，还应满足基面以下土体的稳定、线路养护，设置线路标识、通信电力设施和其他需要。路基面形状应便于轨道的铺设与养护，且有利于排水。

(二)路基面的形状

路基面的形状为三角形路拱，由路基中心线向两侧设4%的人字排水坡。曲线加宽时，路基面仍应保持三角形。

在单线铁路(或双线铁路并行等高地段)中，硬质岩石路堑及基床表层为级配碎石或级配砂砾石的路基，其路肩高程应高于非渗水土的路肩，高出尺寸按下式计算：

$$h=(h_1-h'_1)+\frac{B-B'}{2}\times 0.04$$

式中　h_1——土质路基直线地段的标准道床厚度(m)；

h'_1——硬质岩石路堑级配碎石或级配砂砾石路基直线地段的标准道床厚度(m)；

B——土质路堤直线地段的标准路基面宽度(m)；

B'——硬质岩石路堑级配碎石或级配砂砾石路基直线地段的标准路基面宽度(m)。

(三)路基面的宽度

区间单线路基面的宽度由铺设轨道部分和路肩部分组成；区间双线路基面的宽度由线间距加左、右两侧线路中心以外轨道的铺设宽度和路肩宽度组成。区间路基面宽度应根据铁路等级、正线数目、远期采用的轨道类型、路基面形状、曲线加宽、路肩宽度等计算确定。

路肩的作用是保护轨道以下的路基土体，防止其在列车动荷载作用下侧向挤动；防止路基面边缘部分的土体稍有塌落时，影响轨道道床的完整状态；方便养护维修等作业。《铁路路基设计规范》(TB 10001—2005)规定时速160 km以内的Ⅰ、Ⅱ级线路的路肩宽度为：路堤不应小于0.8 m，路堑不应小于0.6 m。路肩要经常保持干燥、平整、无杂草，并能及时有效地疏干道床底部积水。

1. 直线地段标准路基面宽度

单线直线地段标准路基面宽度(图2-2)为

$$B=A+2x+2C$$

$$x=\frac{h+\left(\frac{A}{2}-\frac{1.435+g}{2}\right)0.04+e}{\frac{1}{m}-0.04}$$

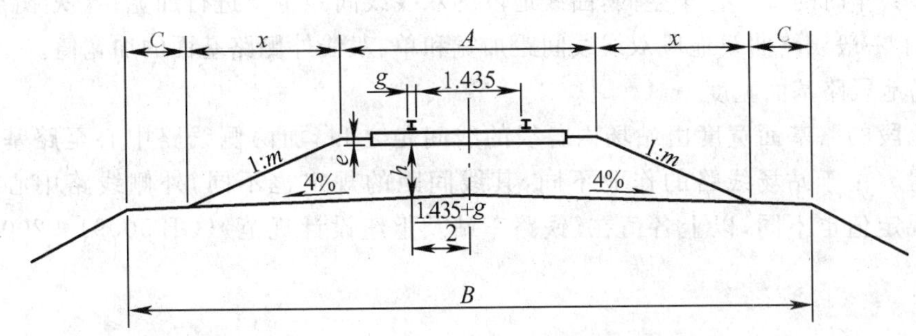

图2-2　单线直线地段标准路基面宽度

式中　B——路基面宽度；

A——道床顶宽；

m——道床边坡坡率；

h——钢轨中心的轨枕底以下的道床厚度；

e—— 轨枕埋入道砟深度；

g—— 轨头宽度；

C—— 路肩宽度；

x—— 砟脚至砟肩的水平距离。

双线直线地段标准路基面宽度(图 2—3)为

$$B=2\left(c+x+\frac{A}{2}\right)+D$$

$$x=\frac{h+\left(\frac{A}{2}+\frac{1.435+g}{2}\right)0.04+e}{\frac{1}{m}-0.04}$$

式中　D—— 双线的线间距；

h—— 靠路基中心侧的钢轨枕下的道床厚度。

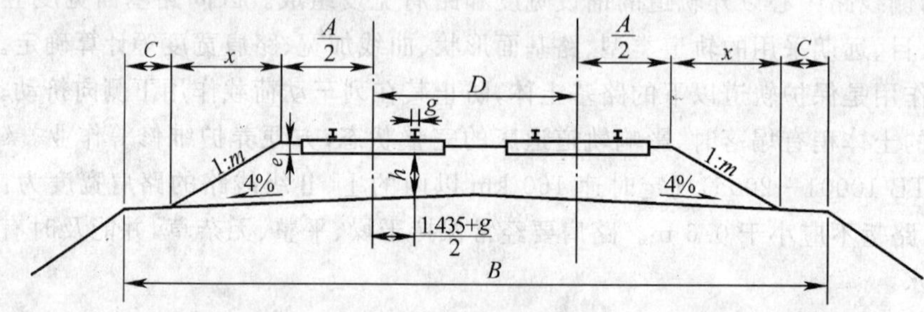

图 2—3　双线直线地段标准路基面宽度

2. 曲线地段路基面宽度

在曲线地段，由于曲线轨道的外轨设置超高，外侧道床加厚及道床坡脚外移，故曲线外侧的路基面应进行加宽，加宽的数值可根据超高计算确定。曲线外侧路基面的加宽量应在缓和曲线范围内向直线递减。

为保证会车时的安全行车空间，曲线地段的双线线间距也要进行加宽。《铁路路基设计规范》已给出了一般线路曲线地段双线线间距加宽和单、双线外侧路基面的加宽值。

3. 站场地段路基面宽度

站场地段的路基面宽度由站场内各线的线间距之和，加两侧线路中心至路基面边缘的规定值求得。由于站场线路的作业不同，其线间距的规定也不同，外侧线路中心线至路基面边缘的规定值也不同，以上各值在《铁路车站及枢纽设计规范》(GB 50091—2006)中均有规定。

二、基　　床

铁路路基面以下受列车动荷载作用和受水文、气候四季变化影响的深度范围称为基床，一般认为附加应力占自重应力 20% 的深度为路基基床厚度。基床状态直接影响到列车运行的平稳性和速度的提高，设计时应严格执行《铁路路基设计规范》对基床厚度、填料及其压实度、排水等的规定。

(一)基床的基本要求

基床是铁路路基最重要的部位,也是列车动荷载作用最明显的部位。路基基床要满足强度要求、刚度要求、防渗要求,在可能发生冻害的地区,还有防冻等特殊要求。

(二)基床结构

我国铁路路基基床的结构分为表层和底层,对于时速不超过160 km的Ⅰ、Ⅱ级铁路,《铁路路基设计规范》规定基床表层厚度为0.6 m,底层厚度为1.9 m,基床总厚度为2.5 m;《新建时速 200～250 公里客运专线铁路路基设计暂行规定》中规定,基床表层厚度为 0.6～0.7 m,底层厚度为 1.9～2.3 m,基床总厚度为 2.5～3.0 m。

基床底层的顶部和基床以下填料部位的顶部应设 4%的人字排水坡;路堤基床为渗水土而其下为非渗水土时,非渗水土层顶面应设 4%的横向排水坡;路堑基床表层换填渗水土时,其底层顶面应设 4%的横向排水坡。陡坡地段的半填半挖路基,路基面以下 1m 基床范围内应予以挖出换填,填料应符合基床土的要求。

(三)基床填料的选择

Ⅰ级铁路应优先选用 A 组填料(砂类土除外)填筑基床,当缺乏 A 类填料时,通过经济比选后可选用级配碎石和级配砂砾石。Ⅱ级铁路应选用 A 组填料,其次为 B 组填料。对不符合要求的填料,应采取土质改良或加固措施。填料的粒径不得大于 150 mm。

Ⅰ级铁路基床底层应选用 A、B 组填料,否则应采取土质改良或加固措施。Ⅱ级铁路可采用 A、B、C 组填料作为基床底层。当采用 C 组填料时,当年平均降水量大于 500 mm 时,填料塑性指数不得大于 12,液限不得大于 32%,否则应采取土质加固或改良措施。底层填料的粒径不应大于 200 mm,或不超过摊铺厚度的 2/3。

高度小于 2.5 m 的低路堤,基床表层范围内的天然地基土的土质和天然密实度要达到规范对基床表层填料和压实质量的要求。基床底层范围内天然地基的承载力要足够,Ⅰ级铁路不小于180 kPa,或者静力触探比贯入阻力 P_s 不小于1.5 MPa;Ⅱ级铁路不小于150 kPa,或者静力触探比贯入阻力 P_s 不小于1.2 MPa。

路堤基床以下部位宜选 A、B、C 组填料,当选择 D 组时应采取加固或土质改良;路堤浸水部分的填料应采用渗水土填料。使用不同填料填筑路基时,应分层填筑,每一水平层全宽应以同一填料填筑。

路堑路基的基床表层与路堤基床表层在填料的选择和压实标准上具有同等的要求;基床底层范围内的天然地基承载力:Ⅰ级铁路不小于150 kPa,或者静力触探比贯入阻力 P_s 不小于1.2 MPa;Ⅱ级铁路不小于120 kPa,或者静力触探比贯入阻力 P_s 不小于1.0 MPa。

(四)基床填料的压实标准

目前新建线路基床填料的压实标准有双控指标体系和三控指标体系之分,依据线路的性质和等级的不同而不同。细粒土的双控指标为压实系数 K 和地基系数 K_{30},粗粒土的双控指标为相对密度 D_r 或孔隙率 n 和 K_{30};线路等级提高以后,应采用三控体系指标,即在双控指标体系的基础上增加了动态变形模量 E_{vd} 的标准。动态变形模量 E_{vd} 的最大特点就是能够反映动应力对路基的真实作用状况,反映的是路基动应力状态下的弹性变形和刚度指标。

现行规范规定的普通铁路路基压实标准见表 2－1、表 2－2 所示。

表 2—1　基床表层的压实标准

层位	填料类别 / 铁路等级 / 压实指标	细粒土 粉砂、改良土		砂类土 粉砂除外		砾石土		碎石土		块石土	
		Ⅰ级	Ⅱ级	Ⅰ级	Ⅱ级	Ⅰ级	Ⅱ级	Ⅰ级	Ⅱ级	Ⅰ级	Ⅱ级
基床表层	压实系数 K	—	(0.93)	—	—	—	—	—	—	—	—
	地基系数 K_{30}	—	(100)	—	110	150	140	150	140	—	—
	相对密度 D_r	—		—	0.8	—	—	—	—	—	—
	孔隙率 n	—		—	—	28	29	28	29	—	—

注：细粒土、粉土、改良土一栏中，有括号的仅为改良土的压实标准，无括号的为细粒土、粉土、改良土的压实标准。

表 2—2　基床底层的压实标准

层位	填料类别 / 铁路等级 / 压实指标	细粒土 粉砂、改良土		砂类土 粉砂除外		砾石土		碎石土		块石土	
		Ⅰ级	Ⅱ级	Ⅰ级	Ⅱ级	Ⅰ级	Ⅱ级	Ⅰ级	Ⅱ级	Ⅰ级	Ⅱ级
基床底层	压实系数 K	(0.93)	0.91	—	—	—	—	—	—	—	—
	地基系数 K_{30}	(100)	90	100	100	120	120	130	130	150	150
	相对密度 D_r	—		0.75	0.75	—	—	—	—	—	—
	孔隙率 n	—		—	—	31	31	31	31	—	—

（五）客运专线路基的主要设计参数

设计时速 200 km 以上的客运专线、客货共线以及客运专线无砟轨道线路都对路基有更高的要求，一般路基面及路基的宽度比普通铁路宽，基床厚度更大。表 2—3 给出了几类不同设计速度线路路基的主要参数，可以看出设计速度越高，路基面、路肩的宽度越大，基床厚度越大。

表 2—3　不同设计时速客运专线路基的主要参数

线路类型	路肩宽度（路堤）(m)	路基面宽度（路堤）(m)		基床尺寸(m)		
		单线	双线	表层	底层	总厚度
200 km/h 客货共线	1	7.7	12.1	0.6	1.9	2.5
新建 200～250 km/h	1.2	8.2	13	0.7	2.3	3.0
新建 300～350 km/h	1.4(双)1.5(单)	8.8	13.8	0.7	2.3	3.0
京沪高速 350 km/h	1.4	8.8	13.8	0.7	2.3	3.0

设计时速 200 km 以上的铁路客运专线路基，以及客运专线无砟轨道线路路基对填筑质量有更高的要求，其压实指标一般采用多指标控制。客运专线路基压实控制指标见表2—4。

表 2—4　客运专线路基压实控制指标

线路＼指标	基床表层					基床底层							路基本体					
	填料	$K_{30}\geqslant$	$E_{vd}\geqslant$	$n\leqslant$	$E_{v2}\geqslant$	填　料		$K_{30}\geqslant$	$K\geqslant$	$n\leqslant$	$E_{vd}\geqslant$	$E_{v2}\geqslant$	填　料		$K_{30}\geqslant$	$K\geqslant$	$n\leqslant$	$E_{v2}\geqslant$
200 km/h 客货共线		190		18		A、B类填料及改良土	细粒土	110	0.95				A、B、C类土及改良土，无细粒土、粉砂及易风化软岩块石土	改良细粒土	90	0.90		
		130		18			粗粒土	120		28				砂类土及细砾土	110		31	
							碎石土	150		28				碎石类及粗砾土	130		31	
200～250 km/h 客运专线	级配碎石 级配砂砾	190	55	18			改良细粒土	110	0.95		40			改良细粒土	90	0.90		
							砂类土及细砾土	130		28	40			砂类土及细砾土	110		31	
							碎石类及粗砾土	150		28	40			碎石类及粗砾土	130		31	
300～350 km/h 客运专线	级配碎石	190	55	18			改良细粒土	110	0.95		40			改良细粒土	90	0.90		
							砂类土及细砾土	130		28	40			砂类土及细砾土	110		31	
							碎石类及粗砾土	150		28	40			碎石类及粗砾土	130		31	
无砟轨道客运专线	级配碎石	190	50	18	120		改良细粒土	110	0.95			60		改良细粒土	90	0.92		45
							砂类土及细砾土	130		28		60		砂类土及细砾土	110		31	45
							碎石类及粗砾土	150		28		60		碎石类及粗砾土	130		31	45

注：K_{30}的单位为 MPa/m；E_{vd}的单位为 MPa；n 的单位为%；E_{v2}的单位为 MPa。

三、边　　坡

在路堤的路肩边缘以下和在路堑路基两侧的侧沟外，因填挖而形成的斜坡面称为路基边坡。边坡与路基顶面的交点称为肩顶；边坡与地面的交点，在路堤中称为坡脚；在路堑中称为路堑堑顶边缘，其高程与路肩高程的差为路堑边坡高度。路堤的边坡高度为路肩高程与坡脚高程之差。边坡的坡形在路基工程中常修筑成单坡形、折线形或阶梯形，每一段坡面的斜率以边坡断面图上取上下两点的高差与水平距离之比表示，当高差为 1 m 水平距离经折算为 m 单位长时，则斜率为 $1:m$。在路基本体构造中，边坡的坡形和坡度的陡缓对本体的稳定和工程经济关系很大，必须十分重视。

边坡的形式和坡率应根据填料的物理力学性质、边坡高度、轨道和列车荷载，及地基工程的土质条件来确定。

(一)路堤边坡

当地基条件良好，边坡高度不大于表 2－5 范围时，其形式和坡率按照表中的数据取值。

当路堤高度大于表 2－5 中的数值时，其超出的下部边坡形式和坡率，应根据填料的性质由稳定分析计算确定，最小稳定安全系数应为 1.15～1.25，边坡形式宜用阶梯形。

表 2－5　路堤边坡形式和坡率

填料名称	边坡高度(m)			边坡坡率			边坡形式
	全部高度	上部高度	下部高度	全部高度	上部高度	下部高度	
细粒土、易风化的软块石土	20	8	12		1∶1.5	1∶1.75	折线形
粗粒土(细砂、粉砂除外)、漂石土、卵石土、碎石土、不易风化的软块石土	20	12	8		1∶1.5	1∶1.75	折线形
硬块石土	8			1∶1.3			直线形
	20			1∶1.5			直线形

注：1. 当有可靠资料和经验时，可不受本表限制；

2. Ⅰ级铁路的路堤边坡高度不宜大于 15 m；

3. 填料为粉砂、细砂、膨胀土等时，其边坡形式和坡率按照《铁路路基设计规范》的有关规定设计。

路堤坡脚外应设置不小于 2 m 宽的天然护道，在经济作物区高产田地段，当能保证路堤稳定时，可设置宽度不小于 1 m 的人工护道或设置坡脚墙。

(二)路堑边坡

1. 土质路堑边坡

土质路堑边坡的形式及坡率应根据工程地质条件、土的性质、边坡高度、排水措施、施工方法，并结合自然稳定山坡和人工边坡的调查及力学分析综合确定。

边坡高度不大于 20 m 时，边坡坡率按表 2－6 设计。路堑边坡高度大于 20 m 时，其边坡形式按现行规范有关规定并结合边坡稳定性分析计算确定，最小稳定安全系数应为1.15～1.25。

在碎石类土、砂类土及其他土质路堑中，应在侧沟外侧设置平台，其宽度应视边坡高度和

土的性质决定，不宜小于 1 m。当边坡全部设有边坡防护加固工程时，可不设平台。

表 2—6　土质路堑边坡坡率

土的类别		边坡坡率
黏土、粉质黏土、塑性指数大于 3 的粉土		1∶1～1∶1.5
中密以上的中、粗砂砾		1∶1.5～1∶1.75
漂石土、块石土、卵石土、碎石土、圆砾土、角砾土	1∶1～1∶1.5	1∶1.05～1∶1.25
	1∶1～1∶1.5	1∶1.25～1∶1.5

不同地层组成的较深路堑，宜在边坡中部或不同地层分界处设置平台，并在平台上设置截水沟或挡水墙，平台宽度不宜小于 2 m。在年平均降水量小于 400 mm 地区，边坡平台上可不设置截水沟，但应设置向坡脚方向不小于 4%的排水横坡，平台宽度不宜小于 1 m。

2. 岩质路堑边坡

岩石路堑边坡的形式及坡率应根据工程地质水文条件、岩性、边坡高度、施工方法，并结合岩体结构、结构面产状、风化程度和地貌形态以及自然稳定边坡和人工边坡的调查综合确定，必要时可采取稳定分析方法进行验算。边坡高度不大于 20 m 时，边坡坡率可按表 2—7 的规定设计。强风化及全风化的岩石路堑，可根据岩性以及边坡高度设置平台和排水设备。

表 2—7　岩石路堑边坡坡率

岩石类别	风化程度	边坡坡率
硬质岩	未风化、微风化	1∶0.1～1∶0.3
	弱风化、强风化	1∶0.3～1∶0.75
	全风化	1∶0.75～1∶1
软质岩	未风化、微风化	1∶0.3～1∶0.75
	弱风化、强风化	1∶0.5～1∶1
	全风化	1∶0.75～1∶1.5

注：1. 膨胀岩等特殊岩质路堑边坡形式及坡率应按《特殊铁路路基设计规范》有关规定执行；

2. 有可靠资料和经验时，可不受该表限制。

边坡高度大于 20 m 的硬质岩路堑，可根据岩体结构、结构面产状、岩性，并结合施工影响范围内既有建筑物的安全性要求，采用光面、预裂爆破技术。边坡高度大于 20 m 的软弱松散岩质路堑，当岩层风化破碎、节理发育时，根据边坡工程的地质条件，结合机械化施工的工艺特点，宜采用分层开挖、分层稳定和坡脚预加固技术。岩石路堑边坡的形状，一般可取一坡到顶的直线形边坡；如为高边坡，边坡上出现性质和风化程度不同的明显变化时，可采用和岩质相适应的坡率，整个边坡呈折线形，在换层处设置边坡平台。

四、路基基底

基底即为路基的地基，也就是路基填土的天然地面以下受填土自重以及轨道、列车动载影响的土体部分。基底部分土体的稳定，对整个路基本体以至轨道的稳定性都是极为关键的，特别是在软弱土的基底上修建路基，必须对基底做妥善处理，以免危及列车安全与正常运营。

路基的基底相当于建筑物的地基,应当满足承载力的要求。对于Ⅰ级线路,天然地基基本承载力最低不小于 150 kPa,或者静力触探比贯入阻力 P_s 不小于 120 kPa;Ⅱ级线路天然地基基本承载力最低不小于 120 kPa,或者静力触探比贯入阻力 P_s 值不小于 100 kPa,否则需要对天然地基进行处理。根据软弱土层的性质、厚度、含水率、地表积水等情况进行排水、换填或填砂砾石等地基处理措施。

第二节　路基附属设备

一、排水工程

为了保持路基的稳定,使路基能经常处于干燥和坚固状态,应将可能停滞在路基范围内的地面和地下水及时排除,并防止路基范围以外的水流入或渗入路基范围内。路基排水系统分为地面排水设施和地下排水设施两种。

地面排水设施用以拦截地面径流,汇集路基范围内的大气降水并使其畅通地流向天然排水沟谷,以防止地表水对路基的浸湿、冲刷而影响其良好状态。路基地表水的排除设施有:排水沟、侧沟、天沟(截水沟)、缓流井和跌水、急流槽等。

(1)排水沟、侧沟、天沟(截水沟)的横断面应具有足够的过水能力,在一般情况下,因汇水面积不大,流量不多,可直接采用规范规定的断面尺寸和有关规定;否则应按 1/50 洪水频率流量进行横断面设计,沟顶(包括跌水和急流槽)应高出设计水位 0.2 m。

(2)排水沟、侧沟、天沟(截水沟)的构造可根据土质、防渗要求和流速大小等采取夯实表层、三合土(或四合土)捶面、单层栽砌卵石护面、干砌或浆砌片石和混凝土板护面等。

(3)土质、软质岩、强风化或全风化的硬质岩石地段的排水沟、侧沟、天沟(截水沟)应采取防止冲刷或渗漏的加固措施,必要时可设垫层。

地下排水设施用以拦截、疏导地下水和降低地下水位,以改善地基土和路基边坡的工作条件,防止或避免地下水对地基和路基本体的有害影响。地下排水措施有明沟、排水槽、边坡渗沟、支承渗沟、渗水暗沟、渗水隧洞、渗井、渗管和仰斜式钻孔等。地下排水设施应与地表排水设施相配套,保证水路畅通无隐患;地下排水设施的位置、断面、排水坡率、出水口地点应符合设计要求,且排水通畅,无阻塞现象。

二、防护、加固工程

路基边坡施工完成后,在长期的自然风化营力和雨水冲刷的作用下,将发生溜坍、掉块和冲沟等坡面变形和破坏;而修建在河滩上和水库边的路堤,必然经常的或周期性的受到水流的冲刷作用,路基的边坡和稳定性将受到很大的影响或遭破坏。因此路基防护的主要内容包括路基坡面防护和路基冲刷防护两部分。

土质路基边坡的防护工程应使边坡保持平整,对坡面裂缝、坑穴、冲沟应填补夯实,必要时采用防护和加固措施,以保持边坡稳定。路堑边坡易发生崩塌、错落、滑坡、溜坍、风化剥落等病害,应根据具体情况,采取综合措施进行防护、加固,以保证边坡的稳定。

为防止河岸冲刷,应修建护岸、导流堤、挑水坝等防冲刷措施,确保路基边坡的稳定;对于特殊地区的路基防护,应根据具体情况,提出技术要求。

第三节　路基检测

路基检测指标可以评价路基的质量状况，是反映路基本体和附属设施质量的重要指标，决定着路基养护维修决策的科学性；路基检测也是铁路既有线大中修和病害整治的工作基础。

一、检测内容

既有线铁路路基检测的内容主要有以下几个方面：

(1)路基结构分层，基床、砂垫层及路堤填土的各层厚度；路基结构的横断面和纵断面状况。

(2)路基结构横断面变异，路基结构纵向变异；道床板结的厚度与范围，道砟陷槽的状况。

(3)基床土的性质与状况，包括基床土的物理力学性质、颗粒组成、含水率、强度等。

(4)路基的承载力评估。

(5)路基病害的类型、发育程度和分布形式。

根据既有线铁路运营的特点，路基检测应不影响正常行车，检测不能损坏路基，而且要快速、简便。

二、检测方法

如何快速准确地检测路基病害，为大修提供依据，如何尽早发现和及时整治路基隐蔽性病害，如何获取充分的信息，实施"状态修"，解决这些问题的关键在于路基检测的技术和方法。

目前既有线路基检测中使用较多的方法有挖探、地质雷达法、瑞雷面波法、轻型动力触探法、高密度电阻率法、核子密度湿度仪和土工试验，根据近年来的实践和大量的工程检测实例表明，这些方法均可满足不干扰正常行车，但各有缺点。对于不同的检测目的、线路状况和病害类型，选择不同的检测方法进行综合检测，见表2－8和表2－9。

表2－8　铁路既有线路基检测指标及方法

路基结构	几何状态		物性状态	
	指　标	检测方法	指　标	检测方法
道　床	厚度 道砟陷槽	Ⅱ	道床刚度	Ⅹ
			道砟脏污率	Ⅰ
基　床	厚度 基床几何变异	Ⅱ	基床病害(翻浆、下沉等)	Ⅱ、Ⅴ
			强度	Ⅲ、Ⅳ、Ⅷ
			力学性质	Ⅶ
			含水率	Ⅱ
路　堤	隐蔽性危害	Ⅱ	隐蔽性危害	Ⅱ、Ⅲ、Ⅴ
地　基	隐蔽性危害	Ⅱ	隐蔽性危害	Ⅱ、Ⅲ、Ⅴ

注：Ⅰ代表挖探，Ⅱ代表地质雷达法，Ⅲ代表瑞雷面波法，Ⅳ代表轻型动力触探法，Ⅴ代表高密度电阻率法，Ⅵ代表核子密度湿度仪，Ⅶ代表土工试验，Ⅷ代表 K_{30} 试验法，Ⅹ代表落锤式弯沉检测。

表 2—9　既有线路基检测方法比较

检测方法 \ 内容	成本	效率	可靠度	是否损坏线路
挖　探	低	低	低	是
地质雷达法	较高	高	高	否
瑞雷面波法	较高	较高	较高	否
轻型动力触探法	较高	低	高	否
高密度电阻率法	高	低	较高	否
土工试验	较高	较高	高	否

对既有线的检测应遵循原位和区段测试相结合，动态和静态测试相结合的测试方法，以便能对既有路基的状况作出综合评价，为路基是否需要加固或采取何种加固措施来达到线路安全运营的要求。

(一)地质雷达探测路基的原理

1. 地质雷达的基本原理

地质雷达又称探地雷达(GPR——Ground Penetrating Radar)，是利用高频脉冲电磁波(1MHz～1GHz)的反射原理探测目标地质体的一种地球物理方法。为利用发射、反射电磁波进行定性或定量分析所获得的地下有用信息，必须了解电磁波在复杂、有耗、非均匀介质中的传播特性。

地质雷达是一种广谱电磁技术，其探测原理如图 2—4 所示。一个天线(即发射天线 T)发射高频宽带电磁波，另一个天线(即接收天线 R)接收来自地下介质界面的反射波。当电磁波遇到与周围介质介电常数有差异的地层或目标体时，部分能量反射回地面被接收天线所接收。电磁波在介质中传播时其路径、电磁波强度与波形随所通过介质的电性质及几何形态而变化。因此，根据接收波的旅行时间(亦称双程走时)、幅度与波形资料，可确定地下界面或地质体空间位置，推断地下介质的结构分布。

地质雷达的地质解释是在原始测量数据经过滤波、反褶积、静校正、偏移等处理后，结合探测地区地质、钻探等资料，在时间剖面和波速求取上进行解释。

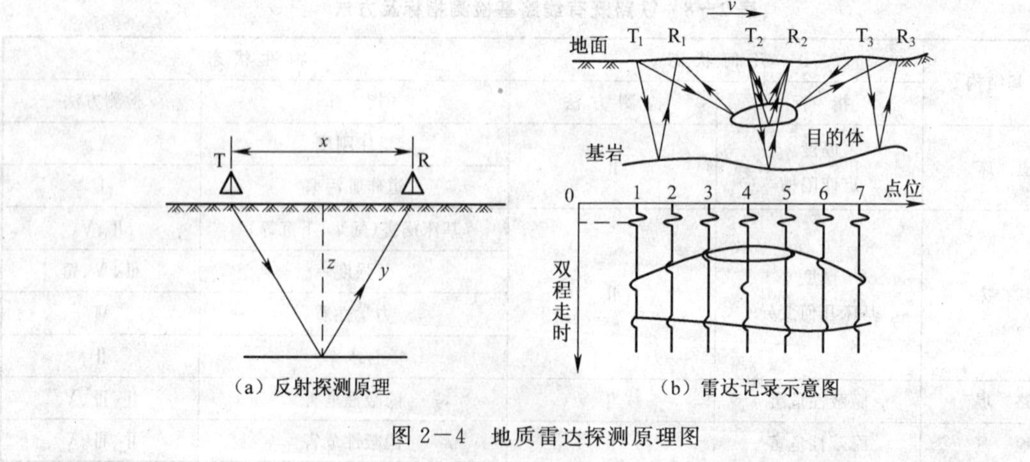

图 2—4　地质雷达探测原理图

在时间剖面上，根据反射波组的波形与强度特征，通过同相轴的追踪，确定反射波组的地质含义。当地层中有病害、灾害隐患时，地层与病害、灾害的界面两侧电性差异较大，容易形成

强烈的反射波(反射信号),同时,这一界面也是地层的特变点,常常产生绕射波,而绕射波在时间剖面上反映为双曲线(图 2—4 中所示的传播时间曲线)。

通过雷达波速度求取,可更加准确确定地质目标体位置,提高解释精度。常用的方法有已知目标换算法和介电常数法等。

2. 电磁波在多层介质中的传播特性

电磁波在多层介质中的传播特性与光在多层透明介质中的传播特性非常相似,会发生反射和折射现象,见图 2—5。当电磁波 P_1 以某一入射角到达第一电磁界面时,就会在该界面产生电磁波反射和折射,形成反射波 P_{11} 与折射波 P_{12}。对第二电磁分界面来说,可以把第一界面折射波 P_{12} 看成第二界面入射波,则在第二界面形成反射波 P_{122} 与折射波 P_{123}。如此可以在各分界面上继续分下去。另外在一个层内,例如由地表和第一界面组成的电磁层,当 P_{11} 反射波返回地表时,因地表和空气是一个良好的电磁波阻抗界面,于是在地表面形成 P_{111} 波,该波再入射到第一界面时,又可在第一界面再形成 P_{1111} 波。P_{1111} 波已经在该界面上反射了两次。我们把在界面上经过一次反射的波称为一次反射波,把经过二次及以上反射的波分别称为二次反射波、三次反射波……统称为多次反射波。通过数据处理手段可消除多次反射波,从而获得各电磁面的反射序列信息,从而得出各分层介质厚度和形状信息。

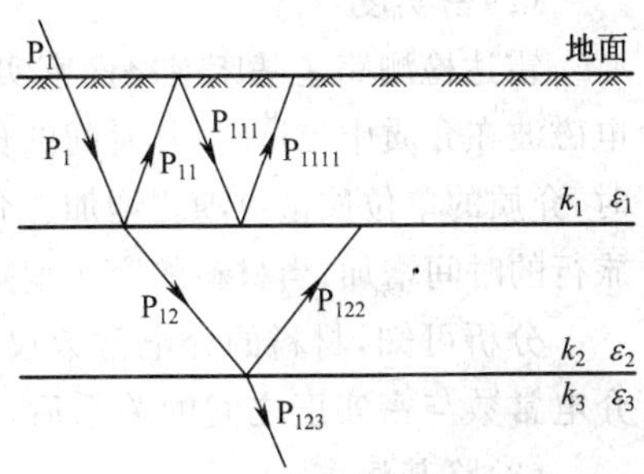

图 2—5　多层介质电磁波传播原理图

3. 路基的结构特点及地质雷达探测路基的适用性

(1) 界面

路基是人工填筑构筑物,具有明显的分层结构特性,从上至下为道砟层(公路路基为面层)、基床土(铁路既有线道砟层与基床土之间多有砂垫层)、地基土,沿深度方向各层介质的介电常数差异显著,见表 2—10。因此,雷达波在各层介质中传播规律差异明显,在各介质分界面会发生较强反射,可根据雷达图像波形沿深度方向的变化,提取出各介质分界面信息。

表 2—10　与路基相关的介质电性参数表

介质	相对介电常数 ε_r	电磁波波速 v(m/μs)	电导率 σ(s/n)	衰减系数 θ(dB/m)	密度 ρ(g/cm³)
空气	1.0	0.3	0	0	
纯水	81.0	0.033	0.1～0.3	0.1	1
淤泥	5.0～30.0	0.07	400	103	
干燥清砟	3.0	0.173			
潮湿清砟	3.5	0.16			
干燥混砟	4.3	0.145			
黏土	5.0～40.0	0.06	10～100	1～300	
干砂	3.0～5.0	0.15	0.01	0.01	1.7～2.4
湿砂	20～30	0.1～1.0	0.06	0.03～0.3	1.7～2.5
石灰岩	4.0～8.0	0.12	0.5～2.0	0.4～1.0	
页岩	5.0～15.0	0.09	1～100	1～100	
泥岩	5.0～30.0	0.07	1～100	1～100	
花岗岩	4.0～6.0	0.13	0.01～1.0	0.01～1.0	

地质雷达探测路基时，发射天线与接收天线以固定间距 x 沿路基纵向某一测线移动，以获得该测线地质雷达剖面图像。电磁波在介质中的传播时间为 t(双程走时)，传播时间 t 与反射界面深度 z、天线间距 x、电磁波传播速度 v 之间有以下对应关系：

$$t=\frac{\sqrt{4z^2+x^2}}{v}$$

式中 $v=\frac{c}{\sqrt{\varepsilon_r}}$，其中 c 为真空中光速，ε_r 为介电常数。

当采用接收一体天线时，$x=0$，因此传播时间 $t=2z/v$，故可通过公式 $z=vt/2$ 求得各介质分界面深度，将整个测线相连就可得到分界面形态，见图 2—4。根据接收波的传播时间(亦称双程定时)、幅度及波形资料，可推断介质的结构。

(2)密实度

雷达检测路基基床或路面密实度的基本原理，也可用"折射—反射"法则解释。雷达发射的电磁波在介质中旅行时，其时间的长短与介质的介电常数有密切关系。当介质的介电常数增大时，介质的单位质量也随之增加。介质的密实度增大，脉冲电磁波在介质中旅行的阻力也加大，旅行的时间增加；当材料的密实度降低时，材料的单位质量减少，材料的介电常数也随之减少。

分析可知，材料的介电常数仅是旅行时间的一元函数，测得材料的介电常数，建立材料的介电常数与密实度之间的关系后，就可根据介电常数的变化获得材料的密实度。

(3)路基病害

地质雷达的地质解释是在数据处理后所得的地质雷达图像剖面中，根据反射波组的波形与强度特征，通过同相轴的追踪，确定反射波组的地质含义。当被测体中有异常时，被测体与异常区的界面两侧电性差异较大，容易形成强烈的反射波，同时，这一界面也是物性的特变点，常常产生绕射波，而绕射波在时间剖面上为双曲线。因此通过时间剖面上的特征图像，就能确定异常区的位置及深度。

路基是人工构筑物，在一定距离内，由于填筑时采用的路基填料与施工工艺基本相同，因此沿线路纵向、横向材质应该是均匀的，其雷达图像特征也应基本相同，即雷达图像同相轴应该是连续的。

当路基中存在病害时，由于路基结构受到破坏，各种介质相互混合，使得病害区段介质的介电常数与周围明显不同，雷达波在病害区段传播规律与良好段差异显著，表现在地质雷达剖面图像上即为雷达图像出现紊乱，同相轴不连续。因此，可通过分析沿线路纵、横向地质雷达剖面图像同相轴连续性和图像紊乱程度，从中提取路基病害类型、位置、范围、严重程度等信息。

(二)瑞雷面波探测路基的原理

1. 瑞雷波简介

面波主要有两种类型：瑞雷面波和拉夫面波。瑞雷面波沿界面传播时，在垂直于界面的入射面内，各介质质点在其平衡位置附近的运动既有平行于波传播方向的分量，也有垂直于界面的分量，因而质点合成运动的轨迹呈逆进椭圆。拉夫面波传播时，介质质点的运动方向垂直于波的传播方向且平行于界面。由于面波速度低于体波且易于激发和采集，故目前在岩土工程测试中多以应用瑞雷面波为主。

用瑞雷面波检测路基主要是利用了其两种特性：一是瑞雷波在分层介质中传播时的频散

特性；二是瑞雷波传播速度与介质物理力学性质的密切相关性。对既有线，在不影响正常铁路运营的情况下，采用瑞雷面波法可安全、无损、原位、快速地对路基进行检测，辅以轻型动力触探参数 N_{10}，可将检测结果转换为路基承载力；对新线，可评价路基基床质量和地基整治加固效果，在条件适宜时可用于求取横波速度，估算岩土体的动参数。

2. 瑞雷面波探测原理

瑞雷面波沿地表由震源向外传播，其波阵面是圆柱体。瑞雷面波勘探的核心问题是准确地获得不同频率面波的相速度 v_R，同一频率的 v_R 在水平方向的变化反映出地质条件的横向不均匀性，不同频率的瑞雷面波速度 v_R 的变化则反映出介质在深度方向上的不均匀性。由于面波相对于体波而言能量较强，速度和频率较低，容易分辨，因此在揭示地下地层结构的物探方法中具有一定的优越性。

(1) 时间差法

在最简单的情况下，瑞雷面波以单频 f 的谐波形式传播，距震源为 x 处的垂向位移可表示为

$$u_z = A_0 \cos(\omega t - \varphi) = A_0 \cos\omega\left(t - \frac{x}{v_R}\right)$$

这里 ω 是角频率，$\omega=2\pi f$，ϕ 为相位。

沿波的传播方向，在地面放置距离为 Δx 的两个检波器 1 和 2，见图 2.6，图中两条曲线的第一个峰值代表该波的同一相位，测出它到达两个检波器的时差 Δt 后，由同相含义有：

$$\omega\left[(t+\Delta t) - \frac{x+\Delta x}{v_R}\right] = \omega\left(t - \frac{x}{v_R}\right)$$

则

$$v_R = \frac{\Delta x}{\Delta t}$$

一般把 Δx 调整为小于一个波长的长度。

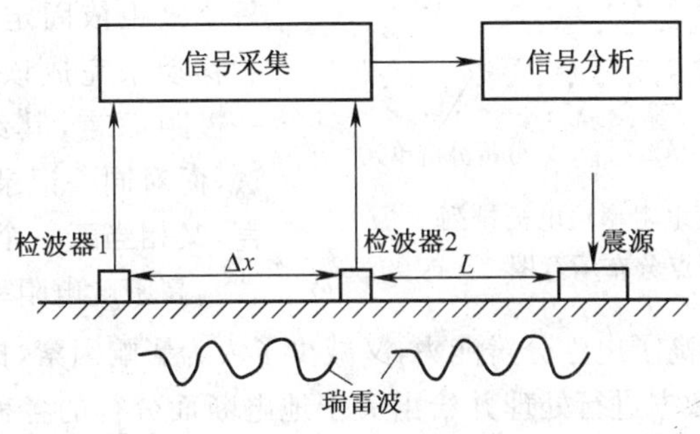

图 2－6　瑞雷面波勘探原理

(2)相位差法

如果在同一时刻 t 观测到单频谐波在两个检波器的相位差为 $\Delta\phi$，设两个检波器之间的距离为 Δx，并设从这两个检波器接收到的信号的时间差为 Δt，则

$$\Delta t = \frac{\phi(f)}{2\pi f}$$

式中　$\phi(f)$——两道记录的相位差；

f——频率。

瑞雷面波波速为

$$v_R=\frac{\Delta x}{\Delta t}=\frac{2\pi f\cdot\Delta x}{\phi(f)}$$

（三）高密度电阻率法探测路基的原理

高密度电阻率法是以地下被探测目标体与周围介质之间的电性差异为基础，人工建立地下稳定直流电场，依据预先布置的若干道电极采用预定装置排列形式进行扫描观测，研究地下一定范围内的空间电阻率变化，从而查明和研究有关地质问题的一种直流电法勘探方法。

高密度电阻率法实际上是一种阵列电探方法。关于阵列电探的思想，在 20 世纪 70 年代末期就有人开始考虑实施，英国学者所设计的电测深偏置系统实际上就是采用了多芯电缆和高密度电测的基本设想。80 年代中期，日本地质计测株式会社利用手动电极转换箱实现了在野外的数据采集，继而实现了电极转换的自动化，之后，逐步在地基调查、地下水勘探、灌浆效果检测和地下水渗透等方面展开了一些研究，取得了一定效果。80 年代后期，中国原地质矿产部率先开展了高密度电阻率法及其应用技术的研究，从理论与实际相结合的角度，进一步探讨并完善了高密度电阻率法理论和有关技术问题，也研制成功几种探测仪器，使该项技术在国内达到了实用化程度。随着现代科学技术的发展，特别是计算机的飞速进步，实现了野外信息的数字化和资料的计算机处理，大大促进了高密度电阻率法在硬件、软件和应用上的发展。

1. 高密度电阻率法的原理

高密度电阻率法实际上是一种阵列勘探方法，它在二维空间内研究地下稳定电流场的分布，野外测量时，将数十个电极一次性布设完毕，每个电极既是供电电极又是测量电极。通过程控式多路电极转换器，选择不同的电极组合方式和不同的极距间隔，从而完成野外数据的快速采集。图 2－7 为高密度电阻率法测点分布示意图。当电极排列间距为 Δx 时，测量电极距 $a=n\Delta x$，依次取 $n=1,2,\cdots$，每个极距依固定的装置形式逐点由左至右移动来完成该极距的数据采集。对某一极距而言，其结果相当于电阻率剖面法，而对同一记录点处不同极距的观测而言，又相当于一个电测深点。

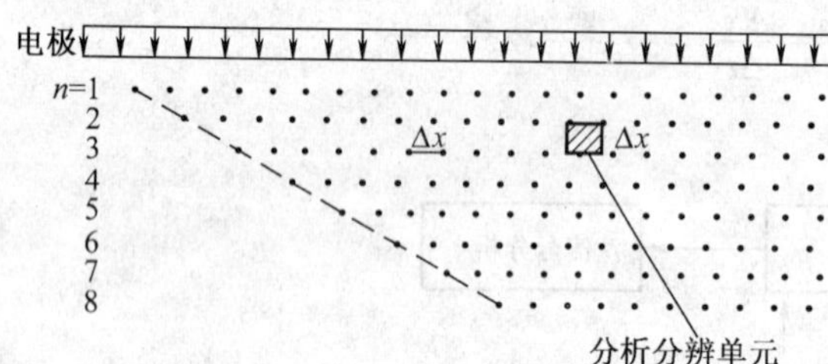

图 2－7 高密度电阻率法电极排列方式及观测点分布示意图

高密度电阻率法的高密度滚动扫描测量，既丰富了地电信息，提高了电性分辨能力，又减少了人为影响因素，提高了工作效率。当测量结果送入微机后，还可对数据进行处理并给出关于地电断面分行的各种物理解释的结果。电阻率层析成像又使高密度电阻率法技术大大向前迈进了一步。因此，高密度电阻率法的工作原理基于垂向直流电测深、电测剖面和电阻率层析成像。

(1)垂向直流电测深原理

直流电测深法是研究指定地点岩层的电阻率随深度变化的一种物探方法。该方法从地面上的测点为中心，从近到远逐渐增加观测装置距离进行测量，根据视电阻率随极距的变化情况，划分不同的电性层，了解其垂向分布，计算其埋深及厚度。

(2)电测剖面原理

电测剖面法就是使供电和测量电极保持一定距离，按一定的探测深度，沿着测线方向逐点进行探测，以获得电阻率曲线，以此反映一定深度内电性层的变化情况，即电阻率剖面法是研

究岩层电阻率在一定深度范围内，其水平方向上物性变化的探测方法。

(3)电阻率层析成像

所谓层析成像，就是从调查对象的各个方向收集其内部大量的投影数据，用以反映目标体内部的物性值分布，作为断面再构成图像的一种技术。最早的层析成像起源于医学中的X射线层析成像——CT。电阻率层析成像(简称电成像)是利用探测区各个方向观测的直流电场来研究地下介质的电阻率分布。当在介质中发射一次电流时，由于地下介质的不均一性，使得一次电流的分布发生变化，这一变化又引起电位的改变。介质中变化的电位，在地面和井孔中都可观测到。将观测到的电位转换成电阻率(因其是通过多方位观测得到的投影数据资料)，最终用以进行电阻率层析成像。高密度电阻率法为电阻率层析成像提供了一个开拓性的思路，到20世纪90年代初，二维电阻率成像测量技术取得了快速的发展，利用它可以重构地下介质的精确结构。

综上所述，高密度电阻率法是基于电测深、电剖面和电成像，通过高密度电阻率法测量系统中的软件，控制着在同一条多芯电缆上布置连接的多个电极，使其自动组成多个垂向测深点或多个不同深度的探测剖面。根据控制系统中选择的探测装置类型，对电极进行相应的排列组合，按照测深点位置的排列顺序或探测剖面的深度顺序，逐点或逐层探测，实现供电和测量电极的自动布点、自动跑极、自动供电、自动观测、自动记录、自动计算、自动存储。通过数据传输软件把探测系统中存储的探测数据调入计算机中，经软件对数据处理后，可自动生成各测深点曲线及各剖面层或整体剖面的图像。电成像则根据视电阻率实测值重建二维或三维介质真电阻率的分布图像，兼有电测深和电剖面方法的特点，可对直接线、井间和平面采用多种方式布极和观测，能以快捷高效的方式获取更丰富的地质信息，而且视电阻率、自然电位和激发极化数据均可以利用。介质真电阻率二维(或三维)分布的图像重建，使探测的适用性、可靠性和准确性都大大提高。

2. 高密度电阻率法的优点

常规电法(电阻率测深法)由于其观测方式的限制，测点密度不高，测量的数据较少，工作效率低，而且较难从多种电极排列的某种组合上去研究地电断面的特征、结构与分布，解释方法常以一维反演方法为主，因此，所提供的关于地电断面结构特征的地质信息较为贫乏，资料解释存在相当困难。

高密度电阻率法相对于常规电法而言，它具有以下特点：

(1)电极布设是一次完成的，测量过程中无须更换电极，这不仅减少了因电极设置引起的故障和干扰，而且为野外数据的快速和自动测量奠定了基础，大大提高了工作效率。

(2)能有效地进行多种电极排列方式的测定与组合，提供的数据量大，信息多，丰富了地电结构状态及地质信息。

(3)野外的数据采集、记录实现了自动化，因此，可以快速方便地采集到大量数据，并且避免了人工操作带来的误差和错误，减轻了劳动强度，提高了观测精度和分辨率，探测的深度也较灵活。

(4)对资料的处理和图示，实现了现场实时计算机处理或脱机处理，并可以根据需要自动绘制和打印各种结果图，大大提高了电阻率法勘探的智能化与现代化。

由于上述特点，使得高密度电阻率法与常规电阻率法相比具有成本低，工作效率高，反映地电、地质信息更丰富,更直观,资料解释简单方便等特点,因此也就使得电法勘探能力有了显著提高。

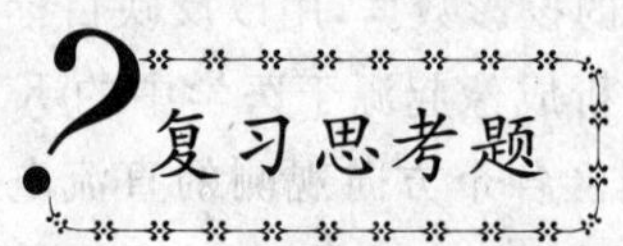

复习思考题

1. 如何确定铁路路基面的宽度?
2. 如何选择各级铁路路基基床的填料,并简述其原因。
3. 简述铁路路基基床填料的压实标准及检测方法。
4. 简述铁路路基的排水措施和要求。
5. 简述铁路路基检测的内容及方法。

第三章 既有铁路路基常见病害的分类与整治

第一节 既有铁路路基常见病害的一般分类

如第一章所述，既有铁路路基养护维修的基本任务之一是及时整治路基病害，预防病害的发生和发展。因此，对既有铁路运营后出现的常见路基病害首先应有所认识。

所谓既有铁路路基病害，即路基本体或路基设备在列车荷载的作用、自然营力的侵袭和人为因素的影响下，降低或破坏了原有的设计标准，出现了非正常的变形状态甚至导致其使用功能的丧失。在不间断运营的既有铁路上，路基病害的出现往往是多种类型并存，并且相互引发。病害的发生与发展必然以不同的形式削弱路基原有的强度并直接影响路基的稳定性，从而不同程度地威胁着铁路的行车安全。

为了较客观地认识各种路基病害的病因与规律，更好地采取相应的积极防治措施，首先需对既有铁路路基所发生的种种病害进行归纳与分类。由于我国幅员辽阔，自然条件各异，因此各区域的路基病害往往不同，目前铁路工务部门根据多年来对既有铁路所发生的路基病害的现场调查分析，对路基病害的一般分类及其定义已有了基本一致的认识与定义。

按照目前铁路工务部门习惯沿用的分类统计方法，既有铁路路基常见的主要病害大致可分为以下十四种，但这种分类并不涵盖所有病害：

1. 滑坡。一般系指山体滑坡。指在一定的地形地质条件下，由于多年自然或人为因素的影响，引起山体内部平衡力的破坏，局部不稳定土体或岩体沿着坡内某一软弱面或软弱带作整体、缓慢或急速活动的变形现象。对于路堤段，当坡体发生较深层滑动或沿倾斜基底滑动时，由于成因与特性和山体滑坡有某些相似之处，亦可以划入该范围。

2. 边坡溜坍。指黏土质边坡受地表水下渗或地下水影响，使表层土饱和后失去稳定，造成表层土或覆盖土浅层下滑的现象。当土质边坡所发生滑动的表层较厚、但非整体滑动时，有资料称之为“滑坍”或“坍滑”，亦可列入本类病害。

3. 崩塌落石。指在地势陡峻、地质条件复杂的山坡上，因长期受风化侵蚀或其他外力的影响，岩体或土体突然脱离母体，在自重的作用下，发生急剧地向下倾倒、崩落、翻滚和跳跃等现象，称为崩塌；落石系指个别岩块从悬崖陡坡上突然坠落的现象。

4. 风化剥落。指整个边坡基本稳定，但坡面受风化作用，碎屑向下滚落的现象。土质边坡由于地表径流冲蚀作用，形成鸡爪沟的现象也列入本类。

5. 陷穴。指路基或附近地面突然塌陷成洞穴或凹陷的现象，如岩溶塌陷、黄土塌陷，矿区采空、古墓、古窖、蚁穴以及由大气降水、过量抽取地下水诱发的路基突然塌陷、沉落。

6. 基床下沉外挤。指基床土被水浸湿软化，基床面下沉形成道砟囊，并越来越深，或软弱层发生剪切滑动，致使道床下沉、路肩隆起、边坡或侧沟外挤等现象。

7.基床翻浆冒泥。指路基土体或风化岩被水浸蚀软化,在列车动力作用下液化成泥浆挤压冒出的现象。

8.河岸冲刷。指在河滩或岸边的铁路路基,由于河流流向的天然演变,河岸和河床都经常地或周期性地受到水流冲刷作用,已危及或造成路基丧失稳定的现象。

9.水浸路基。指在滨河、河滩、海滩和水库(塘)地区的铁路路基,因一侧或两侧边坡长年或季节性受水浸润,受到水位变化(浮力、渗透动水压力)的影响和水流及波浪的冲击作用而威胁到路堤稳定的现象。

10.排水不良。指因地表或地下排水系统的设备状态(如排水设备不足或设备损坏、堵塞等)不能满足过水需要的现象。

11.沙害。指因风沙流的堆积、吹蚀作用,破坏铁路路基设备,造成流沙上道影响行车的现象。

12.冻害。指因路基内的水在冻结或融化时,造成路基不均衡的冻胀或承载力不足的现象。

13.雪害。指因降雪或积雪被风吹移至路基上堆积,导致埋没线路的现象。

14.泥石流。指由于降雨、融雪、冰川运动而形成的含有大量泥、砂、石块的固体物质的来势凶猛和破坏性大的特殊洪流,山坡型泥石流属路基范畴。

除了前述十四种常见的路基病害类型外,既有铁路还有一些虽然发生率较低但对路基结构危害不轻的病害,如地基和路基过渡段的病害。地基变形引发的病害可能影响建(构)筑物的正常使用甚至因此造成工程事故,概括地说主要包括三个方面:①地基承载力不足。即在上部荷载作用下地基承载力不能满足要求时,地基将产生变形,建(构)筑物产生的水平位移及沉降超过相应的允许值。其中,不均匀沉降的危害较大。②地下渗流。在砂层地基(主要细纱、粉沙),由于地下水渗透流动,当地基的渗流量或水力比降超过允许值时,会发生潜蚀、管涌,使地基失稳,路堤整体下沉。③软弱地基。除了承载力不足之外还由于地下水位下降引起软弱地基固结,造成路基沉降。此外,路基过渡段一直是路基的一个薄弱环节,因结构的特殊性所引发的病害造成连接部位两端的刚度突变与沉降不一致,导致轨面不平顺,影响线路结构的稳定。

铁路路基结构的基本部位主要分为路基基床、路基边坡、路桥(隧、涵)过渡段与路基基底四部分,铁路路基不论处在何种地质条件下,也不论采用何种工程填料,其关键结构的基本形式均是相同的。以上所述的主要路基病害与地基问题正是通过侵害这些关键部位,导致路基的强度降低、稳定性遭到破坏。本章第二节至第四节将分节阐述铁路路基各部位病害的发生机理、表现形式、区域特点以及治理措施。

第二节 路基基床的常见病害与治理

铁路路基基床分为基床表层和基床底层。按照《铁路路基设计规范》规定,对旅客列车设计行车速度 200 km/h 及以下、货物列车设计行车速度 120 km/h 及以下和客货共线的标准轨距既有铁路,基床总厚度为 2.5 m,表层为 0.6 m,底层为 1.9 m;对旅客列车设计行车速度 200 km/h以上的客运专线铁路,基床总厚度为 3.0 m,表层为 0.7 m,底层为 2.3 m。铁路路基基床应有足够的强度和稳定性。

一、基床病害的类型及基本成因

铁路路基的基床部位直接承托轨道上部建筑的恒载,受列车动力作用和水文、气候变化的

影响较大，当基床的强度和稳定性不能适应复杂的动荷载和水、温度等自然条件的变化时，便会发生基床病害，随之产生各种类型的永久性变形。

根据基床病害的发生机理和性质，按其典型的表现特征，结合病害发生的部位，可将基床病害分为基面翻浆冒泥和基床下沉外挤两大基本类型。

（一）基面翻浆冒泥

基面翻浆冒泥一般分为：土质基面翻浆冒泥、风化岩质基面翻浆冒泥、裂隙泉眼翻浆冒泥。

土质基面翻浆冒泥（图 3－1）常发生于液限 $W_L>32\%$、塑性指数 $I_p>12$ 的较密实的黏性土基床。由于地表排水不良或地下水发育，致使基面土质软化或液化成泥浆，泥浆在列车动力作用下挤入道床。这类翻浆一般发生在雨季和春融后，能延续一段时间，旱季则出现道床板结。冻土地区冻害严重地段常伴生翻浆冒泥病害。膨胀土作为高塑性黏性土，因其成分以蒙脱石、伊利石等亲水性黏土矿物为主，且具有明显的湿胀干缩性、多裂隙性和超固结性，故基面翻浆冒泥病害较一般黏性土基床更为严重。盐渍土因具有较强的吸湿性和保湿性，往往造成翻浆的基面更加泥泞，延续时间更长。

风化岩质基面翻浆冒泥（图 3－2）多见于风化物为泥质的岩石基床，其成因及一般的表现特征与土质基面翻浆冒泥相同。

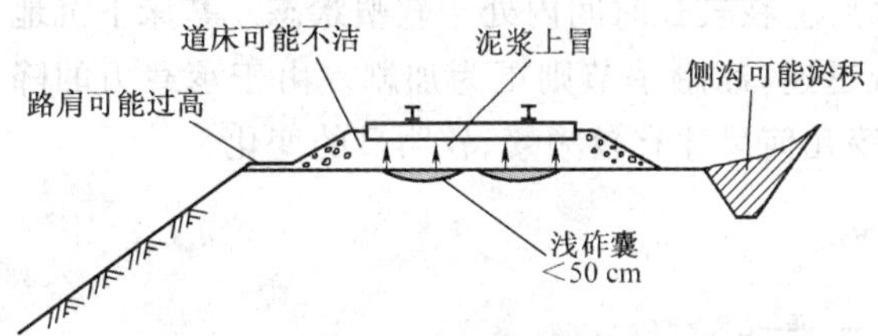

图 3－1　土质基面翻浆冒泥的原因

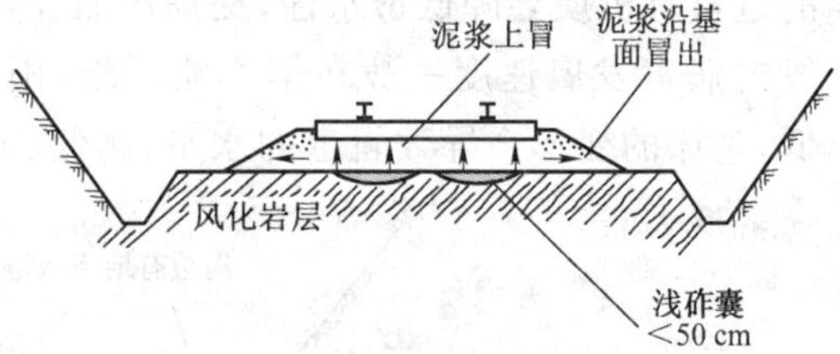

图 3－2　风化岩质基面翻浆冒泥的原因

裂隙（泉眼）翻浆冒泥（图 3－3）亦多见于风化物为泥质的岩石基床，裂隙（泉眼）水在列车活载作用下沿岩层中的缝隙渗至基面，与基面风化物合成泥浆。这类翻浆终年可发生，在地下水丰富的地方或雨季时更为严重。翻浆体初期从裂隙（泉眼）处开始，呈条状、漏斗状或柱状翻出，随时间延续扩展到较大范围。在此值得一提的是由于道床不洁（含泥量超限）或道砟强度不足被碾碎，遇水侵蚀后形成的“道床翻浆”。这种翻浆在路堤、路堑均可见，一般在整节钢轨同时出现，轨缝处更严重。与基面翻浆冒泥不同的是，雨季开挖道床，不见基床面泥浆上冒现象；旱季开挖道床，石砟与泥板结成干硬块。“道床翻浆”不属于路基病害。

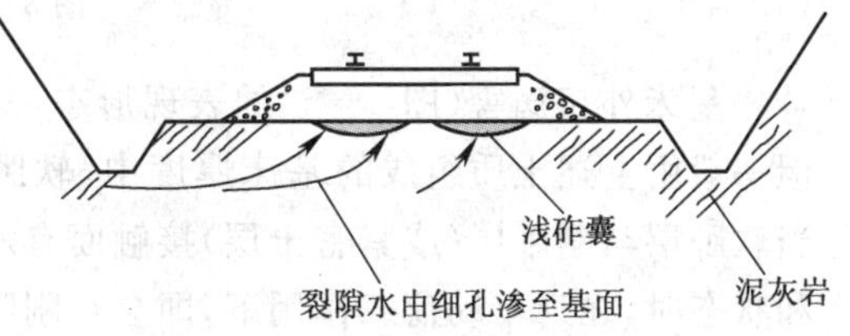

图 3－3　裂隙泉眼翻浆冒泥

基面翻浆冒泥病害的产生，必须同时具备有一定特征的基床土、水、动荷载这三个主要因素。基床土质不良是现场翻浆冒泥病害的主要内因，最易翻浆的土质基床均为新生代细粒（小于 0.075 mm 的颗粒质量达 50％以上）的沉积土层，矿物成分以伊利石、蒙脱石为主，干缩湿胀、亲水性强；岩质基床中多为沉积岩中的泥质岩（如泥岩、页岩、泥灰岩）、变质岩（如片岩、千枚岩）等，成岩作用差，节理发育，多含泥质矿物，故风化颇重。水（包括地表水和地下水）是翻浆冒泥病害的重要诱发因素，尤其在年降雨量大于 1 000 mm 以上的南方多雨地区，若地表排水设施不良或地下水位较高，基床面湿化后其原有的物理力学性质将被破坏，促成病害的发生与发展。列车动荷载（包括轴重、速度、运量）的作用是发生翻浆冒泥病害的主要外因。遇水软化的基床面在通过列车的反复冲击、挤压作用下循环产生正、负弯矩，导致基床面强度降低和基面翻浆体挤入道床甚至翻出轨枕面。此外，基床的设计标准、施工质量、养修方法等也是不可忽视的影响因素。

（二）基床下沉外挤

基床下沉外挤病害一般分为基床下沉和基床外挤两种表现形态。病害或呈单一性表现，或呈合而为一的综合表现。

基床下沉病害（图 3－4）的表现形态常分为沉落、道砟囊、道砟陷槽，多发生在基床土为中、高塑性的黏性土（包括膨胀土），淤泥、泥炭风化残积土或基床填筑密度不足或运营条件改变（例如动荷载影响加大）时。当路基基床部位由于地表水的严重渗入或路堑地段由于地下水位较高，基床土处于经常饱和状态时，往往会导致基床土极度软化（一般渗透系数 $K_v<1\times 10^{-5}$ cm/s，无侧限抗压强度 $q_u<100$ kPa），基床在列车动荷载作用下会发生下沉病害。冻土地区的路基在一定条件下因冻土特性亦会发生道砟陷槽、基床沉落现象。黄土地区的路基因黄土特有的湿陷性，当人工夯填不实或基床遇水后也常发生沉陷变形。盐渍土基床因填料中的过量有机质会降低透水性，提高压缩性，遇水后会在较长时间内处于软塑状态。基床下沉地段的病害发展速度一般在旱季略缓慢，雨季较迅速，冰融季节则更为加剧。由于承载力的降低，基床的变形会导致轨道的水平、高低、方向等几何尺寸有较频繁、较明显的变化。

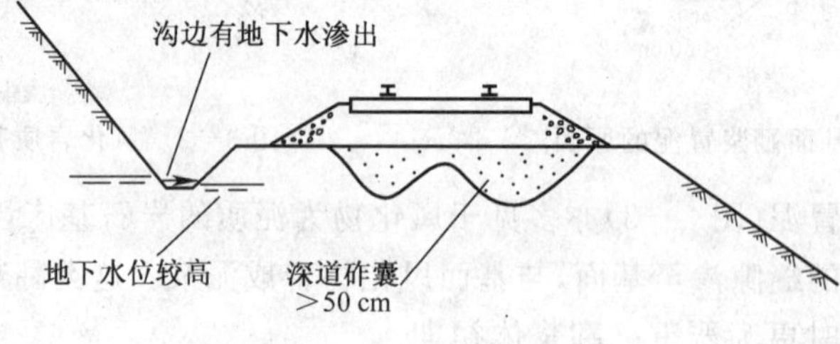

图 3－4　基床下沉

基床外挤病害（图 3－5）的表现形态一般分为隆起和挤出，亦发生在上述土质的基床中，但一般由上述土质组成的基床厚度中，软卧层厚度约 0.4～1.5 m，下有刚卧层或紧密土层。当软卧层与刚卧层（或紧密土层）接触面有水侵入，或道砟囊（道砟陷槽）积水使软卧层处于饱和状态时，在列车动荷载作用下，即会在刚卧层上形成剪切滑动或塑性流动面，基床向一侧挤出并隆起；若软卧层很薄（厚度<0.5 m），刚卧层接近水平时，可发生向两侧同时挤出。当软

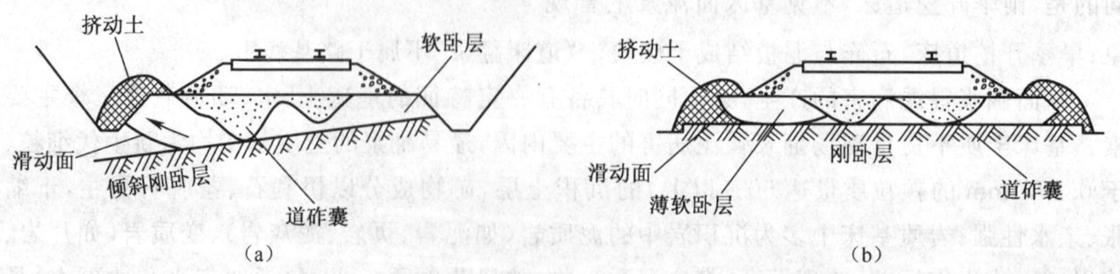

图 3－5　基床外挤

卧层厚度大于 1.5 m 时,不易发生挤出,道砟囊(道砟陷槽)深度则根据土质条件继续发展。基床外挤地段,轨道会出现较严重的连续下沉或急剧下沉,几何状态难以保持;侧沟呈湿润状态或明显见地下水从沟边或沟底渗出,严重时为泥浆冒出。

不同表现形态的基床下沉和外挤病害,有着各自的主要特征及一般规律:"沉落"多发生在路堤地段,基床土被逐渐压密,轨道缓慢下沉。"道砟囊"亦多发生在路堤地段,基床出现不均匀变形,道砟向软弱方向延伸成囊并积水成浆。"道砟陷槽"在路堤、路堑地段均可见,陷槽面随基床面的变形状态而异。"隆起"在路堤、路堑地段均可见,主要出现在道床坡脚和路肩部位,基床内有明显变形带。"挤出"一般发生在路堑地段,主要出现在侧沟部位,基床内存在刚卧层。在路堤地段(尤其新运营铁路),基床的"沉落"或"道砟囊"发展到一定程度时,也可转化为路基本体的外挤变形,引起路堤边坡臌起而溜坍。

二、基床病害的整治措施

(一)基床病害的整治原则

既有铁路路基基面翻浆冒泥病害的整治原则大致有两方面。第一,因病害由基床土、水、动荷载共同作用而产生,其中水是重要诱发因素,故应采取综合整治的方法,且首选消除水影响的措施。第二,由于土质基面翻浆冒泥初期与风化岩质基面、裂隙泉眼的翻浆冒泥形成的砟囊较浅(一般小于 50 cm),故处理的部位可限于基床表层或基床面。

既有铁路路基基床下沉和外挤病害的整治原则除了消除水的影响外,还应考虑采取改善基床上部荷载的影响,改变基床土质以提高承载力,减少变形的综合措施。由于基床变形的范围较深(道砟囊深度一般大于 0.5 m,软卧层厚度可达 1.5 m),故处理的部位应进入基床表层,甚至深达基床底层。

为了确定基床病害处理的合理范围(宽度与深度),一方面应分析、计算基床上部轨道恒载和列车活载在基床面的分布宽度、影响强度以及沿基床深度的影响曲线,另一方面依据实际勘探点绘基床土沿深度的强度曲线。上部活载在基床面的分布宽度加适当的安全宽度即为基床病害整治的最小宽度;上部荷载的影响曲线与基床土的强度曲线形成的交叉点一般即为基床处理的最小深度,另加适当的安全深度后即为基床病害整治的施工深度。关于基床上部轨道恒载和列车活载对基床面影响强度的计算,通常采用"换算土柱"法,将轨道恒载和列车活载换算为与基床填料相同的土柱高,作为外荷载计算路基应力,各级铁路干线换算土柱的有关数值可查阅《铁路路基设计规范》中"列车和轨道荷载换算土柱高度及分布宽度"表。

(二)基床病害的常用整治方法

经过以往数十年的实践,某些措施(如浆砌片石、混凝土、沥青胶砂、沥青土、三合土等刚性或半刚性封闭层;基床表层换填片石;道床横向圬工渗沟等)被证明整治机理不明确或污染环境、有效期较短、效果欠佳,一般已不宜再用。目前运营铁路现场多采用整治效果较彻底、对行车干扰较少的方案,实际应用时应因地制宜、合理选用。

1. 线路抬道

按照力的传递规律,作用在基床面的动应力随基床深度而被扩散。据铁道部科学研究院对于碎石道床砂黏土基床的动应力变化经验公式,可求得在基床面以下 0.6 m(可视为基床表层底部)处的列车动应力大约已衰减 55%,若同时考虑基床上部恒载则求得在基床面以下 0.6 m(可视为基床表层底部)处上部总应力大约已衰减 35%。若抬道 30 cm,在保证原标准道床厚度的情况下，可视为基床面标高抬高 30 cm，则基床面以下 0.9 m 处（即原基床表层底部）列车动应力大约可衰减 63%。

抬道施工简单快捷，在有条件改变线路纵断面的地段，采用线路抬道的方法可使既有基床面降低一个相当于抬道量的厚度，使上部传来的荷载继续扩散，应力进一步衰减，削弱了对强度不足基床的影响，减少了基床的变形。该方法可用于程度较轻的基床翻浆冒泥、基床下沉外挤病害的整治。

2. 基床面封闭

在已发生基床翻浆冒泥的地段，或基床土质不良（$W_L > 32\%$，$I_P > 12$）而强度足够，具备产生翻浆冒泥病害条件的地段，可在基床表面铺设土工合成材料封闭层（图 3-6）。

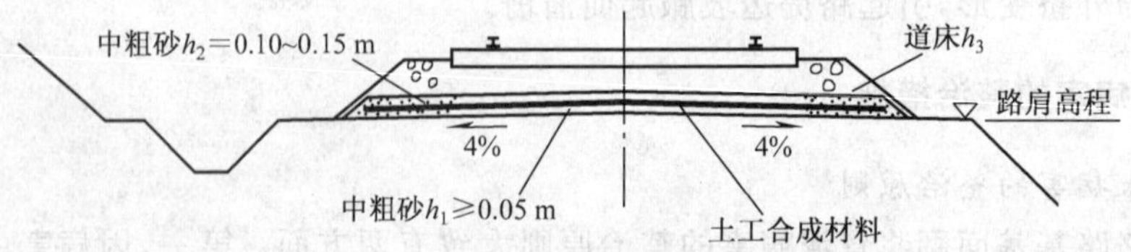

图 3-6 基床面封闭

注：中粗砂 $h_1+h_2 \geqslant 0.2$m；中粗砂 h_2＋道床 $h_3 \geqslant$ 标准道床厚度

封闭层的作用是防止地表水下渗造成基床表层的软化，减弱动荷载对基床土的挤压与抽吸作用，阻隔翻浆体上冒污染道床。当地下水位较高时，应同时加深侧沟或设纵向渗沟降低地下水位；整治裂隙泉眼的翻浆冒泥时，应在泉眼处增加横向引、排水措施。

土工合成材料封闭层可选用不透水的塑料排水板、氯丁橡胶板、土工膜或复合土工膜（一布一膜、两布一膜）等，以复合土工膜应用较多。整治工程的治理效果取决于所选材料的隔离、防渗、排水等功能指标，规范要求材料厚度不应小于 0.3 mm，其渗透系数不应大于 10^{-11} cm/s，断裂强度不应小于 20 kN/m，CBR 顶破强度不应小于 2.5 kN，在严寒地区还应满足抗冻要求。

铺设土工合成材料封闭层的施工需在线路封锁（如施工“天窗”）或架空轨道、限速慢行的条件下进行。封闭层铺设宽度至少应满足上部荷载应力扩散宽度（膨胀土、湿陷性黄土地区适当加宽），必要时应基床面全宽度铺设。相比基床换填渗水料（含降沟）的方法，铺设土工合成材料封闭层设计简单、投资较低、效果良好。该方法适用于各种土质、风化岩质基床的基面翻浆冒泥病害的整治，但基床土强度不足时不宜采用。

3. 基床表层补强

在基床表层内铺设土工网（平面材料）、土工格栅（经拉伸的平面材料）、土工格室（三维材料）均可起到提高基床承载力与稳定性的补强作用（图 3-7）。其中，以土工格室的整治效果为最理想。

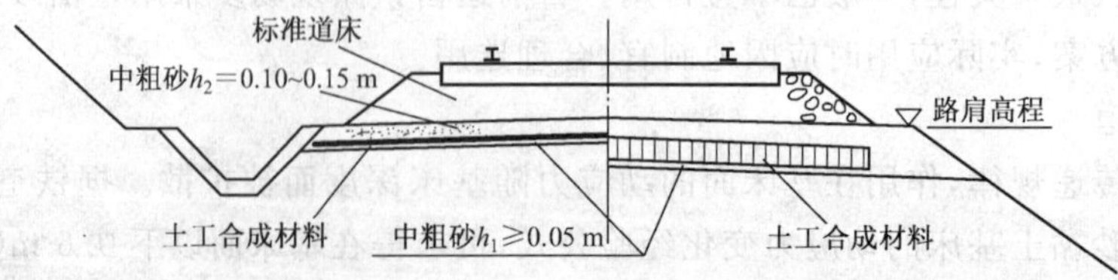

图 3-7 基床表层补强

注：左侧所示为土工网、土工格栅等平面材料；右侧为土工格室等三维材料

土工格室是20世纪90年代新出的一种高密度聚氯乙烯土工合成材料，其结构特点是变二维为三维。在蜂窝状格室中，经强化的PE条通过强力焊接后产生的横向限制力以及格中填料与格室壁的摩擦力，使得各相连格室内的填料共同形成了有较大刚度与强度的基床表层。同时，上部荷载通过这一加强层改善了应力分布状态，满足了下部基床土的容许承载力，减少了基床的变形。格室内的渗水填料保持了基床的排水能力，可避免地表水滞留基床面软化土体。若在土工格室下铺设土工织物，还可起反滤（土工织物下的基床形成一定厚度的滤层阻隔软化泥浆上冒道床）和隔离（防止道砟陷入基床形成道砟囊）作用。

土工格室产品目前有厚度0.08～0.25 m多种型号，格室越高加固效果越好。铺设土工格室后，可使基床表层的动应力降低，弹性变形减少，永久变形降低。关于土工格室主要性能指标，有资料介绍按美国标准检测抗拉（张）强度可达23.0 MPa，抗环境开裂大于1 000 h，低温脆化温度达－23℃，按国标检测常温剥离强度达101 N/cm。

铺设土工格室的施工需在线路封锁（如施工“天窗”）或架空轨道、限速慢行的条件下进行。土工格室应在基床面以下挖除软弱层后进行铺设，铺设宽度至少应满足上部荷载应力扩散宽度（膨胀土、湿陷性黄土地区适当加宽）。由于基床开挖不深，一般不需降侧沟，故在长大路堑内铺设土工格室与使用基床换砂（含降沟）的方案相比具有节约投资、缩短工期、减少行车干扰的优势。同时，铺设土工格室整治基床下沉外挤病害的后期效果好，有效地减少了线路维修养护工作量。

4.基床表层换填

对于容易发生下沉外挤或深陷槽病害的软弱基床，可采用换填（图3－8）的整治方案提高基床表层强度。换填厚度视软弱层厚度而定，一般为50～60 cm。换填料可为级配良好的碎石土或中粗砂，也可为在原基床土中掺入改良土壤工程性质的材料后形成的改性土。该方法还可用于防治基床翻浆冒泥病害。

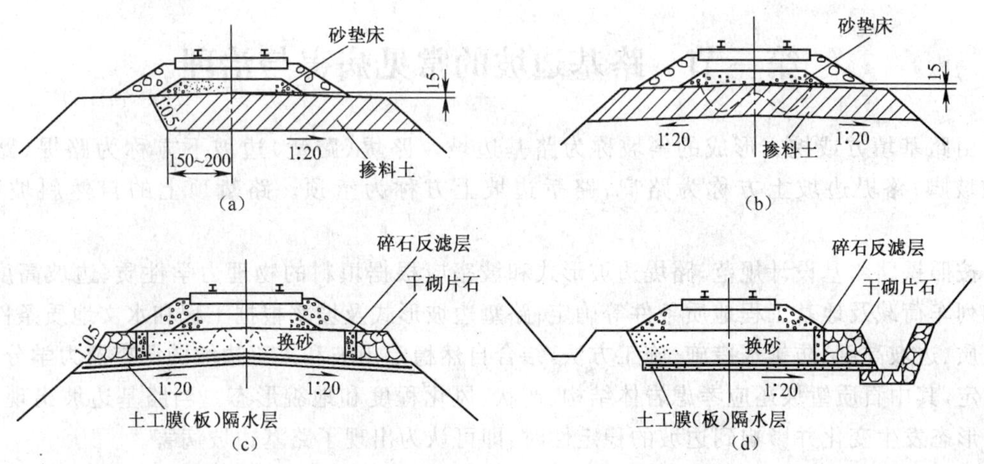

图3－8　基床表层换填（单位：cm）

若换填料为碎石土或中粗砂等渗水土，须做好基床的横向排水。通常的做法是在换填层的底部设好横向排水坡；在换填层与浆砌片石路肩之间设置干砌片石或碎石、干砌片石反滤层；路堑地段侧沟必要时还需加深改造。

基床表层换填是比较彻底的方法，但由于换填基床表层土的施工需采取封锁线路、揭盖施

工或架空轨道、限速行车的方案，且施工进度较慢，若地段较长时，对行车干扰较大。

5.基床桩体加固

根据复合地基原理（即由加固桩与桩间土形成人工地基共同承受上部荷载），采用水泥挤密桩、石灰砂桩等各类小直径改性桩体（图 3－9）加固软弱基床，可提高基床的承载力与抗剪强度，减少沉降量。桩体加固的方法适用于基床软弱层较厚、下沉外挤病害较严重的地段。各类改性桩体对基床的加固作用表现在物理和化学效应两方面。第一，通过不排土成桩工艺打入的加固桩体对原有基床土有置换与挤密作用，从而改善了桩间基床土的物理性质。第二，加固桩体一般掺有水泥或石灰、粉煤灰等水硬性或气硬性胶凝材料，不仅硬化桩体本身，还与桩间土起离子交换—水胶连接作用及化学固结反应，从而改善基床土的化学性质，明显提高了基床的后期强度。

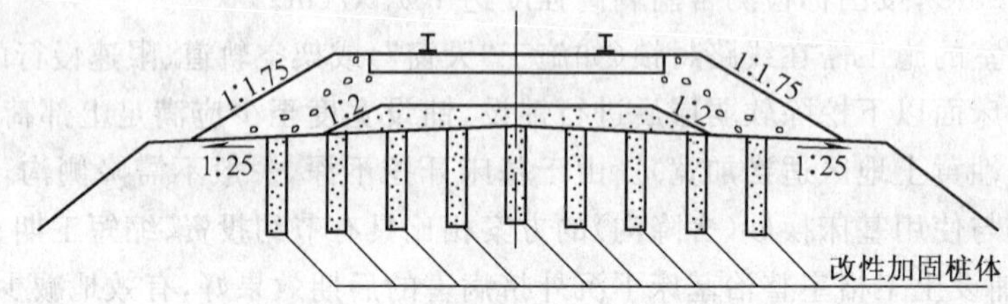

图 3－9　改性桩体加固基床

加固桩体一般设在两轨枕间隔中的基床部位，纵向排距即轨枕间距；每排横向至少设 4 个桩（桩位约距钢轨中心 30～35 cm）或 5 个桩（线路中心加 1 个桩，各桩间距约 50 cm）；桩长视基床需加固深度而定；桩径一般不小于 20 cm。

采用桩体加固基床不影响线路的纵断面状态，工作量远远小于基床换填方法；在行车密度不大的运营线上，利用列车间隔时间灵活施工，有一定的优越性。

第三节　路基边坡的常见病害与治理

由路基填方或挖方形成的斜坡称为路基边坡。路堤（路堑）边坡下方称为路堤（路堑）边坡坡脚；路堤边坡上方称为路肩；路堑边坡上方称为堑顶。路堑顶上的自然斜坡称为山坡。

按照铁路路基设计规范，路堤边坡形式和坡率应根据填料的物理力学性质、边坡高度、轨道和列车荷载及地基工程地质条件等确定；路堑边坡形式及坡率根据工程和水文地质条件、土石性质、边坡高度、防排水措施、施工方法，结合自然稳定山坡和人工边坡的调查及力学分析综合确定，其中石质堑坡还应考虑岩体结构、产状、风化程度和地貌形态。当路基边坡出现设计几何形态发生变化并影响到边坡的稳定性时，即可认为出现了路基边坡病害。

路堑顶上的自然山坡分为缓山坡（坡角＜30°）、陡山坡（坡角 30°～60°）、极陡山坡或悬岩（坡角＞60°），由于自然山坡稳定与否直接关系到铁路路堑的安全性，因此自然山坡的病害亦纳入堑坡病害范畴。

一、边坡病害的类型及基本成因

未进行工程防护的路基边坡，由于裸露在外，除了直接遭受降雨、融雪、地下水、河（海）岸

冲刷、地震等自然营力的侵蚀外，还受到人类不当活动的影响。

在边坡体中，当出现剪应力达到或超过自身的抗剪强度，或剪应力未变化而抗剪强度降低这两种情况时，都会导致边坡体沿剪切面（软弱结构面或严重风化层）发生变形或破坏。通常，使边坡体中剪应力增加的因素大致有：边坡上部超限荷载、上方岩土体的主动推力、雨季水侵蚀后岩土体的下滑力、岩土孔隙中的动水压力、地震力及其他振动力等。造成边坡体抗剪强度降低的因素大致有：季节变化使岩土体干湿循环、冻融交替造成风化或裂隙；降（排）水条件的改变使岩土体孔隙水压增大而有效应力（摩擦力、黏聚力）降低；以及其他各种人为因素。

根据边坡病害不同的发生机理和性质，以及典型的表现特征，发生病害的部位一般可分为边坡表层、边坡体内或边坡坡脚，对边坡的破坏可分为浅层或深层、局部或整体等不同程度。在通常情况下，病害发生的部位往往并不严格区分，表层的病害可能深入内部，坡脚的病害亦可能牵动整体，需根据病害的具体表现作全面的分析。以下仅根据边坡病害的起因作一大致的分类。

（一）路基边坡坡面病害

1.边坡溜坍

边坡溜坍是一般黏性土质（如砂黏土、黏土、粉土等）边坡的常见病害，在路堤、路堑路段均可发生。膨胀土除了具有一般黏性土的共性外还具有湿胀干缩、多裂隙、超固结等特性，故膨胀土路基边坡更易发生溜坍（坍滑）病害。黄土作为干旱地区形成的一种特殊土，其工程性质受形成时代与成因类型控制，坡（冲、洪）积的新黄土路堑边坡常易发生溜坍病害。盐渍土路基在土的含盐量超过一定比例后，土体随昼夜温差与季节性温差而出现胀缩变化和强度降低，导致边坡发生溜坍病害。冻土地区路基在夏暖季节因边坡土体的热平衡状态遭到破坏导致边坡体在冻融界面发生滑坍变形。

边坡溜坍病害（图 3－10）的表现形态主要有以下几种：一是在各类土质边坡，由于一般土质边坡体透水性较弱，干燥时龟裂的边坡面在遭遇长时间阴雨或暴雨后，沿裂隙下渗的雨水会降低土体的抗剪强度造成表层饱和并沿着下部未软化的土层发生溜坍。对于特殊的膨胀土边坡，溜坍厚度甚至可达到坡面下 2～3 m。二是在倾斜岩层上有较薄的黏性土覆盖层，由于受地面水下渗或地下水影响，产生沿基岩面的溜坍。三是不论土质边坡还是风化严重的软质岩边坡坡面，受地表径流的冲蚀作用形成冲沟（鸡爪沟）或冲坑后，由于坡面被冲刷破坏了原有的完整性，亦可能发展为边坡溜坍病害。此外，在边坡坡度陡于天然休止角的路堑地段，若节理发育、岩层破碎、风化严重则稳定性较差，遇强降雨等外界影响极易发生边坡溜坍病害。边坡溜坍病害直接表现为坡面流水推动带走土颗粒，其危害轻则造成路基表层及防护被破坏、堵塞坡脚排水设备，重则造成路基本体失稳，危及行车安全。

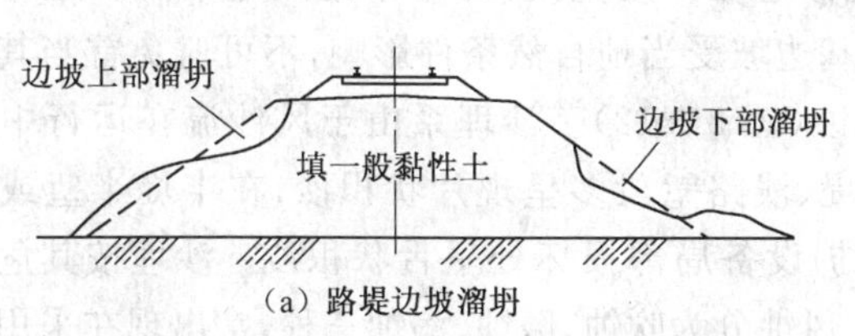

（a）路堤边坡溜坍

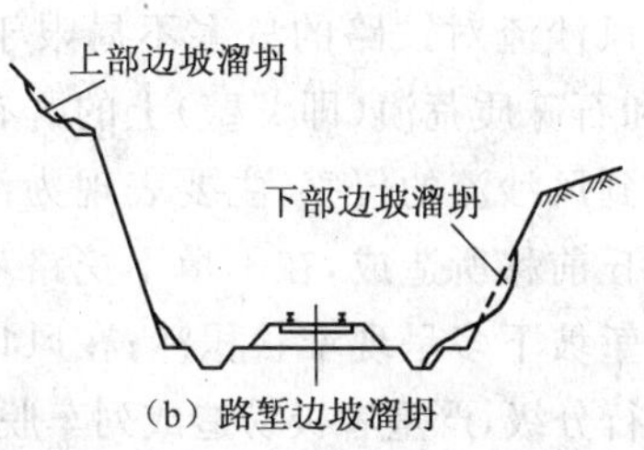

（b）路堑边坡溜坍

图 3－10　路基边坡溜坍病害示意图

2. 风化剥落

风化剥落病害(图 3－11)常发生在易受风化的岩质边坡(如绿泥片岩、页岩、千枚岩、云母片岩、滑石片岩等)或软硬相间的松软层。虽岩质边坡整体基本稳定,但由于岩性与结构构造的特性,其表层受长期强烈风化作用后易发生呈松散薄片状或小颗粒状顺坡面剥离滚落的现象。边坡的向阳面因昼夜温差大往往剥落现象较严重。

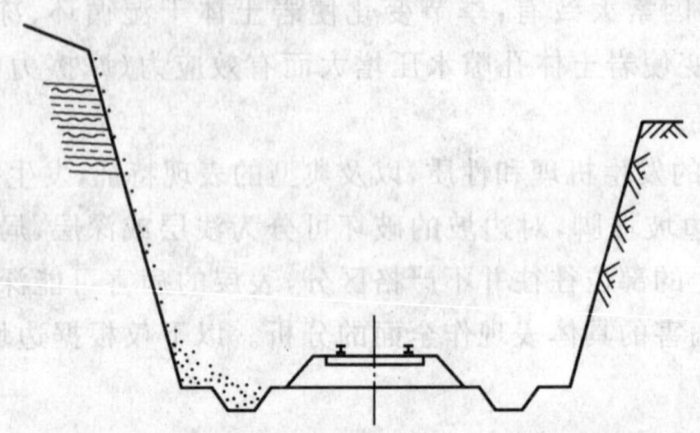
图 3－11　路基边坡风化剥落病害示意图

在黄土地区,路堑边坡亦常发生剥落病害,病害按其形态分为片状、层状和鱼鳞状。片状剥落多发生在新黄土中,层状剥落多发生在有砂黏土和黏砂土互层的冲积黄土中,鱼鳞状剥落多发生在含易溶盐较多的黄土坡面。

风化作用分为物理风化、化学风化与生物风化。物理风化是由于温度、水及气流的机械作用所致,不改变岩石(土)的矿物及化学成分,但可分解其结构使岩石变成松散土颗粒;化学风化是在空气、水渗入岩石(土)的同时因化学作用改变其矿物及化学成分;生物风化是动、植物的有机质对岩石(土)的破坏作用。这三类风化常常紧密关联。风化剥落病害轻则增加路基养修工作量,重则影响边坡稳定并可能造成坍塌。

3. 风沙病害

风沙病害多发生在我国沙漠铁路所分布的西北风沙地区,其地理位置多在深向内陆;气候条件表现为干旱少雨,蒸发量大,风力强劲、频繁;地貌形态呈现出各式各样的沙丘。

风沙病害基本表现为风沙流,风沙流即含有沙粒的运动气流。在风沙流的形成中,沙是物质基础,风是动力条件。荒漠沙质来源于剥蚀山地岩石的风化、强烈风蚀的碎屑、内陆间歇性河流和湖泊的沙质沉积以及生态破坏后裸露的疏松地面。荒漠沙丘(形态为沙山、沙垄、沙地)的形成与启动临界风速值(即起沙风速)、沙粒粒径密切相关,对于一般沙粒粒径为 0.1～0.25 mm的沙质地表,在距地表 2 m 高处的风速达 4～5 m/s 时才出现风沙流活动,且沙粒粒径越大则对应的风速需越大。

风沙流对铁路的危害不局限于边坡,但修建在沙质荒漠(即干旱荒漠地带的沙丘和风蚀地)和石砾质荒漠(即戈壁)上的既有铁路路基边坡受当地自然条件影响,不可避免首当其冲地遭受到风沙流的侵害,主要表现为沙埋和风蚀(图 3－12)。沙埋系由于风沙流在运行中受阻或沙丘前移所造成,在不填不挖路基或低路堤、浅路堑段多呈现片状积沙;在半堤半堑或曲线内侧堑坡下多呈现堆状积沙;在风口处或防护设备局部损坏处呈舌状积沙。沙埋按其危害程度进行分级,严重者极易造成列车脱轨事故。风蚀分为吹蚀、磨蚀、淘蚀三种,常出现在采用粉细沙填筑又没有适当防护的路堤段。吹蚀是指风力直接吹走路堤迎风面边坡上部土颗粒,使路肩

宽度不足，影响轨道稳定；磨蚀是指风沙流中的沙颗粒冲击旋磨路堤填料，造成本体局部被掏空；淘蚀是指气流遇到障碍而产生的涡流卷走路堤背风面边坡的细小颗粒，造成大颗粒失稳滚落。

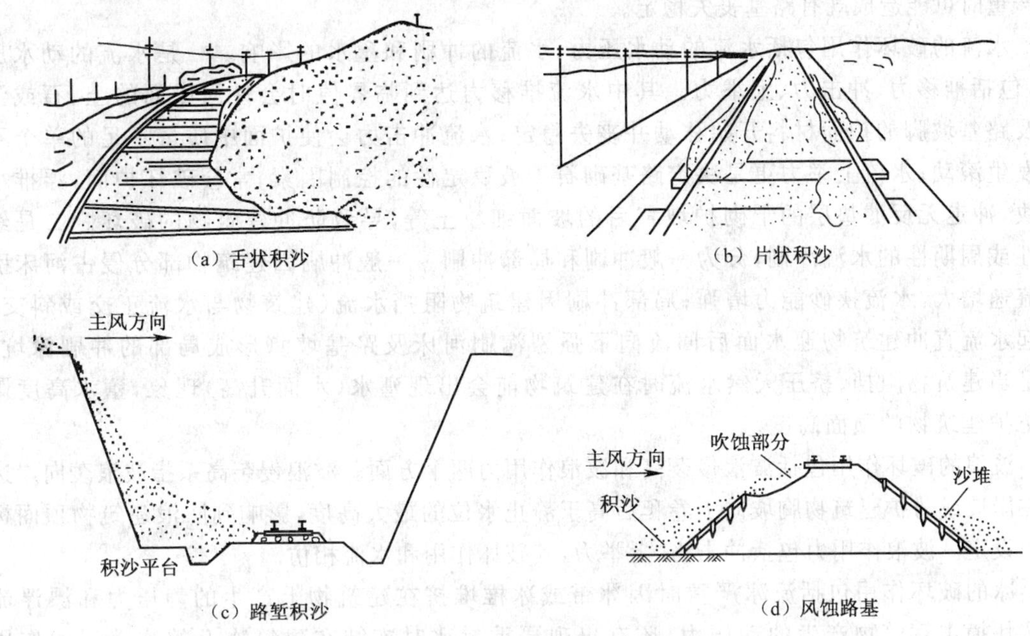

图 3－12　铁路风沙害的主要表现形式

4. 积雪病害

在我国东北、北方地区修建的铁路容易受到积雪的侵害。这些地区属于寒温带大陆性季风气候，全年降雪日数近 200 天，积雪月份为 5～6 个月，积雪深度达 200～1 000 mm，同时年平均风速 4.4 m/s，最大风速 40 m/s。每逢冬季（当年 12 月至次年 2 月），年平均降雨量仅 5～20 mm，大量的降雪或积雪常被风吹刮到铁路线上堆积形成高大雪峰，导致埋没线路及通信设备，甚至填平路堑的现象，严重影响行车。

同样，既有铁路的路基边坡亦遭受着积雪的侵害。积雪病害类型一般分为降雪、吹雪、暴风雪。积雪病害对路基边坡的侵害表现在，一是降雪造成边坡上积雪，增加了路基坡面的含水率和积雪荷载，降低了边坡的抗剪强度，可能引发边坡病害；二是降雪后若遇刮风则形成吹雪，当吹雪与降雪同时出现时则成为暴风雪，吹雪和暴风雪不但掩埋路基边坡，还极可能造成掩埋路基与轨道，当风速大于 4～5 m/s 时对行车有较大影响，风速大于 6 m/s 时则对行车造成极大危害。

积雪病害对铁路路基的影响程度因线路的地理位置、主风向与线路夹角等因素的差异而不一样。一般说来，车站站坪、路堤与路堑交界处（即零断面）、高度小于 0.4～2.0 m 的浅路堑、高度小于 0.6～1.2 m 的低路堤、并行不等高（高差大于 0.3 m）的山区铁路以及防雪措施设计不合理的路段均可能遭受积雪的危害。

（二）路基边坡坡脚病害

1. 河岸冲刷

河岸冲刷病害一般系指修建在河滩、岸边的铁路路基干扰了原有水流性质，导致河流流向的天然演变，使其不可避免，或多或少地遭受到水流、波浪以及严寒（寒冷）地区冰的影响和破坏的现象。同时也应包括邻近铁路的河、海、湖、库、塘等自然岸坡所受到的来自流速或波浪的侵害,因自然岸坡受冲刷程度连续发展时会危及到岸边或台地的铁路路基。上述河岸冲刷病害严重时可能造成既有路基丧失稳定。

水流的破坏作用包括水流的动水压力、水流的冲刷和壅水的影响。一是水流的动水压力,包括推移力、冲击力、上举力。其中水流推移力达到临界值时会使河床面的土、石或河床及路基坡脚的护面材料开始移动并丧失稳定;水流冲击力会使护面中质量不足的单个石块发生滚动;水流上举力更是决定路基砌石护坡稳定性的控制因素,常会破坏护面,浮推小石块,冲走无反滤垫层的干砌护坡背后的坡面细粒土等,导致防冲建筑物的破坏。二是经常性或周期性的水流冲刷,分为一般冲刷和局部冲刷。一般冲刷因建筑物部分侵占河床引起流速增大,水流挟砂能力增强;局部冲刷因建筑物阻挡水流(建筑物与水流正交或斜交)引起水流直冲建筑物迎水面后回流向下强烈淘刷河床及路基坡脚形成局部的冲刷深坑。三是当建筑物阻挡、挤压天然水流时在建筑物前会出现壅水(水面升高)现象,壅水高度影响防护建筑物的顶面高度。

波浪的破坏作用包括波浪侵袭高和波浪作用力两个方面。波浪侵袭高系指波浪袭向岸边时在岸坡或防护建筑物胸坡向上卷爬后高于静止水位的最大高度,影响到防浪建筑物顶面标高的设定。波浪作用力包括冲击力、上举力,其破坏作用和水流相仿。

冰的破坏作用包括流冰严重时因冰带或冰椎堆挤在建筑物上产生的静压力和漂浮流动冰块撞击建筑物产生的动压力,还有出现严重封冰时冻结在建筑物上的冰盖层的作用力。因此在严寒(寒冷)地区临水修筑的防护建筑物,其强度必须考虑到冰(流冰、封冰)压力的影响。

2.水浸路基

水浸路基病害一般系指在滨河、河滩、海滩和水库、湖泊、水塘或洼地路段修建的铁路路堤一侧或两侧浸水后(称浸水路堤)遭受到水位(包括浮力、渗透动水压力)变化和水流、波浪的冲击以及管涌、软弱基底的破坏,威胁到路堤稳定性的现象。个别情况下路堑段遇山洪暴发、侧沟排水不畅时亦会发生水淹线路及堑坡脚的情况。水浸路基病害在我国既有铁路中占有较大的比重,极易发生严重的冲毁断道事故。

浸水路堤按浸水时间分为长年浸水路堤与季节性浸水或短期浸水(最短的浸水时间可为几小时)路堤,表现出不同的浸水特点及被破坏程度。长年浸水路堤经受长期的静水压力和水位升降所引起的动水压力的作用;当水流流速大于路堤填料的无冲刷流速时,随流速的大小还产生不同程度的冲刷病害;当填料为黏性土时路堤强度会发生缓慢衰减或突然变形,基床部位由于毛细水作用亦会出现软化。季节性浸水或短期浸水路堤经受短期的静水压力和动水压力(或无动水压力)的作用,受冲刷的影响与长年浸水路堤相同,一般在填料不良时路堤强度会出现衰减变形。遭受水浸的路堑一般属于短期浸水。

不同浸水地域的路堤遭受水浸的影响和破坏程度各有不同。水库路堤属长期浸水路基;滨河路堤一般在洪水季节遭受水淹;河滩、海滩和湖泊、水塘或洼地路段路堤可能长期亦可能短期浸水。水库路堤除同长年浸水路堤外尚受水库坍岸的破坏作用;滨河路堤除同季节性浸水路堤外还经受较严重的冲刷作用。其他浸水路基除经受静、动水压力外,河滩路堤还经受较严重的淘刷和冲刷作用;海滩路堤经受海浪侵袭和淘刷作用;湖泊路堤经受湖浪侵袭作用;水塘与洼地路堤以及受水浸的路堑一般不会发生淘刷破坏,只在措施不当时会发生边坡病害。

水浸路基病害的常见表现形式见表 3－1。

表 3－1　水浸路基病害的常见表现形式

序号	路基类型	病害的常见表现形式								
		边坡坍滑	冲刷	淘刷	浪袭	流土	基底管涌	基底下沉	路堤下沉	坍岸
1	水库路堤	有	可能	有	有	可能	可能	很少	可能	有
2	河滩路堤	有	有	有	有	可能	可能	可能	可能	很少
3	海滩路堤	有	很少	有	有	可能	很少	有	有	有
4	滨河路堤	有	有	有	有	可能	可能	可能	可能	可能
5	湖泊路堤	有	很少	可能	有	很少	很少	可能	可能	很少
6	水塘路堤	可能	无	很少	可能	无	无	可能	可能	无
7	洼地路堤	可能	无	无	可能	无	无	可能	可能	无
8	浸水路堑	可能	无	无	无	无	无	无	无	无

3. 人工侵挖

将人工侵挖单列为一种病害，旨在区分自然营力与人为破坏两种不同性质的病因。由于铁路的修建带动了社会的经济开发与发展，在邻近既有铁路沿线许多路段的周边相继出现了新建的工厂企业、城镇乡村，因而也带来了更多生产与生活方面的人为活动。其中不当的人为活动，如侵入铁路用地限界，在铁路路基边坡坡脚开辟道路、埋设管道、修建水渠、挖地种植、搭建房屋等，均在路基边坡下部形成一定高度的陡坎使边坡体坡脚出现临空面而失去前部的支承，若此时边坡坡脚遇浸水软化则更加快了边坡的失稳坍滑。人工侵挖造成的破坏作用往往会诱发和加速路基边坡、自然山坡病害的发生，如边坡溜坍、山体滑坡等。

（三）路基边坡地质病害

1. 山体滑坡

山体滑坡是指在一定的地形地质条件下，山坡上的不稳定岩（土）体因各种外界因素破坏其力学平衡性后在重力作用下沿着山坡内部某一软弱面或软弱带发生整体的缓慢的间歇性滑动的变形现象。滑坡的特点是水平移动分量一般大于垂直移动分量。

发育完全的滑坡一般具有典型的滑坡外貌（图 3－13），但对于某个具体滑坡而言，可能因其所处的发育期不同而不一定能观察到全貌，但根据已出露的形态辅以必要的勘察手段，是可以判断滑坡的性质和规模的。一般滑坡均具有以下形态要素：

（1）滑坡周界，即滑动体和周围不动体（母体）在平面上的分界线。分界线多呈扁平簸箕状，圈定了滑坡范围。

（2）滑坡体，即与母体完全脱离的滑动部分，简称滑体。滑坡体保持原有岩层顺序不变。

（3）滑坡壁，即滑坡体上缘位移后在母体上形成的陡壁，简称滑壁或后缘。根据滑壁形态可推断滑体的位移方向与程度。

（4）滑坡舌，即滑体前缘形如舌状伸出的部分，简称滑舌或前缘。

（5）滑坡轴，即滑坡体滑动速度最快的方向线，可呈直线或曲线。滑坡轴分主轴与次轴，现场可连接滑壁与滑舌进行确定。

（6）滑动面，即滑坡体下滑的软弱面，简称滑面。滑动面可呈弧线或直线形，光滑、擦痕清晰。滑动面以上受揉皱的地带称滑动带；滑动面以下的不动体（母体）为滑坡床，简称滑床。

(7)滑坡台阶，即在滑坡体上由于各段土体运动速度的差异所形成的反坡错台。滑坡台阶常呈现为积水洼地。

(8)滑坡裂缝，即滑坡体滑动时在不同部位形成的不同形态不同性质的裂缝。滑体上部因滑动拉力形成的拉张裂缝和滑壁方向大致平行；滑体中部两侧剪力区的剪切裂缝与滑动方向大致平行，剪切裂缝的周围还常伴有羽毛状裂缝；滑体中下部放射状裂缝近乎滑体向两侧的扩散方向；滑体下部因滑动受阻土体隆起形成的鼓胀裂缝与滑动(扩散)方向垂直。

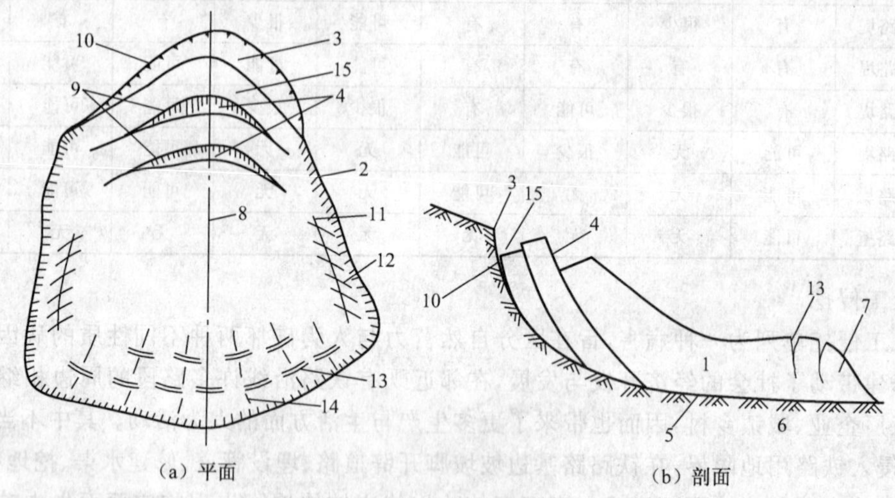

图 3－13　典型滑坡外貌示意图

1—滑坡体；2—滑坡周界；3—滑坡壁；4—滑坡台阶；5—滑动面(带)；6—滑坡床；7—滑坡舌；8—主滑线；9—拉张裂缝；10—主裂缝；11—剪切裂缝；12—羽毛状裂缝；13—膨胀裂缝；14—放射状裂缝；15—封闭洼地

根据山体滑坡的不同物质组成、地质构造和力学性质，我国铁路部门对山体滑坡有不同的分类。如按形成原因可分为工程滑坡和自然滑坡；按引起滑坡的力学性质可分为推移式和牵引式滑坡；按滑面通过的岩层情况可分为同类土、顺层、切层滑坡；按滑体的物质组成可分为黏性土、膨胀土、黄土、堆积土、堆填土、破碎岩、岩石滑坡等；按滑动体厚度可分为浅层、中层、厚层、巨厚层滑坡；按滑体体积可分为小型(＜4 万 m^3)、中型(4～30 万 m^3)、大型(30～100 万 m^3)、巨型(大于 100 万 m^3)滑坡。

滑坡的形成一般具有地形、地貌和地层、地质构造条件，同时受到自然的和人为的破坏因素的影响。新建铁路设计时一般会对具有滑坡地形地质条件、可能发生灾害的路堑段进行工程处理，但建成铁路后，由于诸多不当的人类活动会破坏山体和路堑的斜坡稳定(如开挖坡脚切割了滑体前缘部分、斜坡上部填土或兴建房屋造成滑体上部加载、大爆破及机械震动等)，改变原有地表水的排泄条件(如兴建水利、开挖山塘或开垦耕地、弃土堆阻水等)，此时如遇气候的寒暖干湿变化、大气强降水、地震等不良自然因素的影响，极有可能使岩土中软弱带抗剪强度降低，复活老滑坡或诱发新滑坡。

山体滑坡属于严重的不良地质现象。在既有山区铁路，当路堑上方山体发生滑坡时对路堑边坡的稳定性造成极大的威胁和危害，同时滑坡体有可能摧毁支挡建筑物，推动或掩埋线路，甚至颠覆列车，造成严重的灾害事故。

2. 崩塌落石

崩塌系指陡峻斜坡上的岩土体在重力和其他外力作用下脱离母体，突然发生急剧地向下倾倒、崩落、翻滚、跳跃以及因此而引起脆性破坏的斜坡变形现象。崩塌的特点是垂直位移明显大于水平位移动且运动速度较快。处于崩落临界状态的岩土体称为危岩，处于极限平衡状态的岩块称为危石，突然坠落者称为落石。

崩塌落石(图3－14)发生的原因和条件与地形和地貌、岩性和构造、气候和水文以及人为活动等因素有关。从内在条件(地形、岩性及构造)分析，崩塌多发生在坡度大于55°、高度大于30 m、上陡下缓且坡面凹凸不平的陡峻斜坡地段；岩性条件为质硬性脆(如花岗岩、石英岩、玄武岩、厚层石灰岩等)或软硬互层(如砂岩与页岩互层、石灰岩与泥灰岩互层)或上硬(硬质岩)下软(如易溶岩、煤系地层)的岩石陡坡，以及具有显著发育的垂直状节理的黄土陡坡；构造条件为岩土体中各种构造成因的结构面处于最不利组合位置时，如岩层倾向斜坡且倾角小于其坡度而大于45°，岩层多组节理中一组节理倾向斜坡且倾角达25°～65°，岩层发育X形节理组成倾向斜坡的楔形体、岩土体中存在断层破碎带等。从外部原因(气候、水文、人为活动及外部营力)分析，温度的变化促进岩层风化；降水是引发崩塌最活跃的因素，渗入构造裂隙的水软化结构面并降低岩土体的抗剪强度；边坡(包括路堑)开挖过陡或过高破坏山体平衡；树木等植物的根劈作用加速岩土体的裂隙发育；强烈的地震、大爆破甚至不间断的列车震动产生的振动力亦可促使或诱发崩塌落石的产生。

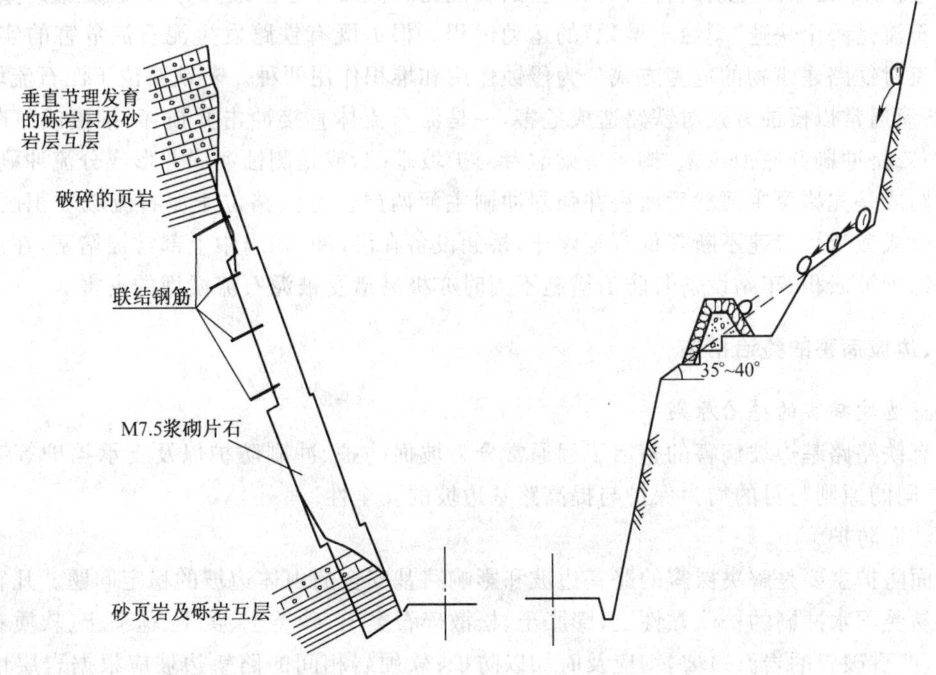

图3－14　崩塌落石的表现形式

崩塌落石是既有山区铁路并不罕见的路基病害。崩塌规模小的为坍塌，规模极大的为山崩，大型的崩塌是灾害性的，能摧毁铁路、桥梁、房屋甚至堵塞河流，毁坏农田和村庄；零星落石发生时虽然山体本身基本上是稳定的，但也常造成砸伤运营线的设备、列车脱线或颠覆的严重后果。

3.泥石流

泥石流是由于降水(融雪等)而发生在山区的一种挟带大量泥沙、石块等松散固体物质的特殊洪流。泥石流主要活跃于山区与山前地区，暴发突然、历时短暂、来势凶猛，固体物质粒度与流体密度变化范围大，惯性力（具有直进性和爬高能力）和冲淤能力大，具有巨大的破坏作用。

泥石流的形成与地形、地质、水文、气象、植被、地震、人类活动等因素有关，可概括为三个基本条件，其中两个内因条件为流域内有丰富的松散固体物质补给，有陡峻的地形或较大的河床纵坡，外因条件为流域中上游在短时间内能形成强大径流动力（如强大暴雨、急剧融雪、水库决堤）。泥石流的发生与发展是内、外因综合作用的结果。

根据泥石流的特点，典型的泥石流地貌一般包括上游形成区、中游流通区、下游堆积区。形成区多为漏斗状或瓢状的山间盆地，山体坡度陡、汇水面积大，是形成泥石流的松散物质和水源积集的主要供给区；流通区多为长度较短、坡急而顺直的峡谷地形；堆积区则为沟谷出口外平缓的开阔地，泥石流的流速减缓、大量泥石堆积呈现洪积扇或冲积锥。对于不典型的泥石流往往难以分区，有的流通区伴有沉积，有的形成区就是流通区。泥石流的规模、性质与形成区有密切关系，而堆积区的大小则反映了泥石流的强度与危害程度。

在铁路工程中，根据科学性、实用性原则将泥石流按流域形态特征、固体物质成分、流体性质、规模大小、发育阶段进行分类。其中按流域形态特征分有沟谷型和山坡型；按固体物质成分分有泥流、泥石流和水石流；按流体性质分有黏性（含泥流、泥石流）和稀性（含泥流、泥石流、水石流）；按规模大小分有特大型、大型、中型、小型；按发育阶段分有发育初期、旺盛期和间歇期。一般说来，处于旺盛期的特大、沟谷型的黏性泥石流破坏范围最大，危害程度最严重。

泥石流是一个快速“剥蚀—堆积”的运动过程。根据既有铁路发生泥石流危害的实例，可将泥石流对铁路建筑物的危害方式分为侵蚀作用和堆积作用两种。若铁路位于泥石流域流通区，泥石流通常以侵蚀方式对铁路造成危害，一是泥石流体直接冲击并损坏、推覆或剪断铁路建筑物；二是冲刷并底蚀沟床，掏空桥梁墩台与护坡基础，或是侧蚀河岸并形成分流冲刷路基、淤埋铁路或是先堵塞主河然后溃决并强烈冲刷主河两岸。若铁路位于泥石流域堆积区，因泥石流已形成散流且流速不断降低直至停止，桥涵设备在洪（冲）积扇中上部常被堵塞，在洪（冲）积扇前缘则被淤积；车站设备若防治措施不当时亦极易遭受被泥石流淤埋的灾害。

二、边坡病害的整治措施

（一）边坡病害的整治原则

既有铁路路基边坡病害的整治工程通常分为坡面防护、冲刷防护以及支承挡护等工程措施，其共同的原则与目的均为保护与提高路基边坡的安全性。

1. 坡面防护

坡面防护主要是解决裸露的路基边坡和影响路基安全的山体边坡的稳定问题。凡容易风化的或易受雨水冲刷的松软黏性土、膨胀土、松散碎石类土、砂类土、黄土、盐渍土、软质黏土岩或泥岩、严重破碎的岩石边坡，均应及时加以防护；软硬岩相间的路堑边坡应根据岩层情况采取全部或局部防护。进行防护的边坡应有足够的自身稳定性，坡面防护结构一般不考虑边坡地层或人工填土的侧压力。

既有路基的坡面防护类型大致可分为植物防护、喷射防护和圬工防护三大类型，其中植物防护有种草或喷播植草、铺草皮、种灌木、喷混植生等形式；喷射防护有素喷和挂网喷等形式；圬工防护有砌石护坡、骨架护坡、护墙等形式。坡面防护设备要求基础牢固、护面紧贴、防水有效。既有铁路路基，通常根据坡面病害的类型、病因和受损程度，结合现场可行的施工条件，选

用一种或几种坡面防护形式甚至结合冲刷防护与支挡结构等方法综合施行。

一般情况下，坡面防护设备的设置应满足以下基本技术要求：①护面紧贴边坡；②顶面及两侧边缘适当嵌入边坡内并整修齐平；③下部基础牢固并与护面本体衔接良好；④除植物防护外的护面必须设置伸缩缝（沉降缝）；⑤封闭式护面须设反滤层与泄水孔；⑥对防护范围内活动的地下水须进行引排；⑦高陡边坡的坡面防护结构须设便于检查与维修的安全设备。

2. 冲刷防护

既有铁路的冲刷防护工程主要用于河岸冲刷病害的治理，是为了保证河、海、湖、库、塘等自然岸坡和修建在滨河、河滩、海滩和水库、湖泊、水塘岸边的既有路基边坡的坡脚部位（即应力和应变集中部位）和坡体的稳定性，防止其遭受冲刷与水浸的破坏。因此，应根据水流特性、河道地形、地质条件等因素，结合线路位置合理选用路基冲刷防护的有效措施。根据既有河岸路基的养护经验，对于凹岸、软岸以及当冲之处应重点防护。冲刷防护设备的顶面高程应为设计水位加波浪侵袭高和壅水高再加 0.5 m，必要时尚应考虑附加高度。冲刷防护设备的基底埋深应在冲刷计算深度以下不小于 1 m 或嵌入基岩内。

靠近江河湖海和水库的既有路基常用的冲刷防护措施有直接防护和间接防护。其中直接防护即直接加固路基边坡及自然岸坡用以抵抗水流的冲刷、淘刷和波浪袭击，其类型包括草皮防护、砌石防护、抛石及石笼防护、浸水挡土墙等，特点是可不干扰或少干扰原来水流的性质，因而对防护地段上下游及其对岸的影响甚微。间接防护即用导流或阻流的方法改变水流的性质、流向、流速以及冲刷和淤积的部位以达到间接防护河岸与路基的目的，其类型有挑水坝、顺坝与潜坝、防水林带等，这类防护设备的特点是会不同程度地侵占河床，扰乱原有水流并加剧对设备当冲部位的冲刷和淘刷。对于山区既有路基，由于河谷狭窄处水力动能大，可设间接防护之处很有限，故岸坡宜根据最不利水位时的冲刷范围优先考虑直接防护措施；在平原及山区宽阔河床水流易改变方向的路段可采用间接防护措施；为了适应水流的各种特性，直接防护和间接防护措施可配合使用，甚至结合坡面防护与支挡结构等方法综合施行。除上述防护方法外，如遇水流直冲路基威胁安全时应根据河流的特性和演变规律考虑改移河道方案的必要性与可行性。

3. 支承挡护

在既有铁路，对于前述的由于地质病害造成路基边坡失稳的处所，均需采用支承挡护工程加固既有路基边坡体或自然山坡体，防止其变形引发对铁路运输安全造成更大的危害；对于其他一般的病害处所，亦可采取坡面防护、冲刷防护设备与支承挡护设备配合使用的措施。支承挡护设备是承受侧向土压力和各种外加荷载的建筑结构物，按照规范要求，在为减少路堑边坡薄层开挖、路堤边坡薄层填方的地段，在为避免大量挖方、降低边坡高度的路堑地段，在为加强本体稳定的陡坡路基地段，在不良地质条件下需加固地基、边坡、山体、危岩或拦挡落石的路段，在受水流冲刷影响边坡稳定的沿河、滨海路堤地段，在为节约用地、少占农田或为保护重要的既有建筑物地段、为保护生态环境和其他特殊条件需要的地段，均应修筑支挡结构。近二十多年来，我国铁路支挡技术发展很快，出现了许多新技术、新结构、新材料、新工艺，但在既有铁路上由于受到运营条件、地形条件以及施工条件的限制，支挡技术的应用有一定的局限性，目前既有路基上常用的支挡设备有支承渗沟、各种类型的挡土墙以及抗滑桩、预应力锚索等。

支承挡护结构应满足稳定性、坚固性和耐久性的要求，结构设计应根据山体和地基的工程地质和水文地质条件，合理选择岩土的物理力学参数，以保证结构类型和设置位置在各种设计荷载组合下达到安全可靠、经济合理。既有线路基的支承挡护结构设计除应符合《铁路路基支挡结构设计规范》和国家现行的有关强制性标准的规定外,尚必须根据既有线路与路基的安全情况、支挡结构的地基基础状态、施工对运营线的行车干扰程度等因素确定可行的合理方案。既有铁路路堤支挡结构设计检算时,作用于路基上的列车荷载应采用我国铁路标准活载,活载分布于路基面上的宽度按自轨枕两端向下45°扩散角计算;轨道恒载和列车活载(包括竖向压力、离心力、摇摆力等影响)应符合规范规定,按照"换算土柱法"进行计算。既有铁路路堑支挡结构设计检算时,以往对于经运营多年后仍基本稳定的既有边坡允许在无不良地质情况下采用"比拟法",即参考天然山坡倾角或路堑边坡设计坡度确定墙背地层的抗剪强度指标——综合内摩擦角"$\Phi_{综}$"值;但根据实际应用发现,表象稳定的堑坡会因暴露后经外界的侵蚀已逐渐导致地层内部的吸附强度减小和稳定度降低,故简单采用"比拟法"安全度会不足,应当慎重,只有深入进行地质调查,才能提高设计的精确程度。

(二)边坡病害的常用整治方法

1.坡面防护

(1)种草或喷播植草

种草是一种施工简单、经济有效的坡面防护措施(图3—15),适用于雨量较多的地区坡率缓于1∶1.25且不高的各种土质路基边坡。

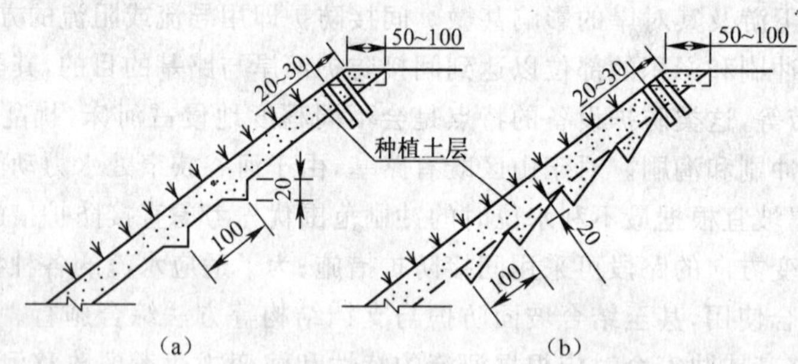

图3—15 种草护坡(单位:cm)

传统的方法是直接在适宜种草的路基边坡施行撒播或行播草籽;为使草籽均匀分布,可先将种子与砂、干土或锯末混合播种;若边坡土层不适宜种草则可先铺一层50～100c m厚的种植土。随着土工合成材料的问世,当边坡较高时可与土工网、土工网垫、立体植被护坡网等结合应用。近年国内引进了液压喷播植草的技术,即按一定设计比例将土、纤维、水、肥料、草籽、混合养护剂等材料(有工程实例每1 m^2 用草籽10～20 g、肥料75 g、纤维0.15 g、水5 kg)掺和后充分搅拌成均匀的草籽混合液,采用液压喷播技术喷于坡面。为加快草籽发芽宜先将草籽浸泡处理;为保护草籽不致流失可在喷有草籽的坡面再喷一层高分子乳液胶膜。不论人工撒播还是液压喷播,都应根据草的性质、生长年限、地区气候、降雨量及土质正确选用草种和选择播种时间。

在此还值得介绍一种可直接种植的多年生禾本科草本植物——香根草。它产于世界东南亚和我国南方地区,国际上20世纪80年代开始推出,我国20世纪90年代后期引入香根草技术,铁道部通过新长铁路工程试验后亦于2001年将此纳入铁路路基边坡绿色防护技术有关规定。香根草之所以在固土护坡方面有独特的显著效果,首先在于它强大的网状根系能明显增大土壤抗剪强度,同时根须穿透土壤,增加土的渗透性并减少地面径流。香根草采用水平等高

的行栽法种植，短期内其根可入土 2～5 m，上部簇生成丛，形成植物篱，可有效拦截流失的泥土。香根草有良好的生物特性，适应－15.9～＋50℃的温度环境，对气候耐旱耐涝，对土壤耐碱耐酸，是一种受欢迎的适应性强、粗放管理的植物。

(2)铺草皮

铺草皮系将一定规格的成活草皮块移栽到路基边坡上，并按一定的铺砌形式钉固。它适用于雨量较多、适宜草皮生长地区的各种土质边坡和强风化、全风化的岩石边坡，坡率不陡于 1∶1。草皮的草种宜就地选用覆盖率高、根部发达、茎叶低矮、耐寒耐旱的多年生草种，也宜引进适应当地土壤气候的优良草种。传统的草皮铺植方法有多种。密铺法即整平边坡后平铺草皮(每块约 30 cm 见方)，做到块间不留缝隙，并排实草皮，使根部贴紧坡面，接茬严密，坡率陡于 1∶1.5 时需用木(竹)钉加固。叠砌法(图 3－16)分水平叠砌与斜式叠砌两种，在整平的坡面上由坡脚开始自下而上按所选择的叠砌方法铺砌并用木(竹)钉加固，因铺法如砌砖故又称为草皮砖，草皮砖在坡脚处应入土 1～3 层，坡面各层一律将草面向上或向下，最上一层草面向上。方格法分大、小方格法，大方格即在边坡上按 1 m 间距成 45°拉线开挖宽 20 cm 深 8 cm 浅沟后铺草皮，并用木槌拍紧加钉，方格内播种拌有肥料与种植土的草籽；小方格即除了坡脚与坡顶全铺草皮外在坡面按草皮大小有规律地留出空格；方格法较经济但效果不如密铺法，只用于草源困难地段。

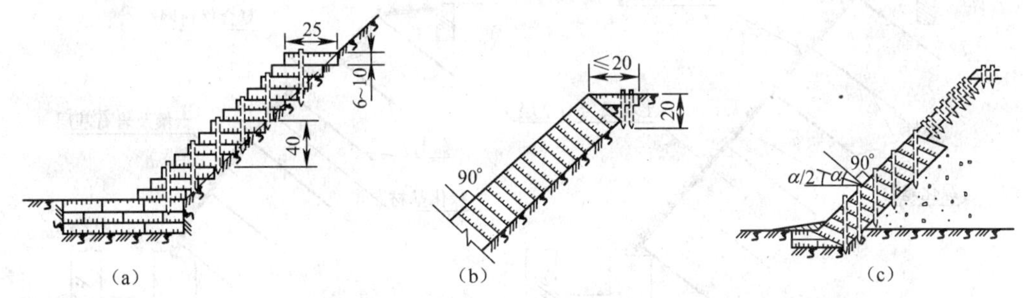

图 3－16　叠砌式草皮护坡(单位:cm)

由于天然草皮的采集会对生态环境造成一定破坏，近年结合土工合成材料与天然纤维材料的应用已开发出人工培植的场产草皮，如在场地平摊土工网、土工隔栅或天然纤维类材料(工程实例有“加筋椰丝毯”等)，在其内铺进种植土、肥料和草籽，(单播或混播)培育 20 天长草后，即可卷起运到现场铺钉于边坡上。由于场产草皮有网垫使空气流通、肥土保持，因而草的根系发达、生长茂盛。比起传统方法，这种“网垫法”具有工厂化生产、种植方便、发芽齐整、利于环保、景观良好等优点，值得推广。

(3)种灌木

在气候适宜草木生长地区边坡坡率不陡于 1∶1.5 的土质(包括膨胀土)、软质岩和全风化的硬质岩边坡可种植灌木进行坡面防护，一般选用生长迅速、枝多叶茂、根系发达的低矮树种(图 3－17)。优良树种有许多，在长江流域以南可截枝插栽花期长而美、全年青绿的多年生灌木夹竹桃；在黄河流域以南可选择先育苗后移植、抗旱抗涝耐轻度盐渍、根瘤能改良土壤的豆科多年生灌木紫穗槐；在东北、华北、西北地区可种植耐旱耐寒耐瘠薄土、对土壤适应性强的灌木二色胡枝子；在内蒙古、山西、陕西地区，春、夏、秋李均可种植耐寒抗旱、喜长于沙地的豆科多年生落叶灌木拧条。灌木种植的布置形式有梅花形、斜列形、方格形和水平阶梯形多种，防护效果以梅花形最佳、斜列形次之，选用方格形和水平阶梯形时种植带间应满铺草皮。

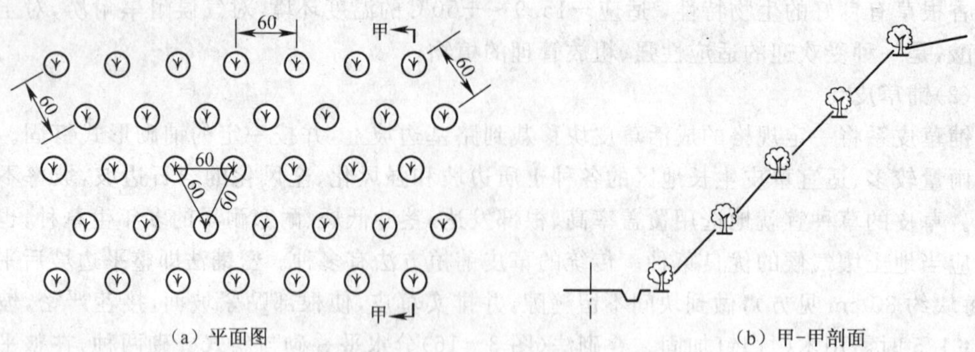

图 3－17　梅花形灌木护坡布置图（单位：cm）

(4)喷混植生

喷混植生即喷射绿化混合料，又名有机基材喷播绿色防护技术，是当今国际上采用的新型边坡防护方式，国内正在推广应用(图 3－18)。在坡率不陡于 1：0.75，高度不大于 10 m 的漂石土、块石土、卵石土、碎石土、粗粒土和强风化、弱风化的岩石路堑边坡采用喷混植生，能有效地防止水土流失及石质边坡的风化，营造良好的生态环境。

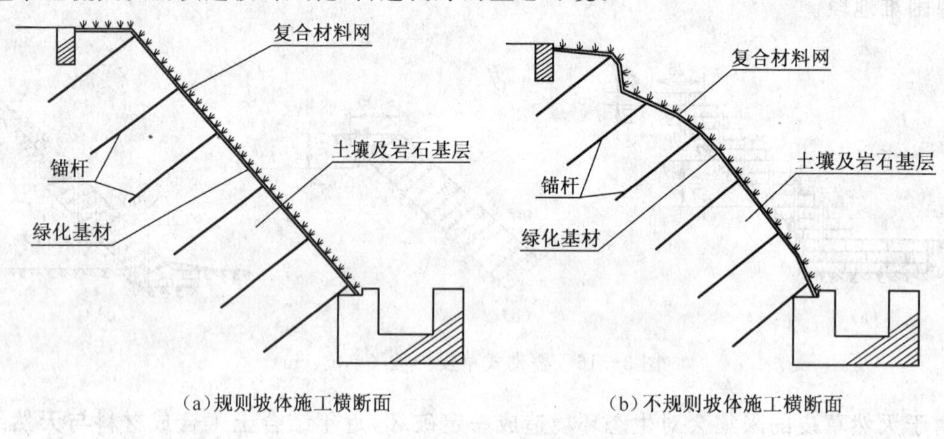

图 3－18　喷混植生横断面示意图

喷混植生的种植基材由植生土、有机与无机肥、土壤改良剂(纸浆或木纤维)、水泥和水等组成，草籽宜采用多品种混合，基材与草籽的配合比应通过试验或小范围工程实验确定。

喷混植生的施工工序大致分为：第一步清理坡面，即人工清除浮石土使坡面平整，利于基材和岩土表面的自然结合；第二步安装锚杆，即将合理配置的长短锚杆进行防锈处理后钻孔安装并灌注水泥砂浆(按照相应规范要求锚固锚杆)；第三步设植生带，用土工布将搅拌均匀的木糠、细沙包裹成条状植生带沿坡面每隔 1 m 在网下水平设置一道以利于蓄水导水；第四步挂网固定，即沿坡面自上而下将镀锌铁丝网牢固挂在锚杆上并拉紧铺顺用连接件锁紧，网与坡面间垫以混凝土块，网的上下嵌入坡体固定；第五步喷射基材与草籽，即选择合理的喷射厚度用喷射机将混合均匀的有机基材喷于坡面，待自然风干数小时后进行液压喷播草籽；第六步覆盖保护层，即在喷播层面覆盖丙纶无纺布，防止强降水对种子的冲刷与坡面水分的蒸发；第七步养护管理，包括施工初期定期浇水缩短成坪周期以及生长期喷施高效肥和农药，定期除杂草等。整个过程中，安装锚杆、基材和草籽的配比是直接影响喷混植生质量的最为关键的工序。

(5)素喷防护

喷射防护技术引自于地下工程的喷锚支护工艺，由于喷射时有一定的压力，喷层虽薄但嵌入缝隙可提高表面阻力和黏结力，防止岩体风化和岩块松动，增进其强度和稳定性。喷射形成的护坡(图 3－19)强度高，无脱落、开裂、鼓起等情况，质量较水泥砂浆抹面、四合土捶面为优，造价比浆砌片石护坡或护墙要低，施工简便快速，但耐候性和坚固性稍差于浆砌石。

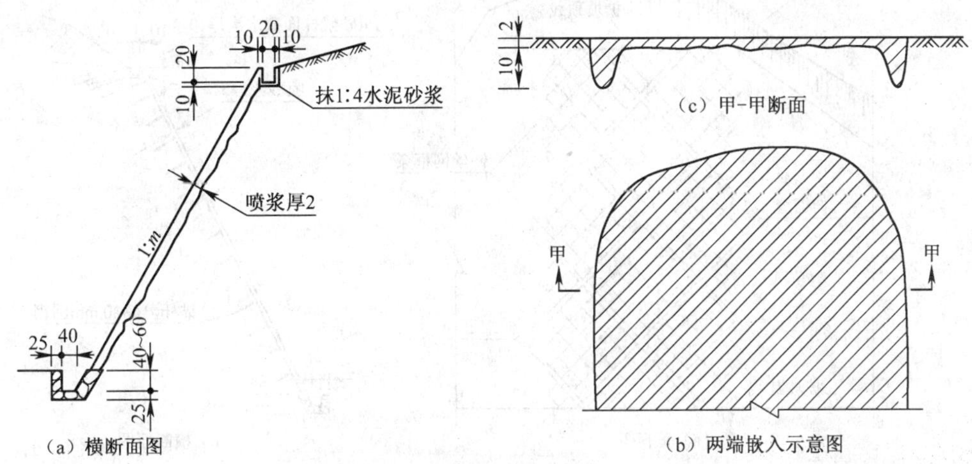

图 3－19　喷射防护层示意图(单位:cm)

传统的素喷施工方法有重力式人工喷射与机械喷射两种，目前多采用机械喷射，因而素喷防护的结构形式一般采用喷射纯水泥砂浆、喷射混凝土以及喷射掺砂水泥土。前两种形式在既有铁路路堑边坡防护工程中已应用多年，喷掺砂水泥土护坡系近年在宝中线工程实践和试验研究中获得成功并被认为是一种效果较好、造价低廉、有发展前途的防护措施，因此亦可以在既有线堑坡防护工程中进行试验与推广。

喷纯水泥砂浆护坡与喷混凝土护坡均适用于坡率不陡于 1∶0.5 的易风化但未遭强风化、全风化的岩石堑坡，地下水发育或成岩作用差的黏土岩边坡不宜使用。其中，喷纯水泥砂浆护坡喷射厚度应≥5 cm，素喷的纯水泥砂浆由水泥、砂、水拌和，需要时可添加石灰；喷混凝土护坡喷射厚度应≥8 cm，喷射材料主要由水泥、砂、砾石和水组成。喷掺砂水泥土护坡适用于坡率不陡于 1∶0.75的易受冲刷的土质堑坡，喷射厚度为 6～10 cm，喷射材料为由砂、水泥、黏性土、水配制的浆体。上述各种形式的素喷护坡对所选材料的配合比和水灰比均应通过试喷确定，为使喷射体早强快凝，可适量添加减水、速凝等外加剂，但为了保证护坡体的后期强度应控制其用量。

素喷的施工要点对保证素喷护坡的质量至关重要，机械施工前应将边坡表面风化物、浮石松土和杂草树根等清除干净；喷射作业应由下而上进行并保证喷射机的喷嘴垂直坡面并保持约 1 m 的距离；输料管应取适当长度既防止堵塞又满足喷射压力；喷射层上部应作封顶，两端应嵌入防止地表水冲蚀；喷料达到初凝后应即洒水养生并持续 7～10 d。

(6)挂网喷防护

挂网喷防护包括挂网喷浆和挂网喷射混凝土两种结构形式。挂网喷防护适用于可采用素喷纯水泥砂浆(或混凝土)进行防护的岩石边坡，当坡面岩石已遭严重风化、岩体节理发育时，可加设网状框架使喷射层承受少量的由松散岩体所产生的侧压力，使已风化的岩石得到一定程度的加固，保证防护层的稳定性。挂网喷防护的基本作业可分为锚杆网作业和喷浆(或喷射混凝土)作业两部分，后者在素喷防护部分已有叙述，所不同的是挂网喷防护在喷射层中增加了网框架。传统的网架制作方法是用 ϕ6 圆钢筋做成 200 mm（或 250 mm）见方的框架挂在 ϕ16～20 圆钢筋制成的短锚杆上，框架中用 ϕ2 mm 普通镀锌铁丝编织成网；近年有用土工格栅（一般采用厚 8 cm 的型号）取代钢筋网的做法，施工方便、造价较低、效果亦佳。挂网喷护坡见图 3－20 所示。

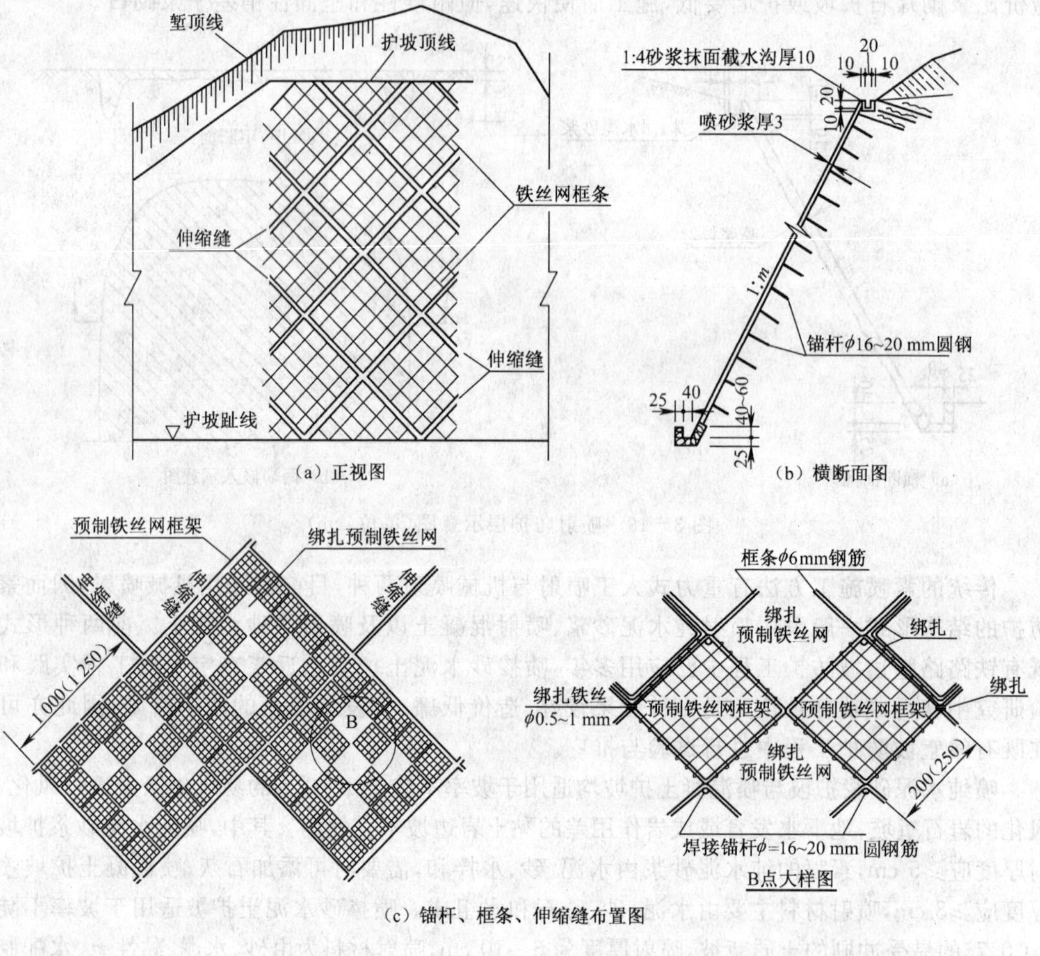

（a）正视图

（b）横断面图

（c）锚杆、框条、伸缩缝布置图

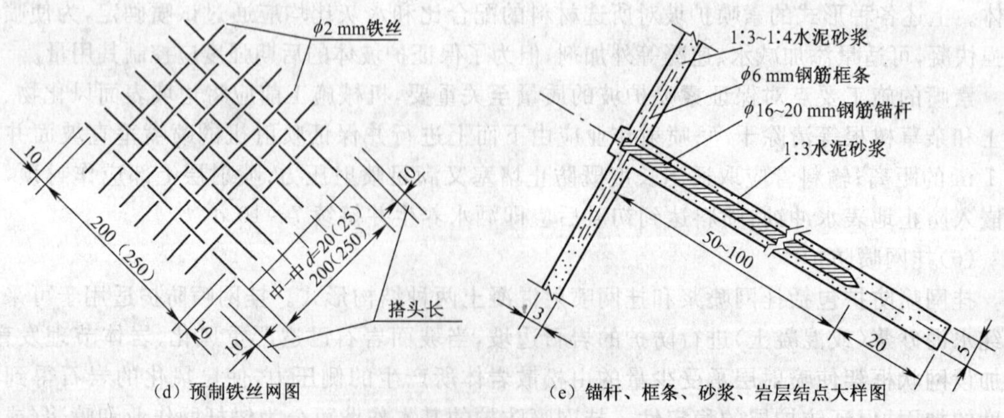

（d）预制铁丝网图

（e）锚杆、框条、砂浆、岩层结点大样图

图 3－20　锚杆铁丝网喷浆及喷射混凝土（单位：cm）

挂网喷的施工程序与素喷相比，增加了凿孔、锚固、挂网几个内容，喷浆程序中亦有不同要求。凿孔程序即视边坡岩石性质及风化程度确定锚杆的锚固深度（一般为1～2 m）及网距（一般为20～25 cm）后进行凿孔，锚杆孔的凿孔深度应比锚固深度大20 cm；锚固程序即冲洗锚杆孔并吸干水迹，在锚孔中部插入锚杆并露出地面约3 cm，灌入水泥砂浆捣实固定锚杆；挂网程序即待锚固砂浆凝固后将预制铁丝网框架按设计挂上锚杆（铁丝网应位于喷射层中部距坡面有一定距离），各框架间绑扎牢固，框架与锚杆间采用焊接，若采用土工格栅取代铁丝网，则直接将土工格栅卷材固定于锚杆上。喷射作业方法与素喷不同之处为喷射顺序应自上而下；喷嘴宜略微倾斜，距离相应减小；喷层厚度应均匀，勿使铁丝网及锚杆头外露造成锈蚀。锚杆铁丝网喷浆及喷射混凝土护坡应沿框条延伸方向每隔5个网框即10 m或12.5 m、土工格栅网则沿坡面垂直方向每隔10～15 m左右设伸缩缝一道，缝宽2 cm，填塞沥青麻筋。此外，为了保证挂网喷护坡的安全，锚固程序中捣固密实锚杆孔的砂浆保证锚杆的牢固最为关键，若出现铁丝网外鼓与堑坡坡面间距过大的情况时，可在坡面加锚ϕ6圆筋弯钩固定网体。

(7)砌石护坡

砌石护坡系采用片石对路基边坡进行防护所形成的不完全封闭和完全封闭的保护层，分为干砌片石护坡（图3－21）和浆砌片石护坡（图3－22）。干砌片石护坡适用于坡率不陡于1∶1.25、高度不超过6 m的路基边坡，当土质及土夹石边坡坡面发生轻微冲刷、小型溜坍，或堑坡体有少量地下水渗出，或土质堑坡下部需进行局部嵌补时，均可以采用干砌片石护坡。浆砌片石护坡适用于坡率不陡于1∶1的各类岩石和土质边坡，当路基边坡出现表层溜坍、坡面冲刷、风化剥落等病害时可采用浆砌片石护坡；在采用植物防护或喷护（挂网喷护）的路堑和年平均降水量大于400 mm地区较高的土质路堑地段，宜在坡脚处设高1～2 m的浆砌片石护坡。

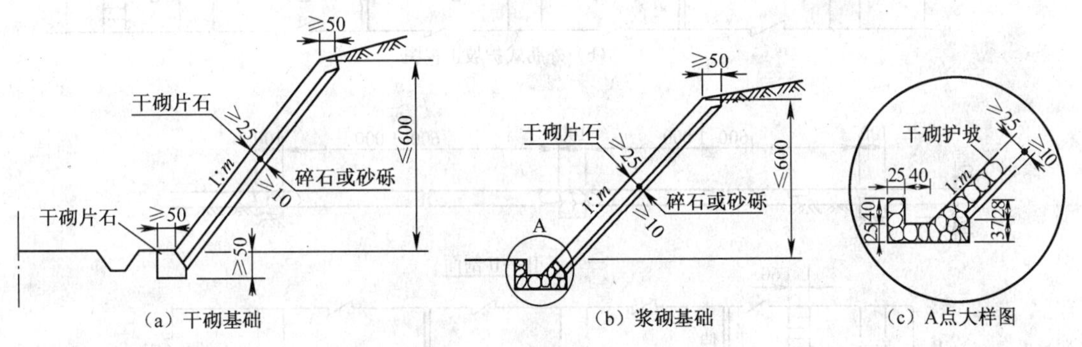

图3－21　干砌片石护坡（单位：cm）

从结构形式看，干砌片石护坡与浆砌片石护坡有不同的标准。干砌片石护坡一般厚度为30 cm，其下设不小于10 cm厚的砂砾石垫层。浆砌片石护坡砌体强度为M7.5浆砌片石；一般采用等截面，厚度视边坡及坡率情况可取0.3～0.4 m；当护坡高度大于等于15 m时，宜在适当高度处设带排水坡的平台，平台宽度一般大于等于2 m，若受既有路基困难条件限制亦应大于等于1 m；当护面大且坡度陡时，护坡可加肋（分外肋、里肋，内外均有即柱肋），增强自身稳定性；为便于养护工作，平台上每隔5 m设一钢筋拴绳环，并在坡面适当位置设台阶形检查踏步；护坡上应设梅花形布置的泄水孔，孔后加反滤层；护坡沿线路方向每隔10～20 m设伸缩缝一道，缝宽2 cm，填塞沥青麻筋。

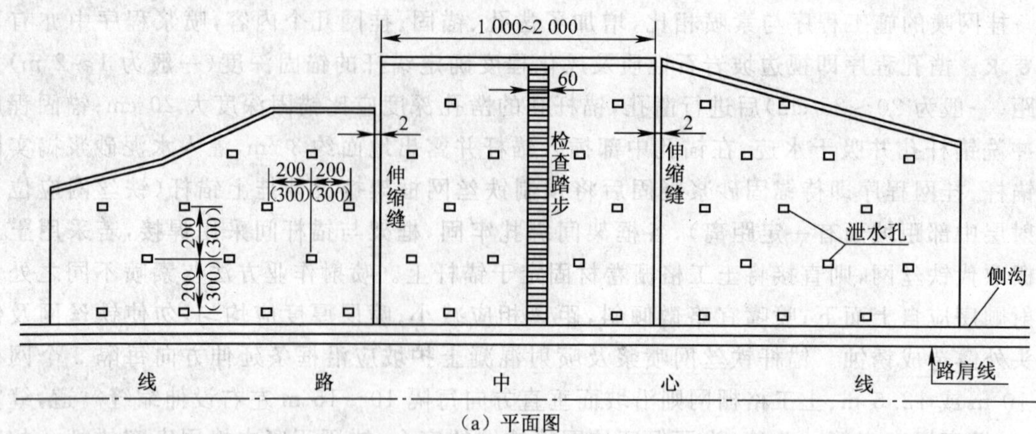

(a) 平面图

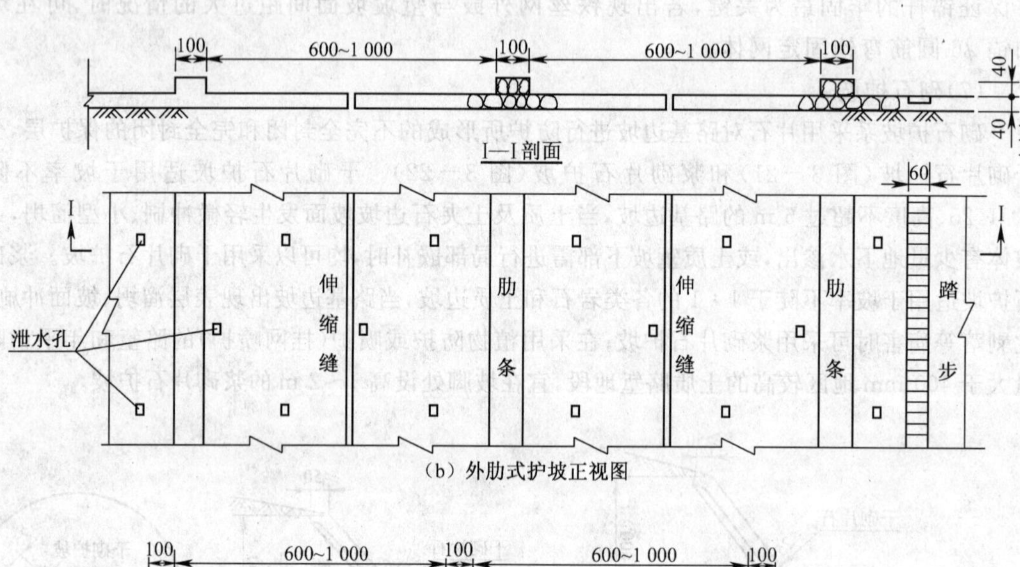

(b) 外肋式护坡正视图

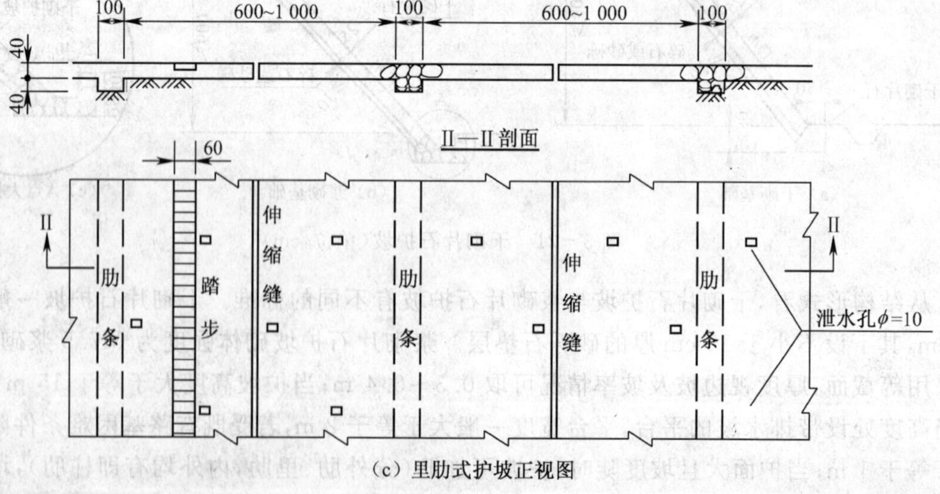

(c) 里肋式护坡正视图

图 3—22

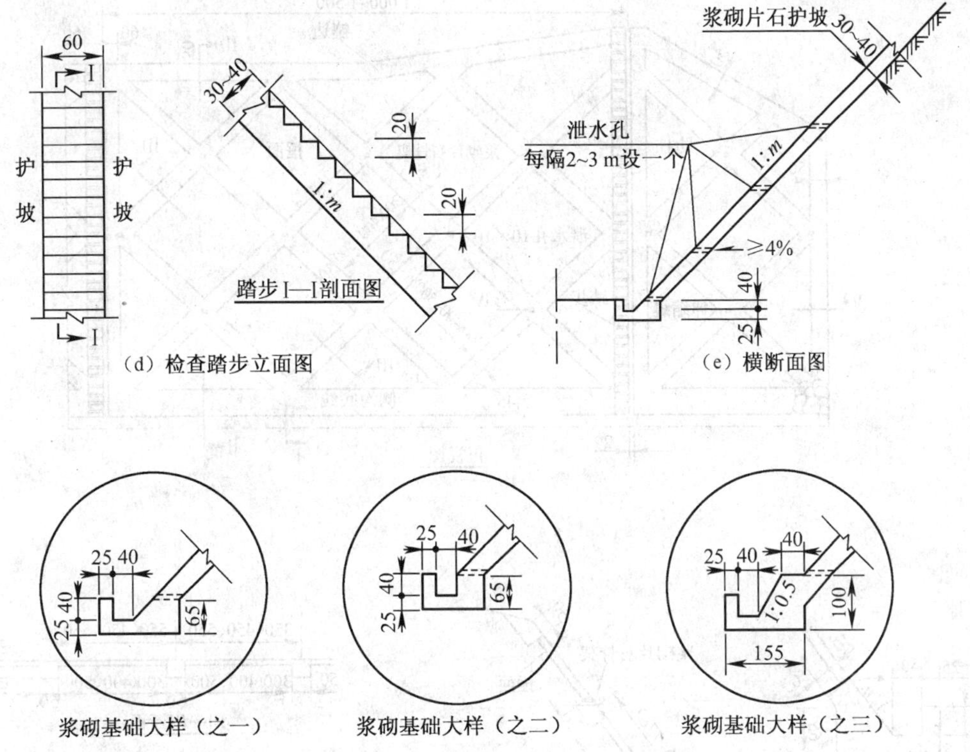

图 3－22　浆砌片石护坡(单位:cm)

从施工方法看,干砌片石护坡与浆砌片石护坡亦有不同的要点。干砌片石施工操作与浆砌片石大致相同,但砌筑技术困难一些。干砌片石的铺砌方法有栽砌、平砌两种,单层护坡采用栽砌,方法为石块立砌、错缝塞紧;护坡基础(或平台、护道)采用平砌,方法为大石在下分层铺砌,其中面石压根码砌、腹石交错嵌砌。浆砌片石系用经拌和的水泥砂浆砌筑片石使砌体胶结成为一个整体。砂浆配合比的选择须满足砌体强度要求,随拌和方法不同可略有调整。浆砌片石的砌筑要求采用节省砂浆保证质量的挤浆法。

(8)骨架护坡

骨架护坡实为圬工防护与植物防护的结合,其防护等级在植物护坡与砌石护坡之间。目前在既有线路基边坡上使用的骨架护坡的圬工材料有 M7.5 浆砌片石或 C15 钢筋混凝土,坡率不陡于 1∶1 的土质和全风化的岩石边坡,坡面潮湿或受雨水严重冲刷时均可采用。骨架护坡一般每级高不超过 15 m,遇高边坡时宜分级设置,分级平台的设置要求同浆砌片石护坡。

浆砌片石骨架护坡的结构形式(图 3－23)有方格形(骨架成 45°方格,净距 2～4 m,骨架宽 0.5 m,嵌入坡面 0.3 m),人字形(主骨架宽 1 m,垂直边坡水平线,间距 6～8 m;支骨架宽 0.5 m,与主骨架成 45°相接,间距 3～5 m)和拱形(主骨架宽 0.6 m,拱宽 0.5 m,主骨架间距与拱间距视岩层和坡面情况可选择 4～6m),为利于边坡上地表水的排除,骨架均应做成截水式。经过多年工程应用实例的比较,拱形骨架的力学结构较为合理,护坡稳定性较好,在多雨地区宜采用带排水槽的拱形骨架护坡,骨架埋深大于 0.4 m。

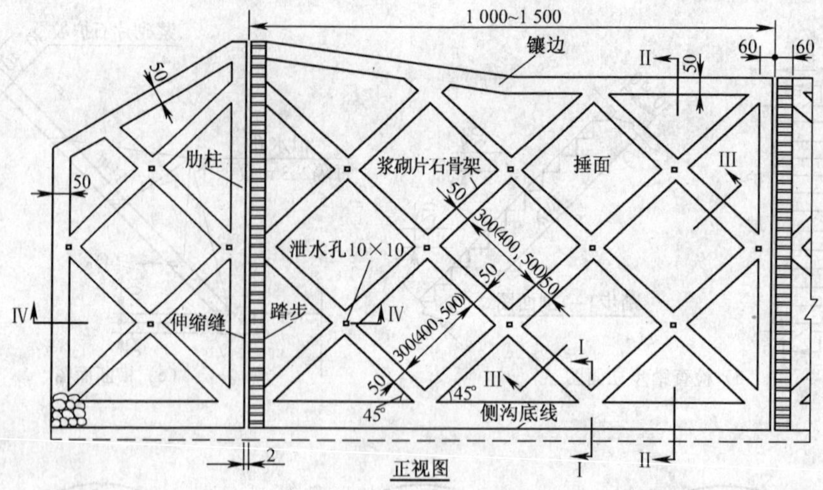

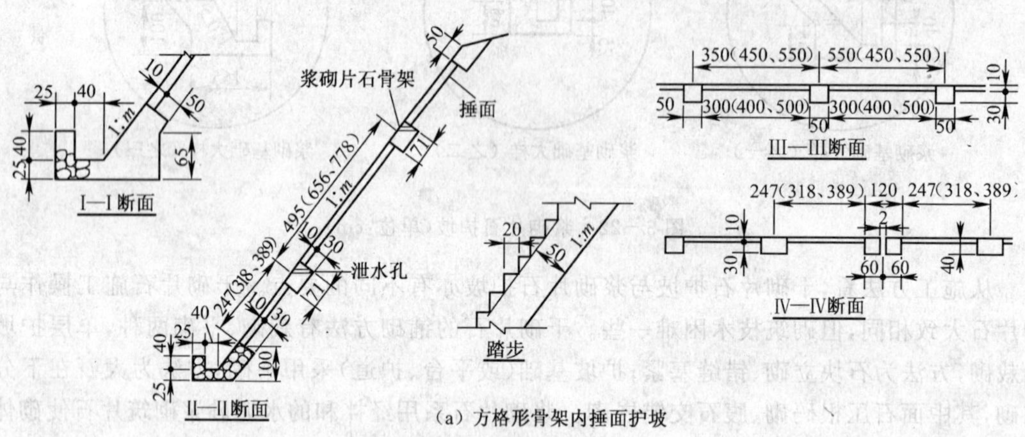

（a）方格形骨架内捶面护坡

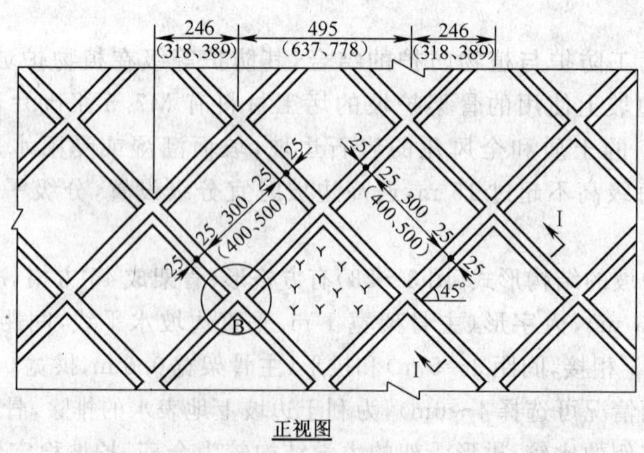

图 3—23

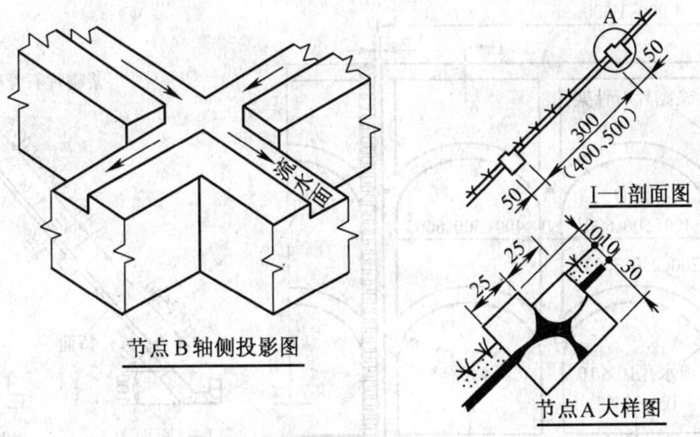

(b) 方格形截水骨架铺草皮图

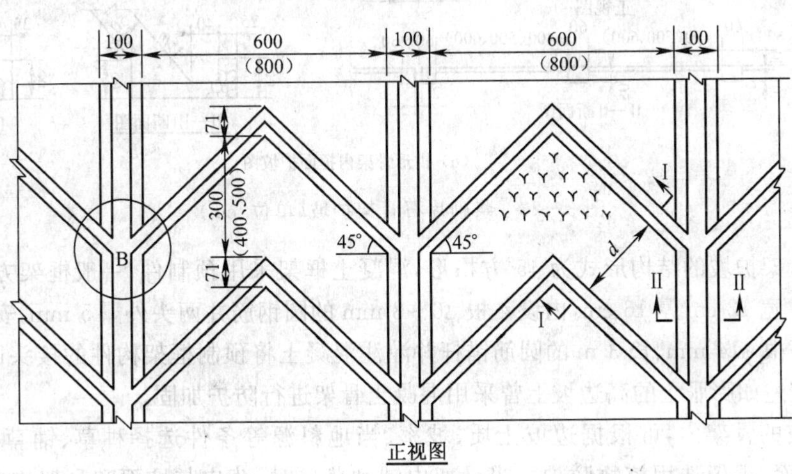

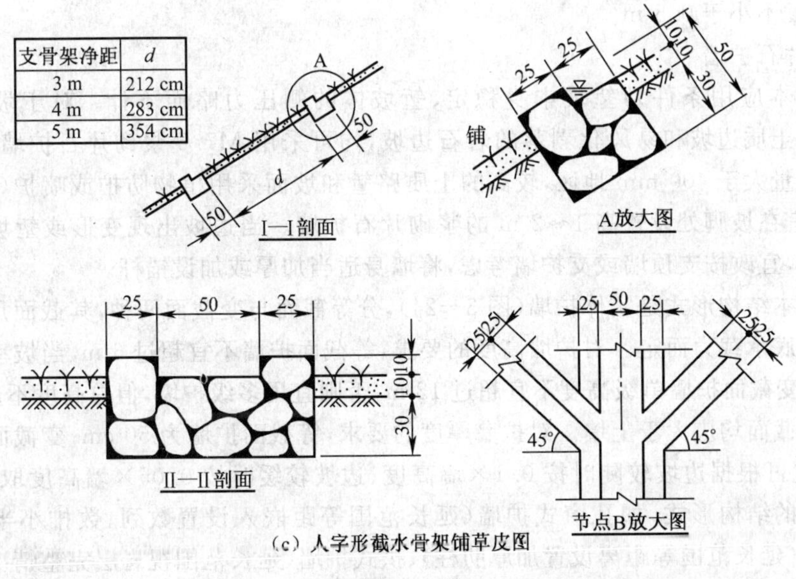

支骨架净距	d
3 m	212 cm
4 m	283 cm
5 m	354 cm

(c) 人字形截水骨架铺草皮图

图　3—23

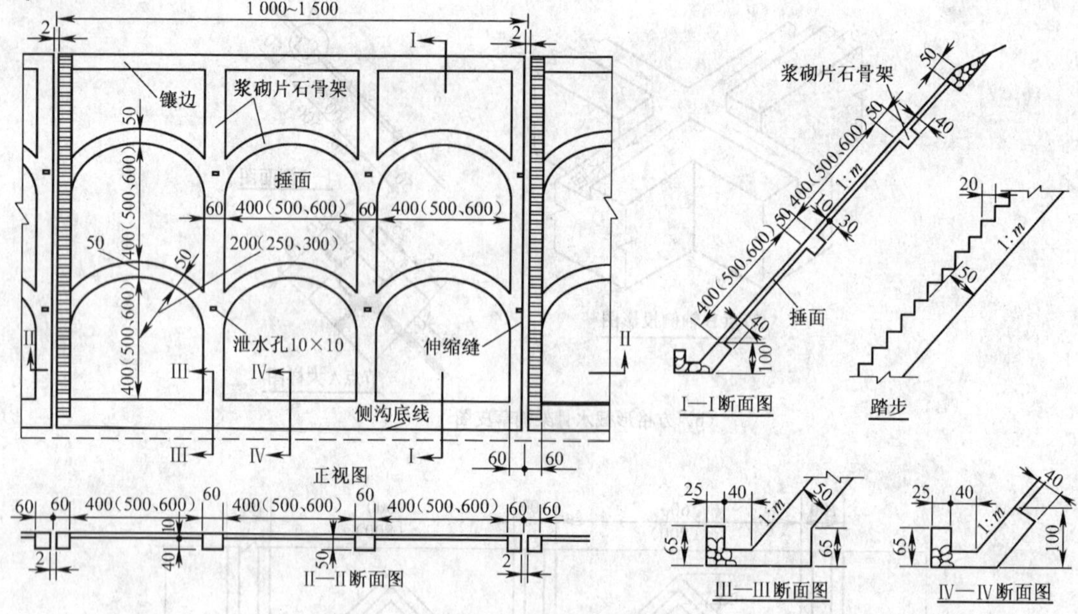

(d) 拱形骨架内捶面护坡图

图 3－23　浆砌片石骨架护坡(单位:cm)

混凝土骨架护坡的结构形式为 45°方格形,混凝土框架采用预制件,一般框架方格为 3 m×3 m,框架构件宽 12 cm 厚 16 cm,内设 4 根 ϕ6～8 mm 的圆钢筋并两头外露 5 mm,安装时在杆件相接处插入一根 ϕ14 mm、长 3 m 的圆筋锚杆并灌注混凝土将预制框架构件的接头固定,有工程实例在土质较差如膨胀土的高边坡上曾采用混凝土骨架进行防护加固。

骨架护坡的骨架内,可根据边坡土质、坡率、当地料源等条件选择种草、铺草皮或者三合土、四合土捶面,提倡选用植物防护。当骨架内铺种草皮时,草皮与坡面和骨架均应密贴,以防地表水沿缝隙渗入。为保证骨架护坡体的完整性,护坡四周需用与骨架相同的圬工材料进行镶边,镶边宽度不小于 0.5 m。

(9)浆砌片石护墙

护墙的基本应用条件乃堑坡本身稳定、堑坡体的侧压力略而不计。对于坡率不陡于1∶0.5的各类土质边坡和易风化剥落的岩石边坡,均可采用 M7.5 浆砌片石护墙进行防护。在年平均降水量大于 400 mm 地区,较高的土质路堑和坡面采用植物防护或喷护(挂网喷护)的路堑地段,宜在坡脚处设置高 1～2 m 的浆砌片石护墙。当边坡出现变形或堑坡上部有局部探头危石时,宜改按支顶墙或支护墙考虑,将墙身适当加厚或加设锚杆。

护墙的基本结构形式是实体护墙(图 3－24),分等截面与变截面两种,其截面尺寸按墙身稳定要求和基底承载力而定。对护墙高度的要求,等截面护墙不宜超过 6 m,当坡率较缓时不宜超过 10 m;变截面护墙单级高度不宜超过 12 m,否则宜用多级护墙,但总高度不超过 30 m,且下墙高度与截面均应大于上墙。对护墙厚度的要求,等截面护墙为 50 cm;变截面护墙顶宽为 40 cm,底宽可根据边坡较陡时按 0.1×墙高度、边坡较缓时按 0.05×墙高度取值。此外,护墙还有其他的结构形式,如孔窗式护墙(延长范围等距嵌入设置数列、数排小半径捶面拱窗)、肋式护墙(延长范围等距离设置加厚肋柱)、拱式护墙(延长范围视岩层完整情况在护墙下部设置拱跨与肋柱)等,可根据既有线路基边坡的高度、坡率以及岩土性质、风化程度、病害位

置等因素分别选用，当坡面岩层风化程度较轻时可选用孔窗式护墙，堑坡下部基岩较完整时可采用拱式护墙以节约圬工量，当病害较严重时则应采用肋式护墙以加强结构的稳定性。

对于各类护墙尚应符合以下基本技术条件：①护墙的基础应埋置在路肩标高以下至少1 m且不高于侧沟砌体底面，当地基为冻胀土时应埋置在冻结深度以下不小于0.25 m；基础地层应有足够承载力，否则应进行加固；为减小基底应力，护墙基底可根据地基条件做成倾斜反坡。②为增强护墙的稳定性，宜在墙背中部适当位置设置耳墙，墙高超过8 m时设一道，墙高超过13 m时设两道耳墙，耳墙宽度根据边坡坡率选择0.5～1 m。③护墙顶设置厚25 cm的墙帽，嵌入边坡深度不小于20 cm，以防地表水渗入墙背。④分级护墙宜在适当高度处设置带排水坡的平台，设置要求同浆砌片石护坡。⑤护墙上设置泄水孔、伸缩缝、检查台阶与平台栏杆，设置要求同浆砌片石护坡。⑥护墙背应和边坡紧贴，坡面凹陷处须用同强度浆砌石进行嵌补。

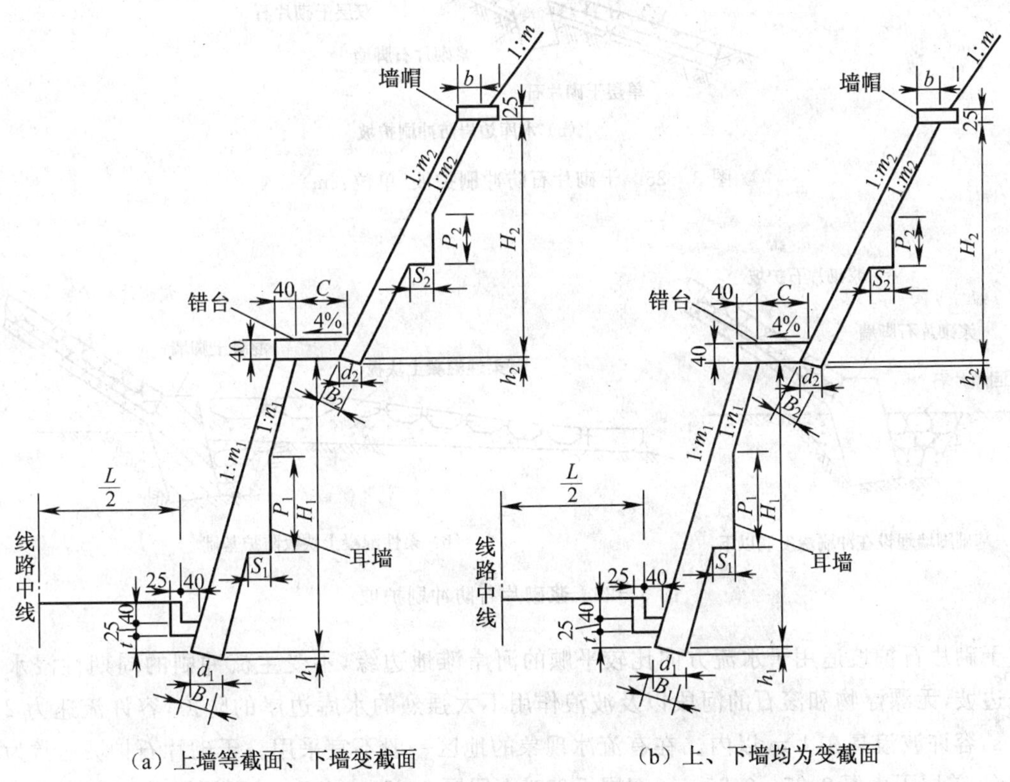

图3－24　浆砌片石护墙(单位：cm)

2. 冲刷防护

(1)草皮防护

草皮冲刷防护为直接防护措施，适用于河道较平直宽广，水流方向与线路方向(护坡方向)近乎平行，边坡不受各种洪水主流冲刷且边坡土质适宜于草皮生长的周期性浸水地段路堤边坡的防护，容许流速为1.2～1.8 m/s，容许波浪高不大于0.4 m，在有流冰的情况下不宜采用。草皮护坡宜采用叠砌，方法同边坡防护中的铺草皮，见前图3－16叠砌式草皮护坡。

(2)砌石防护

砌石冲刷防护包括干砌片石护坡(图3－25)和浆砌片石护坡(图3－26)。

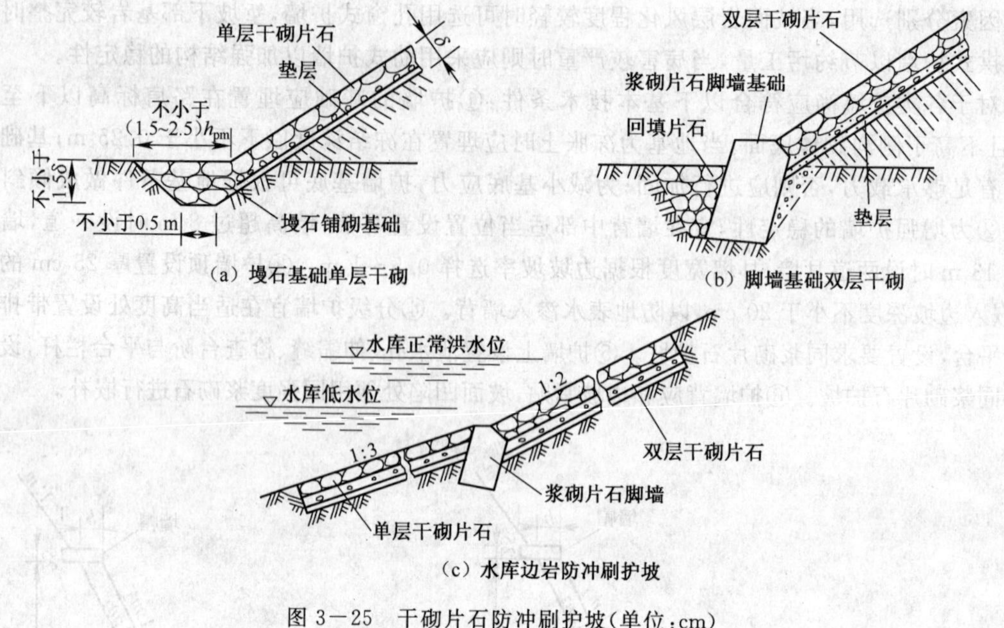

图 3－25　干砌片石防冲刷护坡(单位:cm)

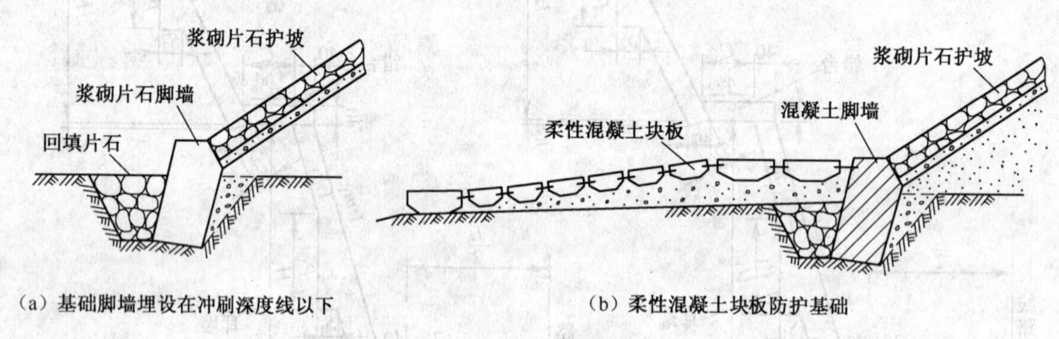

图 3－26　浆砌片石防冲刷护坡

干砌片石护坡适用于水流方向比较平顺的河岸滩地边缘，不受主流冲刷的周期性浸水的路堤边坡，无漂浮物和滚石的河段以及波浪作用不太强烈的水库边岸的防护，容许流速为 2～3 m/s，容许波浪高在 1 m 以内。在有流冰现象的地区一般不宜采用。干砌片石护坡通常为等厚截面，单层干砌厚 0.25～0.35 cm，双层干砌时上层厚 0.25～0.35 cm，下层厚 0.25 cm，遇有流木时适当加厚。需防护的边坡为砂类土时应在护坡与边坡土之间设置砂砾卵石垫层，当边坡为黏性土时尚须在垫层下加铺厚度不小于 10 cm 的杂粒砂。除了干砌片石防冲刷护坡外，近年随着土工合成材料的推广应用，亦有在三维土工格室内夯填砂砾石及小片石形成土工格室干砌片石护坡或采用土工模袋灌注砂浆或混凝土凝结成板块铺放在边坡进行防护的工程实例。

浆砌片石护坡适用于在急流峡谷受主流冲刷，或受强烈波浪作用，或有封冰和流冰的路堤边坡以及河岸和水库边岸的防护，容许流速为 4～8 m/s，容许波浪高可大于 1.5 m。浆砌片石护坡采用 M7.5 浆砌片石等厚截面，通常厚度不小于 30 cm，下设厚 10～15 cm 的砂砾卵石级配垫层，亦可采用无纺土工布取代。当流速特大或波浪作用十分强烈时护坡可厚达 50 cm，双层砌筑，底部采用厚 15～25 cm 的砂砾卵石级配垫层或 10 cm 厚粗中砂和 15 cm 厚卵砾石的

双层垫层。此外，亦有工程实例预制配有构造钢筋的 C15 或 C20 混凝土板块(边长不小于 1 m，厚度为 0.08～0.2 m)用来代替浆砌片石护坡。浆砌片石护坡或混凝土护坡均应设置泄水孔和伸缩缝。

(3)抛石及石笼防护

抛石(或堆石)防护系采用较大尺寸的耐冻、抗风化的坚硬石块，按照设计的截面形式抛掷或堆砌在路基边坡下部坡脚或河床内，适用于水流方向较平顺、无严重局部冲刷、河床承载力较强的河段浸水路基边坡及岸坡的冲刷防护和基础淘刷防护，容许流速为 3 m/s，此防护措施还常用于防洪抢险临时加固工程。抛石(或堆石)防护坡率一般为 1∶1.5～1∶3.5；抛石厚度不得小于石块尺寸的 2 倍，所用石块根据流速、波浪大小、防护坡率等因素计算或查表选用，不宜小于 0.3 m，当尺寸较大时可在石堆中部均匀掺用少于 25% 的较小石块。抛石(或堆石)防护见图 3－27。当遇水深浪大、冲刷严重、容许流速达 5～8 m/s 的峡谷或海边时，可抛掷边长 2～3 m 的大型立方砌块或混凝土四面体进行路基冲刷防护。

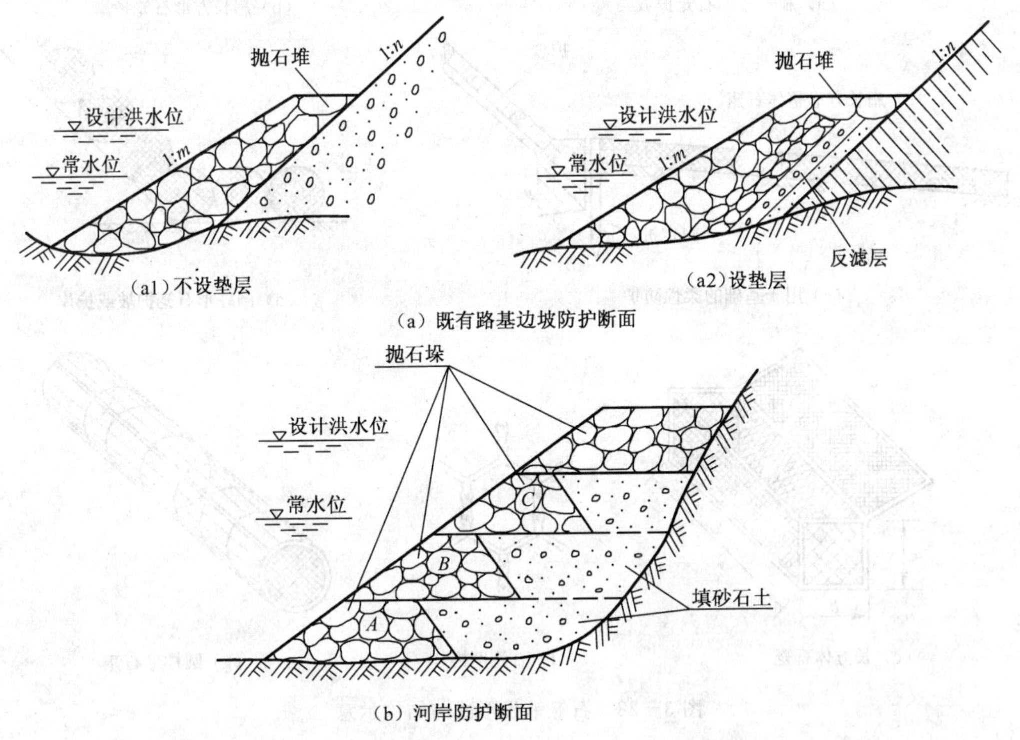

图 3－27　抛石(或堆石)防护

与抛石(或堆石)防护相比，石笼防护则不需用较大的石块。传统的石笼防护(图 3－28)采用铁丝笼装石块成笼，有较好的强度和柔性，适用于受洪水冲刷但无滚石的河段和大石料缺少地区，容许流速 4～5 m/s、容许波浪高 1.5～1.8 m。如果河床地质较良好，水流中含有的大量泥沙将很快淤满石笼中空隙形成坚固的整体护层。因而，石笼既可用于边坡的冲刷防护，又可作为基础的柔性防淘措施，同样经常用于防洪抢险。铁丝石笼防护用于岸坡防护时宜采用长方体进行垒砌；用于基础防淘时一般采用扁长方体平铺于河床且与坡脚线垂直，铺设长度不宜小于冲刷深度的 1.5～2 倍；用于防洪抢险时一般采用有骨架的圆柱体。石笼框架一般为直径 6～8 mm 圆钢筋，网格由直径 2.5～3.5 mm 镀锌铁丝编成。石笼铺设时可用直径 20 mm

钢筋桩将底层石笼锚于基底地层(石笼前端需自由时则只锚靠岸端),石笼间则用直径 6 mm 钢筋穿连。近年,还出现了用土工合成材料(土工格栅或土工网)制成箱形或圆柱形内装块石、卵石的石笼;或用土工织物缝成管袋内填砂石料的枕状物,适用条件同铁丝石笼,技术标准须符合有关规范,可通过技术经济比较后采用。

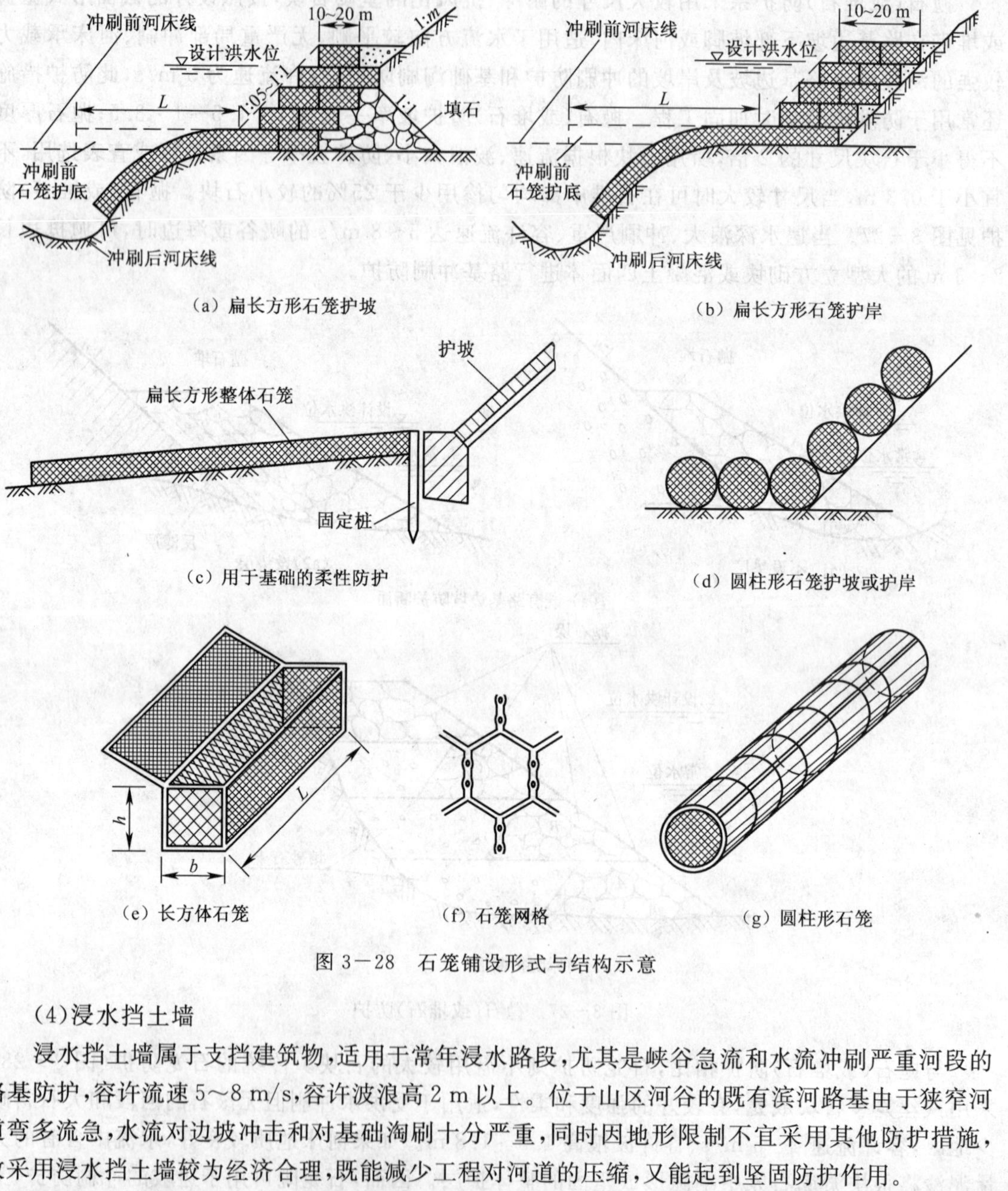

(a) 扁长方形石笼护坡

(b) 扁长方形石笼护岸

(c) 用于基础的柔性防护

(d) 圆柱形石笼护坡或护岸

(e) 长方体石笼

(f) 石笼网格

(g) 圆柱形石笼

图 3-28　石笼铺设形式与结构示意

(4)浸水挡土墙

浸水挡土墙属于支挡建筑物,适用于常年浸水路段,尤其是峡谷急流和水流冲刷严重河段的路基防护,容许流速 5~8 m/s,容许波浪高 2 m 以上。位于山区河谷的既有滨河路基由于狭窄河道弯多流急,水流对边坡冲击和对基础淘刷十分严重,同时因地形限制不宜采用其他防护措施,故采用浸水挡土墙较为经济合理,既能减少工程对河道的压缩,又能起到坚固防护作用。

既有路基的浸水挡土墙一般采用重力式,墙身材料采用 C20 混凝土或片石混凝土,设置时采用的计算水位应遵循有关设计规范,并根据多年实际运营和水害情况按最不利水位确定,如设计洪水位较高时可采用浸水挡土墙上加设浆砌片石护坡的形式。浸水挡土墙的结构设计与构造要求除应满足一般地区重力式挡土墙的规范要求外,在设计荷载组合中还应考虑静水压力、波浪压

力、动水压力及浮力(墙背为渗水土填料时可不计墙身两侧静水压力和墙背动水压力)。受水流冲刷的浸水挡土墙基础埋置深度应在冲刷线下不小于 1 m,且不宜设置倾斜基底。

近年来随着基础施工机械化程度的提高,对于冲刷深度大、明挖基础施工难的地段,浸水挡土墙亦可采用桩基基础,其适用条件为卵石、碎石、块石河床,容许流速 6～8 m/s。桩基通常由承台和桩群所组成,承台用以连接桩顶并将外荷传给桩群。在路基冲刷防护中,承台厚度为 1 m,一般设在地面或冲刷线以上;群桩采用直径 1 m 的圆形钢筋混凝土桩,平面交错布置。桩基设计时根据河岸地形地质情况、水流冲刷深度计算确定桩的个数、长度及桩的配筋。

(5)挑水坝

挑水坝亦叫丁坝,属导流建筑物的一种,其作用是逼迫水流离开被防护的河岸,同时在坝间形成淤积,经多次洪水后可以形成新的河岸。挑水坝造价较低,改建和修复容易,因而适用于防护地段很长、河段宽阔而弯曲、需要且可能适当压缩断面约束水流以及希望将主流挑引到远处的场合,山区河谷地段不宜设置。

挑水坝须成群布置,分垂直水流、下挑(顺流倾斜,一般交角为 60°～75°)、上挑(逆流倾斜,一般交角为 100°～105°)三种形式。其建筑坝顶高度分为不漫水式和漫水式两种,不漫水式起防护作用;漫水式起导流作用,其坝后的河岸或路基边坡须补加防护措施。挑水坝坝长不大于河床宽的 1/4,坝的间距为坝长的 1～2.5 倍(水流平顺时可增至 3～5 倍),为了水流平顺绕坝,第一个和最后一个坝一般为其他坝长的 2/3。挑水坝包括坝头、坝身、坝根三个部分,坝头部位须特别加强。挑水坝各部尺寸见图 3－29,坝顶面纵坡不小于 5% 由坝头至坝根缓慢上坡;坝头为圆弧状(直径为坝身顶宽的 1.5～2 倍),边坡放缓不陡于 1∶3;坝身截面通常为梯形,顶宽 2 m。边坡 1∶2;坝根约占坝长的 1/3,截面同坝身;与坝根相连的河岸应有适当长度的防护。

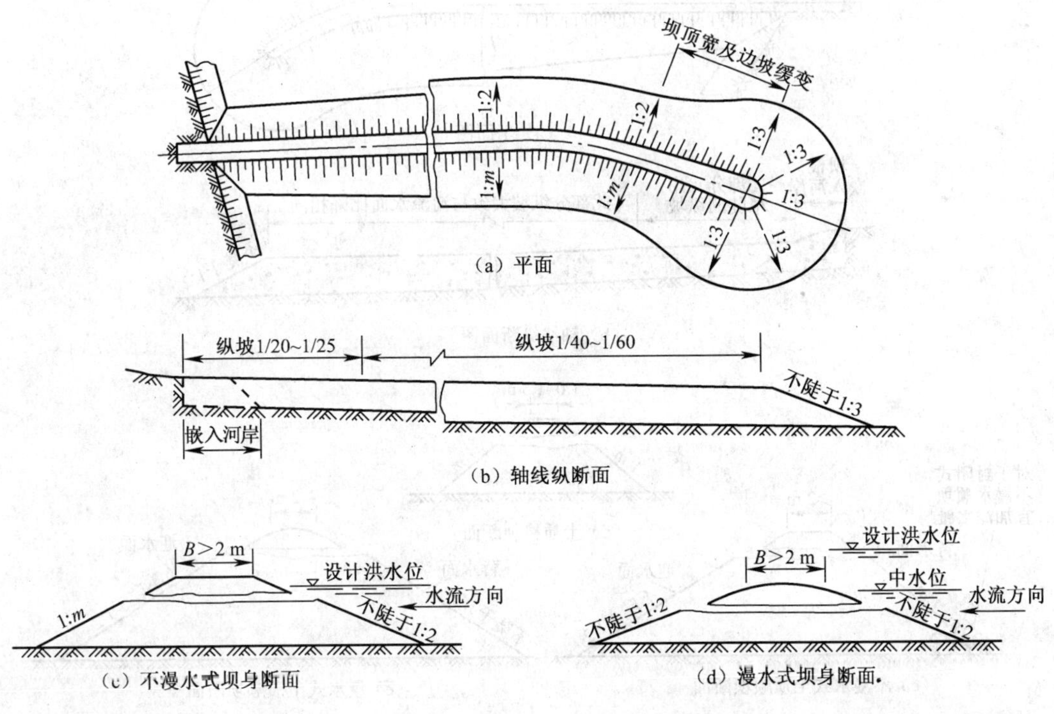

图　3－29

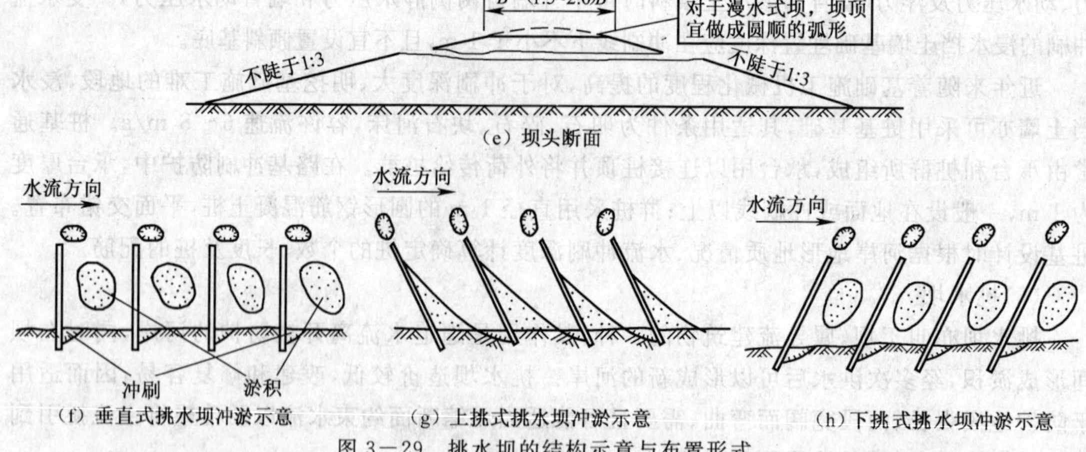

(e) 坝头断面

(f) 垂直式挑水坝冲淤示意　(g) 上挑式挑水坝冲淤示意　(h) 下挑式挑水坝冲淤示意

图 3－29　挑水坝的结构示意与布置形式

(6)顺坝与潜坝

顺坝属于导流建筑物，坝轴线大体上沿着导治线的边缘线，其作用是导使水流较匀顺和缓地改变方向偏离被防护的河岸。顺坝对原有水流性质扰乱不大，除坝根部位受水流冲击较强烈外，坝体及对岸均受影响较小，但顺坝长度约与被防护地段相等，故造价较高，因而适用于防护地段较短、河床较窄不宜设置挑水坝的场合。顺坝的平面布置(图 3－30)分为封闭式、不封闭式、格式和勾头式。顺坝的建筑坝顶高度亦分为不漫水式和漫水式，作用与挑水坝相同。顺坝顶轴向纵坡应大致与河段的水流坡降相同，断面形式与挑水坝大体相同。

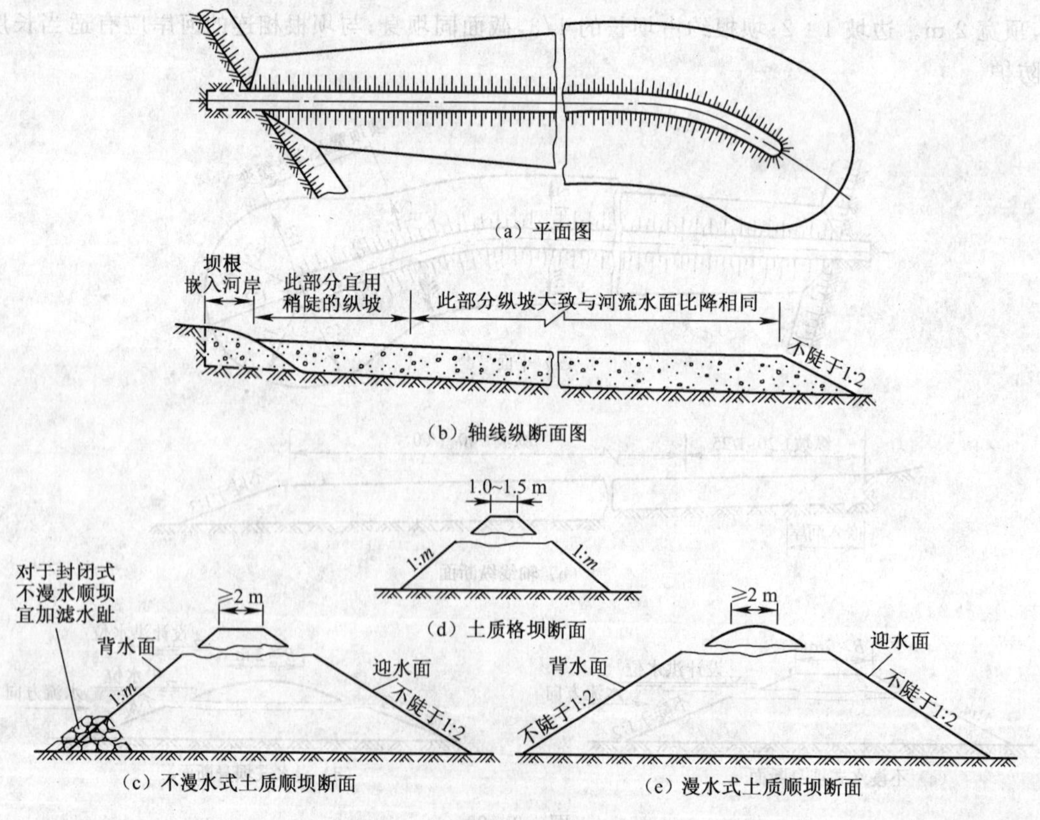

(a) 平面图

(b) 轴线纵断面图

(d) 土质格坝断面

(c) 不漫水式土质顺坝断面　(e) 漫水式土质顺坝断面

图　3－30

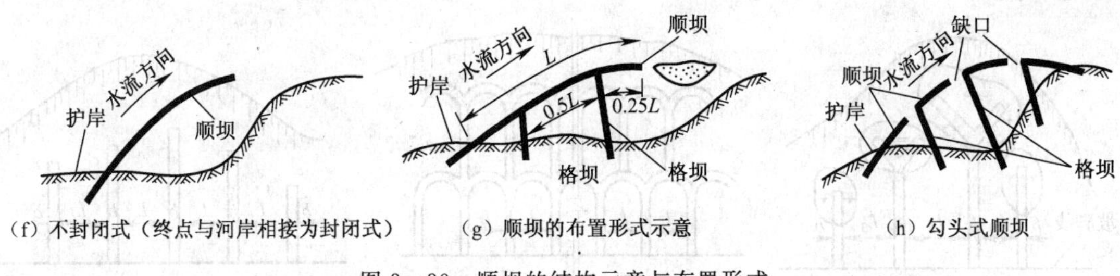

图 3－30　顺坝的结构示意与布置形式

潜坝系低水位导流建筑物，作用是引导水流离开岸坡坡脚，减小底流流速，促使深槽淤积，防止建筑物基础被淘刷，一般与顺坝或直接防护建筑物配合使用。潜坝坝顶低于枯水位或中水位；坝轴线与水流方向或主体防护建筑物的基础边缘轮廓线相垂直；坝体伸入河床的长度约为冲刷深度的 2～3 倍。低于中水位的潜坝一般采用梯形截面，低于低水位的潜坝一般采用矩形截面。潜坝在流速较小时可用堆石或砌石筑成，流速较大时则采用 M7.5 浆砌片石或 C15 片石混凝土修筑。

(7)防水林带

在河岸及路基外侧护道上种植防水林带系一种阻流措施，既可导使部分水流改向绕行，又可减低穿林水流的速度使泥沙沉积形成新河岸，还可分散波浪起到加固边岸的作用，适用于有浅滩、容许流速 1.2～1.8 m/s 地段的河岸与路基防护，常与上述直接与间接防护措施配合使用进行综合防护。防水林带的种植部位一般在路堤下部、护道上、坍岸处、导流坝尾、挡土墙前等，布置形式有：整片种植——用以导使河滩水流改变方向；条带状种植——用以减少纵向水流冲击防护河岸或路基；纵向种植——用以防护波浪对河岸或路基的正面袭击，种植高度按波浪高选用。防水林带宜用乔(杨、柳树)灌木交替种植，间距 1～2 m，并每隔 10～20 m 设排桩一道，在排桩柱上编织篱笆或钉挂土工格栅以利泥沙淤积。

3. 支撑挡护

(1)支撑渗沟

渗沟又名渗水暗沟，原属地下排水设备，可起拦截和引排各路地表与地下来水、疏干潮湿的土体、降低地下水位等作用。由于不同作用的渗沟只是结构尺寸有差异而结构形式大体相同，并且渗沟的结构形式有利于支撑边坡的稳定，故将渗沟引用于边坡支挡工程，集排水与支撑功能于一体的渗沟称为支撑渗沟。支撑渗沟适用于坡面潮湿、坡率不陡于 1∶1 的土质路堑边坡、易发生本体坍滑病害的潮湿土质路堤边坡以及已出现不同程度的变形现象、可能发生滑动的不稳定山坡和路基边坡，在既有线路基支挡工程中常与挡土墙(或抗滑挡土墙)配合使用。

支撑渗沟常用的平面形式(图 3－31)有“｜”字条形、“Y”字叉形和“n”字拱形，设置时垂直嵌入边坡体。当支撑渗沟用于一般路基地段时，边坡局部潮湿情况下可采用条形或叉形布置，边坡表土普遍潮湿情况下可采用拱形布置，主沟间距约 6～10 m；渗沟截面通常采用矩形，宽度不宜小于 1.3～1.5 m。当支撑渗沟用于滑坡路段时，通常采用成组的条形布置，并与山体或土体的滑移方向大致平行；渗沟的截面宽度与间距应通过滑坡推力与渗沟支撑力(即渗沟自重产生的摩擦力)的计算确定，矩形截面渗沟的宽度一般采用 2～3 m，渗沟的间距依滑体的岩土性质而异(一般土质滑体时采用 6～10 m，岩质滑体时不大于 15 m)。

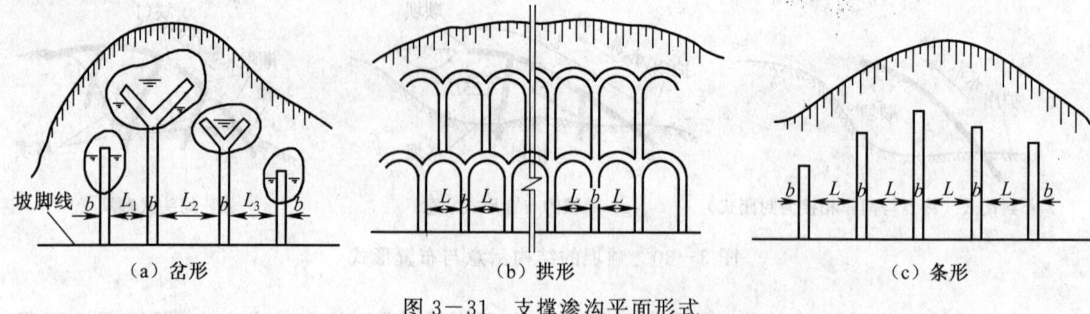

图 3—31　支撑渗沟平面形式

支撑渗沟主沟的纵断面见图 3—32，渗沟宜用密度较大的石块干砌填充，其深度需根据边坡潮湿土层或滑坡体的厚度而定；主沟纵向两侧面与上侧面、支沟的上侧面均应设置反滤层，支沟的下侧面则采用浆砌片石隔渗；渗沟的底板通常采用厚 0.3 m 的 M7.5 浆砌片石，必须埋置在潮湿线以下干燥土层内或滑动面(带)以下稳定地层中的深度不小于 0.5 m，并根据潮湿层厚度或顺滑动面形状将底板面作成 2%～4%泄水坡的阶梯形，滑坡地段的渗沟底板尚需作成牙石粗糙面以增加抗滑力；渗沟底板出水口的形式分为两种，渗沟单独使用时一般为干砌片石垛，渗沟与墙体配合使用时则渗沟与挡土墙(或抗滑挡土墙)背直接连接并在墙体设置较大的泄水孔，泄水孔可采用干砌片石或无砂混凝土；渗沟的顶面一般为干砌片石加 M7.5 水泥砂浆勾缝，滑坡地段宜改为浆砌片石。

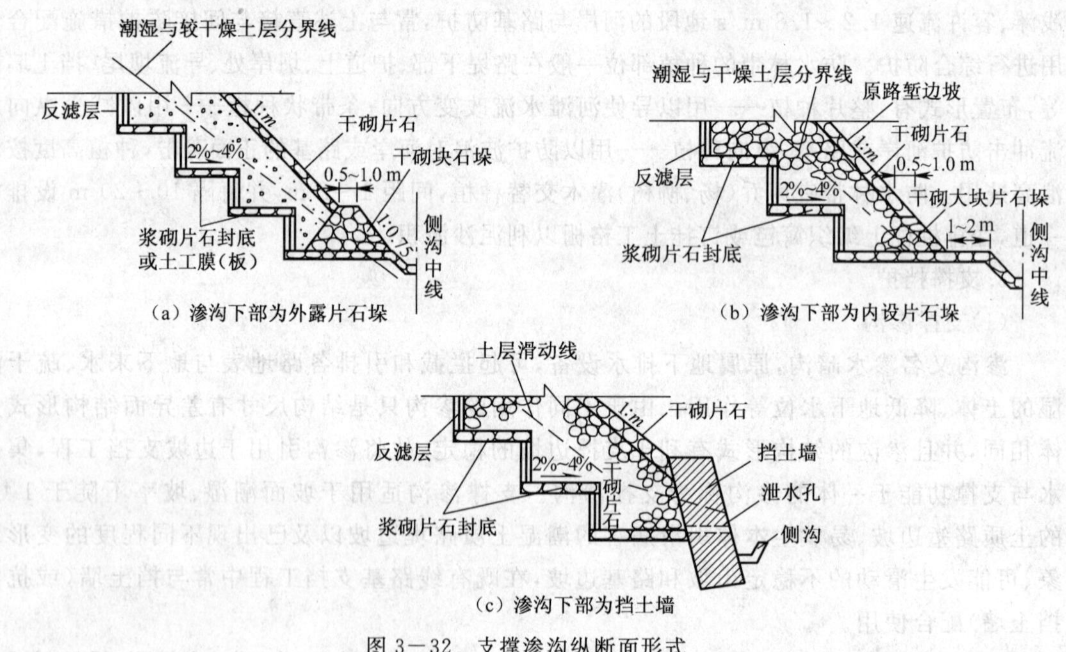

图 3—32　支撑渗沟纵断面形式

(2)重力式挡土墙

重力式挡土墙属于刚性挡土墙，主要依靠墙身自重及基底摩擦力保持路基的稳定。由于重力式挡土墙取材容易、结构简单，因而是使用最普遍的支挡建筑物，在既有铁路常作为路基边坡病害综合整治的一个主要措施。重力式挡土墙可适用于一般地区、浸水地区、地震地段、滑坡地区等，按墙体所在部位分为修建在路堑坡脚的路堑挡土墙、修建在路堤坡脚的路堤挡土墙以及修建在路堤上部标高平路肩的路肩挡土墙(图 3—33)。按照路基支挡结

构设计规范要求，重力式挡土墙墙身材料应采用混凝土或片石混凝土，一般地区材料强度等级为C15，严寒地区为C20；路肩、路堤和土质路堑挡土墙高度不宜大于10 m，石质路堑挡土墙高度不宜大于12 m。根据既有线路基修理的经验，高度6 m及以下的位于非重要支挡部位的重力式挡土墙在一般地区可采用M7.5浆砌片石，浸水和严寒地区采用M10浆砌片石。

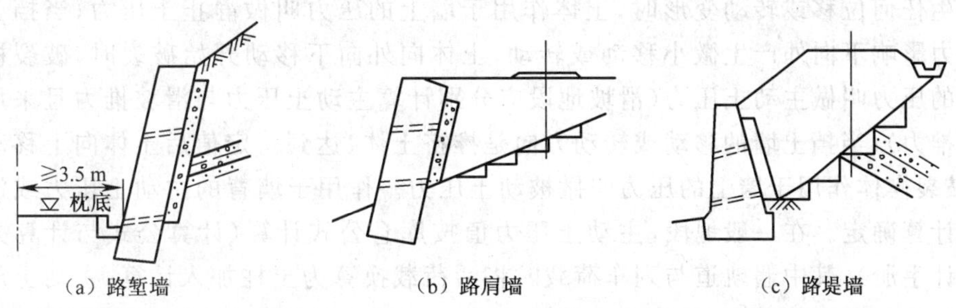

（a）路堑墙　（b）路肩墙　（c）路堤墙

图3－33　挡土墙按所在位置的分类

重力式挡土墙墙体截面各部名称有墙顶、墙胸、墙身、墙背、墙趾、墙踵，如图3－34(a)所示。墙体截面根据墙体所在部位与所起的作用而定，分为等截面(即 $m=n$)与变截面(即 $m\neq n$)两种。墙背的倾斜度以墙背与垂线的夹角 α 表示。地面的倾斜度以地面倾斜角 β 表示。当墙背只有单一坡度时，称为直线形墙背；若多于一个坡度，则称为折线形墙背。直线形墙背可做成俯斜、仰斜、垂直三种，墙背向外侧倾斜时称为俯斜，墙背向填土一侧倾斜时称为仰斜，墙背垂直时称为垂直。

作用在挡土墙上的力系如图3－34(b)所示。一般情况下各作用力为：①墙身自重(包括墙体圬工质量、墙上恒载或预应力)W。②作用于墙背的主动土压力或滑坡推力 E_a(包括破裂土体或滑动土体上的活载与恒载)，E_a 可分解为垂直分力 E_y 和水平分力 E_x。主动土压力在墙背的作用点位于距基底1/3处，E_a 的方向与墙背的法线呈 δ 夹角，滑坡推力在墙背的作用

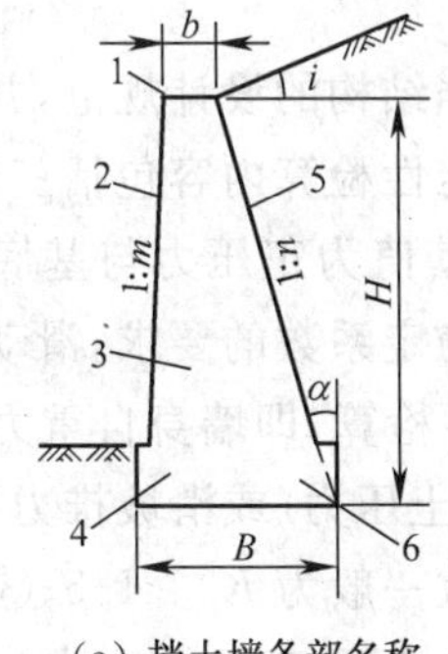

（a）挡土墙各部名称　（b）挡土墙上的作用力系

图3－34　挡土墙各部名称及墙上的作用力系

1—墙顶；2—墙胸；3—墙身；
4—墙趾；5—墙背；6—墙踵。
b—墙顶宽度；B—墙底宽度；
H—挡墙高度；m—墙胸倾斜度；
n—墙背倾斜度；i—堑坡倾斜角；
α—墙背倾斜角

E_a—主动土压力，其水平分力为 E_x，垂直分力为 E_y；
E_p—被动土压力；W—挡墙自重；$\sum N$—垂直力的总和；
f—基底摩擦系数；$c\cdot l$—基底黏聚力，其中 c 为黏着系数；
Z_y—垂直分力至墙趾的水平距离；Z_x—水平分力至墙趾的垂直距离；
Z_w—挡墙自重至墙趾的水平距离；H—墙高；α—墙背倾斜角；
δ—主动土压力与墙背法线的夹角；m—墙胸倾斜度；n—墙背倾斜度

点位于距基底 1/2 处，E_a 的方向平行于墙背滑体条块的滑动面。③基底的法向反力 $\sum N$ 和摩阻力 $f \cdot \sum N$，黏性土可适当考虑基底的黏聚力；④墙趾前被动土压力 E_p。当基础埋置较深或经加固后不受冲刷、不受人为扰动时可适当考虑，一般情况下不计列。⑤特殊条件下应加列的水压力和水浮力、地震力、冻胀力等。

挡土墙后土体对墙体所起的压力作用，一般根据墙体位移的不同形态分为三种。当墙身不产生任何位移或转动变形时，土体作用于墙上的压力叫做静止土压力；当挡土墙在土的侧压力影响下向外产生微小移动或转动、土体向外向下移动开始破裂时，破裂楔体作用于墙上的压力叫做主动土压力(滑坡地段应分别计算主动土压力与滑坡推力且采用值大者为墙后推力)；当挡土墙的移动或转动方向是推挤土体、达到一定值后土体向上移动开始破裂时，破裂楔体作用于墙上的压力叫做被动土压力。作用于墙背的主动土压力或滑坡推力必须经计算确定。在一般地段，主动土压力值按库仑公式计算(计算公式与计算方法查阅有关设计手册)，其中遇轨道与列车荷载时将活荷载换算为土柱加入计算，主动土压力分解后的水平分力即为推动力，垂直分力为稳定力。在滑坡地段，滑坡推力计算时通常将滑动方向和速度大体一致的滑体视为一个计算单元，依据计算单元滑坡主轴的滑体横断面及其滑动面(分圆弧形或折线形)，采用“条分法”将滑体划分为若干铅直条块逐块计算至墙背，剩余下滑力即为滑坡推力(计算公式与计算方法查阅有关设计手册)。计算中对滑带岩土强度指标的选取至关重要，可用模拟滑动特点的试验方法、与经验数据对比的方法以及利用滑体在极限平衡状态的临界断面以“反算法”求得，在既有线滑坡病害整治中常采用“反算法”求得滑带岩土强度指标并与经验数据对比确定，比较可靠。滑坡推力同样分解为水平和垂直分力，水平分力即为墙后的推动力。由于主动土压力与滑坡推力在力的大小、方向、作用点方面各具特点，故重力式一般挡土墙与抗滑挡土墙在结构形状与尺寸上有着很大的区别。重力式一般挡土墙的形状多为胸、背坡一致的平行四边形或胸坡稍缓于背坡的梯形，且墙体较薄、墙高度约为墙厚度的 2～4 倍；而重力式抗滑挡土墙则具有明显的胸坡放缓(一般用 1∶0.3～1∶0.5，也有用 1∶0.75～1∶1 者)、重心偏后、外形宽大厚重、背坡可为多种折线的特点 。

对于病害整治时新设置的挡土墙，设计时必须遵循路基支挡结构的设计规范，并进行稳定性检算，检算公式与方法可查阅有关技术手册。挡土墙全墙稳定性检算内容包括三部分：①沿墙基底滑动的稳定性检算，即沿挡土墙基底的摩擦力(稳定力，其值为正压力与基底摩擦系数之积)与主动土压力(或滑坡推力)水平分力的比值应满足滑动稳定系数的要求，滑动稳定系数一般为 $K_c \geqslant 1.3$；②绕墙基础(或截面底)趾部转动的倾覆稳定性检算，即墙身自重力和主动土压力(或滑坡推力)垂直分力对墙趾的力矩和(稳定力矩)与主动土压力(或滑坡推力)水平分力对墙趾的力矩的比值应满足倾覆稳定系数的要求，倾覆稳定系数一般为 $K_0 \geqslant 1.5$；③基底压应力检算，即检算作用于挡土墙的力系的合力对基底中心线的偏心距是否过大造成基底应力的不均匀分布。对于偏心距 e 与基础宽度 B 的对应关系，在土质地基要求 $e \leqslant B/6$；在岩石地基要求 $e \leqslant B/4$ ，计算出的最大基底应力应小于地基的允许应力。

在既有铁路上，还遇到由于既有路基在多年的运营使用过程中遭受到各种自然营力的侵蚀与人为的作用，改变了既有挡土墙后作用力的边界条件，导致既有挡土墙稳定性不足的情况，为此需采取增加稳定性的措施改变原有墙体形式或结构尺寸。通常，先对既有挡土墙进行稳定性检算然后确定增强措施，为增加滑动稳定性可在路堤挡土墙趾前增加带凸榫基础的趾

端悬臂，在路堑挡土墙趾前增加浆砌片石侧沟并在沟顶增设混凝土支撑；为增加倾覆稳定性可在既有挡墙胸坡前锚入短钢筋帮宽墙体增大墙重，并适当放缓胸坡；为降低基底应力可在既有挡墙增设趾前悬臂，趾前悬臂在设置时应使基础台阶连线与垂线的夹角超过压力角时趾前悬臂应加钢筋。

(3)锚杆挡土墙

锚杆挡土墙是由钢筋混凝土墙面和钢锚杆组成的轻型支挡建筑物，靠锚固在稳定地层内的锚杆，对墙身或立柱施加水平拉力或垂直压力，以保持力的平衡和墙身及路基的稳定。锚杆挡土墙所用砂石料较少并便于机械化快速施工，适用于地层条件较好、有施工条件的一般地区岩质或半岩质路堑段的边坡加固与防护，陡坡路堤也可应用。锚杆挡土墙分为横向锚杆挡土墙和竖向预应力锚杆挡土墙两种，既有路基边坡病害整治一般采用横向锚杆挡土墙。

既有路基横向锚杆挡土墙(图 3－35)一般为板肋(柱)式，由锚杆、肋柱和挡板三部分组成，锚杆采用装配式，肋柱采用就地浇注，挡板一般为预制件。锚杆为轴心受拉构件，多采用直径为 18～32 mm 的经防锈处理的带肋钢筋或螺纹钢筋，每孔不多于 3 根，以孔底注浆法用 M30 水泥砂浆使其锚固于稳定的地层内。锚杆分小锚杆、大锚杆两种，小锚杆锚孔直径 40～50 mm、深 3～5 m，用普通风钻即可施工；大锚杆锚孔直径 100～150 mm、深 5 m 以上，用钻机钻孔，在既有线路堑段施工受行车限界的限制。肋柱为受弯构件，截面为矩形或 T 形，宽度不小于 30 cm，采用 C30 钢筋混凝土，其基础采用 C20 混凝土；肋柱的间距应考虑锚杆的抗拔能力，宜为 3～6 m；每根肋柱根据其高度可布置 2～3 根或更多的锚杆，锚杆间距不小于 2 m 且尽可能使肋柱的弯矩均等。挡板亦为受弯构件，截面为矩形或槽形，厚度不小于 15 cm，采用 C30 钢筋混凝土，挡板两端与肋柱的搭接长度不得不小于 10 cm，板后应回填砂卵石等渗水料，墙体下部设泄水孔。设置锚杆挡土墙时，根据地形、地质和施工条件可采用单级或多级。在多级墙上、下两级墙之间应设置平台，平台宽度宜不小于 2 m，每级墙高度不大于 8 m、锚杆挡土墙总高度宜小于 18 m。

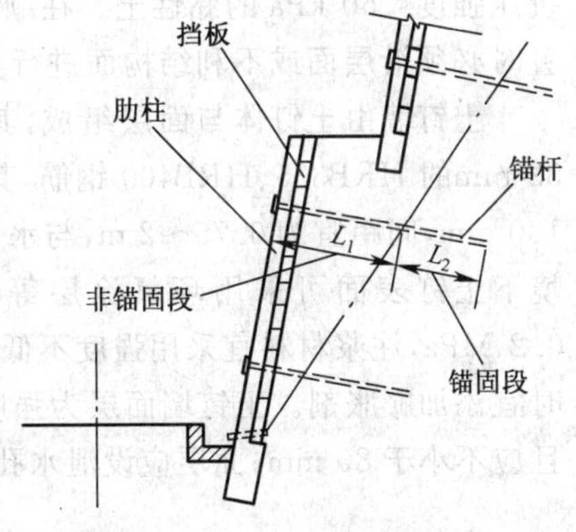

图 3－35　横向锚杆挡土墙

板肋(柱)式锚杆挡土墙的设计必须符合现行的路基支挡结构与混凝土结构、钢筋混凝土结构的有关设计规范，其主要设计内容包括：①墙背土压力计算。作用于墙背上的荷载组合、主动土压力(或滑坡推力)的大小和方向以及作用点位置等的计算原则与方法与重力式挡土墙相同；当锚杆挡土墙为多级时，应分别计算其墙背土压力。②肋柱、挡板结构计算。肋柱的锚杆拉力、肋柱的弯矩和剪力，应根据锚杆层数、柱底与基础的连接形式，按简支梁或连续梁计算；挡板按以肋柱为支点的简支板计算，其计算荷载按均布荷载考虑。③锚杆计算。先根据现场试验或查阅有关资料确定锚杆的极限抗拔力，查表选用水泥砂浆与钢筋、岩石孔壁间的黏结强度设计值，然后进行锚杆的截面与长度设计。锚杆的长度包括非锚固长度与锚固长度，前者根据肋柱与主动破裂面或滑动面的实际距离确定，后者由计算确定但不宜小于 4 m 且不宜大于 10 m。锚杆的安全性关键在于水泥砂浆对钢筋的握裹力和水泥砂浆与岩层间的抗剪强度，在设计初定后应进行拉拔试验，并根据试验数据修正锚固深度的原设计值。板肋(柱)式锚杆挡土墙的计算公式与计算方法可查阅有关技术手册,设计时应充分考虑有关安全系数的取值、锚杆与肋柱的连接方式以及有关施工注意事项。按照规范要求,锚杆挡土墙设计使用年限为60年。

(4)土钉墙

土钉墙是在隧道新奥法基础上发展起来的一门边坡支挡新技术,即通过钢筋等高强度条材横向插入原位岩土体,结合喷射混凝土或其他支挡组成土工结构体对边坡进行加固,提高原位岩土体的强度,使其性质变为由复合材料形成的“视重力式挡土墙”。该技术自20世纪70年代在法国首先应用以来,目前在我国铁路的新建工程和大维修工程中都有较多的具体应用。土钉墙适用于一般地区土质及破碎软弱岩质路堑地段。规范规定在腐蚀性地层、膨胀土地段及地下水较发育或边坡土质松散时均不宜采用土钉墙,具体包括:①标贯击数 $N<9$、相对密度 $D_r<0.3$ 的松散砂土;②液限指数大于0.5的软塑、流塑黏性土;③含有大量有机物或工业废料的低强度回填土、新填土及中强腐蚀性土;④塑性指数大于20和液限大于50%且无侧限抗压强度<50 kPa的黏性土。在顺层及存在不利结构面的岩质边坡中不宜设置土钉墙,若设置时必须沿层面或不利结构面进行整体抗滑、抗剪稳定性检算。

土钉墙由土钉体与面层组成,其结构形式见图3－36。土钉体钉材宜采用直径为16～32 mm的HRB335、HRB400钢筋,其长度应为墙高的0.5～1.0倍。土钉钻孔直径宜为70～130 mm,间距宜为0.75～2 m,与水平面夹角宜为5°～20°。土钉入孔应设定位支架,在腐蚀环境下土钉表面可采用环氧涂层等处理措施。钉孔注浆采用孔底注浆法,注浆压力宜为0.2 MPa,注浆材料宜采用强度不低于20 MPa的M30水泥浆或水泥砂浆,当边坡渗水较严重时宜添加膨胀剂。土钉墙面层为强度等级不低于C20的喷射混凝土,厚度宜为120～200 mm且应不小于80 mm;面层应设泄水孔与反滤层,边坡渗水严重时应设置仰斜5°～10°、略长于土

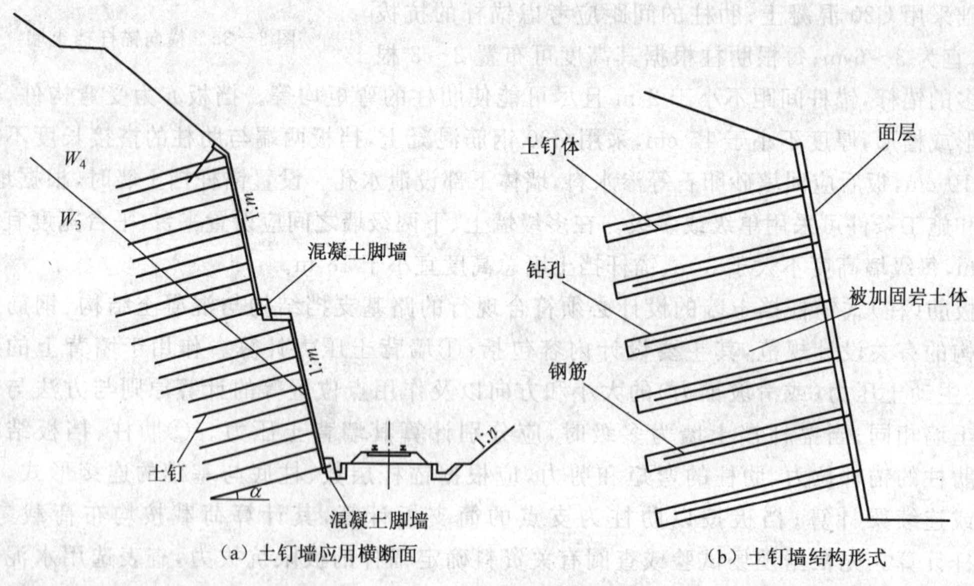

(a) 土钉墙应用横断面　　(b) 土钉墙结构形式

图3－36　土钉墙

钉的排水孔,孔内设置透水管并充填粗砂;面层内应配置钢筋网,网钢筋直径宜为6～10 mm,间距宜为150～300 mm,网与网采用焊接。土钉体与面层应有效连接,土钉外端与钢垫板或

加强钢筋应通过螺丝端杆锚具或焊接进行连接。按照规范要求，土质边坡土钉墙总高度应不大于 10 m，岩质边坡土钉墙总高度应不大于 18 m，单级土钉墙高度宜控制在 10 m 以内。土钉墙墙面胸坡宜为 1∶0.1～1∶0.4。土钉墙根据地形地质条件，遇边坡较高时从经济及稳定方面考虑宜设多级，上、下两级之间应设置平台，平台宽度宜不小于 2 m，每级墙高宜不大于 10 m。总结国内外的应用情况，土钉墙应根据岩土体的自稳能力确定分层开挖的最大高度，一般情况下土层的分层开挖高度宜为 0.5～2 m、岩层宜为 1.0～4.0 m。

土钉墙的设计必须符合现行的路基支挡结构设计规范，规范规定土钉墙面上的荷载组合按重力式挡土墙有关规定计算。土钉墙的主要设计内容包括：①墙背土压力计算。土钉墙由于面层、土钉与边坡岩土间的相互作用，使土压力问题比较复杂，但经过诸实例工程的原位测试与验证，规范规定为简化设计将土钉墙面作为假想墙背、土压应力呈梯形分布，根据对应公式分别计算。②土钉计算。其中土钉拉力根据墙背水平土压应力、土钉受力面积(水平间距与垂直间距之积)、土钉与水平面的夹角进行计算；土钉长度计算包括非锚固长度和有效锚固长度的计算，非锚固长度根据墙面与土钉潜在破裂面的实际距离(按规范公式计算取值)确定，有效锚固长度通过土钉墙内部稳定性检算(包括土钉抗拉断、抗拔稳定性检算)和现场拉拔试验确定。③土钉墙内部整体稳定检算。分别考虑施工阶段及工后使用阶段两种情况，采用不同的稳定系数，根据潜在破裂面按照规范公式进行分条分块检算。④土钉墙外部稳定性检算。将土钉及其加固体视为重力式挡土墙，按重力式挡土墙的稳定性检算方法进行抗倾覆稳定、抗滑稳定及基底承载力检算，简化后墙体厚度一般按照土钉水平长度的 2/3～11/12 选取。对于土质、碎石土状软岩边坡还应进行圆弧稳定性检算。根据土钉墙的实测受力特征，土钉墙的设计与施工均应强调遵循“保住中部、稳定坡脚”的原则。

(5)抗滑桩

抗滑桩(图 3－37)又称挖孔桩或锚固桩，是一种大截面的地下侧向受荷桩，靠桩在稳定岩土中的嵌固力支挡滑坡变形。自 20 世纪 60 年代以来，国内在治理滑坡中已较广泛地使用了抗滑桩群，实践证明这种支撑结构物不论单独使用或与其他支挡工程配合使用均效果良好，并具有桩位布设灵活、薄壁支撑安全、间隔成桩快效等优点，在运营线路上对整治滑坡、加固山体及加固其他特殊路基均适用。对于滑体较厚、滑床坚实、成因复杂、推动力大的滑坡，若采用抗滑挡土墙开挖困难、圬工量大时，采用抗滑桩施工对减少行车干扰十分有利。

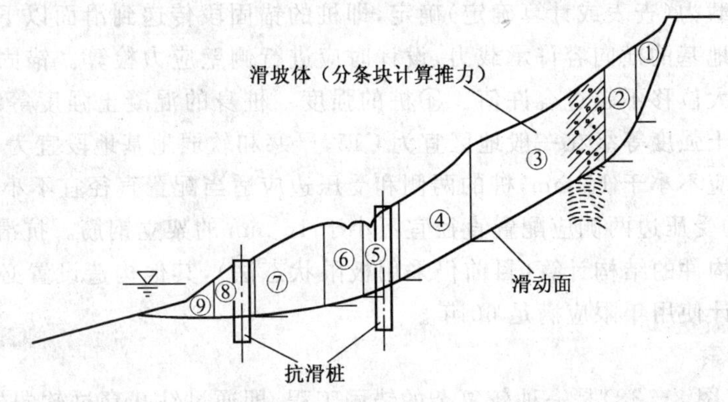

图 3－37　抗滑桩设置示意图

抗滑桩设置于滑坡体内并穿过滑体、锚入滑床一定深度，宛如在滑体与滑床间打入的楔子。抗滑桩依滑面位置分为上、下两部分，滑面以下部分为锚固段(或无载段)，滑面以上部分称受力段，受力段承受滑坡推力并传递到锚固段，在滑床的桩周地层产生反力嵌住桩身，只有桩的强度可承受这些推力和反力方能阻止滑体的滑动。抗滑桩一般成群布置，从而可假设每根桩承受的是桩间距范围内的滑坡推力，借助桩的受力段及桩背土体与桩两侧的摩阻力而形成的土拱效应以稳定滑体不从桩间滑出。抗滑桩按桩的刚度分为刚性桩和弹性桩，一般来说，当桩的刚度大于围岩刚度时属刚性桩；反之为弹性桩。区分这两种桩，除了先从桩周岩土的裂隙性质和疏松程度上定性外，还要依据地基弹性抗力系数(简称地基系数)、桩的锚固深度和桩的变形系数等相关的计算确定。当地基为较完整的岩层时采用K法，当地基为密实土层或严重风化破碎岩层时采用m法(详见有关技术手册)。由于刚性桩假设受力后只绕桩轴上的转动中心倾斜，桩身不发生弹性变形，相对计算简单、安全可靠，在既有铁路支挡工程中经常采用；但若遇抗滑桩需锚固较深时则应考虑采用弹性桩，更为经济合理。

抗滑桩桩身为受弯构件，其设计必须满足现行的路基支挡结构设计规范、混凝土结构设计规范、建筑结构荷载规范、建筑地基基础设计规范及建筑抗震设计规范等的规定。抗滑桩的设计包括荷载计算与桩体计算两部分。关于作用于抗滑桩的外荷载需计算滑坡推力(包括地震地区的地震力)、桩前滑体抗力(滑动面以上桩前滑体对桩的反力)和锚固段地层的抗力，桩侧摩阻力、黏聚力和桩身自重、桩底反力可不计算。作用于每根桩上的滑坡推力可根据设计桩间距进行分配。如前"重力式挡土墙"内容中所述，滑坡推力的计算采用"条分法"，滑带岩土的强度指标采用"反算法"求得。对于抗滑桩本身的设计按照有关的设计技术手册进行，主要是解决如下问题：①桩的平面布置。抗滑桩应设在滑坡截面上滑体较薄(一般为下滑段终端)、锚固地基强度较高的位置，平面可布置为一排或品字形多排，排的走向与滑体的滑动方向相垂直成直线形或曲线形。通常桩间距在滑坡主轴附近较小而两端稍大，一般宜为6～10 m；排间距可为桩截面宽度的2～3倍。②桩的截面形状。抗滑桩的截面形状有矩形、方形和圆形，矩形桩因效果最佳在既有线上使用最普遍，其尺寸应根据滑坡推力值、桩间距以及锚固段地基的横向容许承载力等因素确定，为了便于施工，截面最小宽度不小于1.25 m，设置时桩截面长边平行于滑动方向。③桩的锚固深度。抗滑桩的适宜锚固深度与地层强度、桩所承受的滑坡推力、桩的相对刚度等有关，原则上应根据地基的横向容许承载力(查表或计算确定)确定，即桩的锚固段传递到滑面以下地层的横向压应力均不得大于地基的横向容许承载力，设计时应进行侧壁应力检算。锚固深度计算时尚需要控制桩的最大位移不超过容许值。④桩的强度。桩身的混凝土强度等级应为C30；锁口与护壁的混凝土强度等级在一般地区宜为C15，严寒和软弱地基地段宜为C20；抗滑桩纵向受力钢筋直径应不小于16 mm，桩的两侧和受压边应适当配置直径宜不小于12 mm的纵向构造钢筋，桩的受压边两侧应配置直径宜不小于16 mm的架立钢筋。抗滑桩的配筋必须通过钢筋混凝土构件的结构计算(目前仍采用极限状态法)，其他构造设置必须满足规范要求。抗滑桩的设计使用年限应满足60年。

(6)预应力锚索

预应力锚索(图3－38)是一种较复杂的锚固工程，即通过钻孔穿过软弱岩层或滑动面，把锚杆的一端(称内锚头)锚固在坚硬、稳定的岩层中，然后在锚杆的另一自由端(称外锚头)进行张拉对岩土层施加压力，从而对不稳定的边坡及地基进行加固。该方法在国内岩土工程中已广泛应用于岩锚和土锚(主要为砂土层)，铁路部门不仅在新建铁路的边坡加固

工程中亦在既有铁路的边坡病害整治工程中均有工程实例。为确保锚索工程安全可靠，现行的铁路路基支挡结构设计规范对预应力锚索的使用范围进行了限制，同时规定不宜在腐蚀性环境中使用。

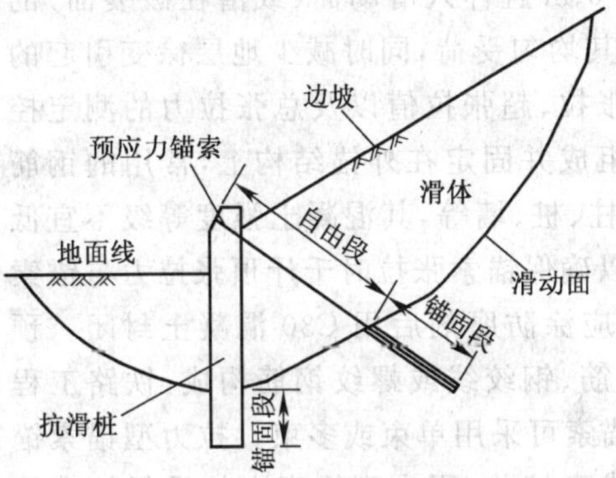

（a）预应力锚索抗滑桩横断面示意图

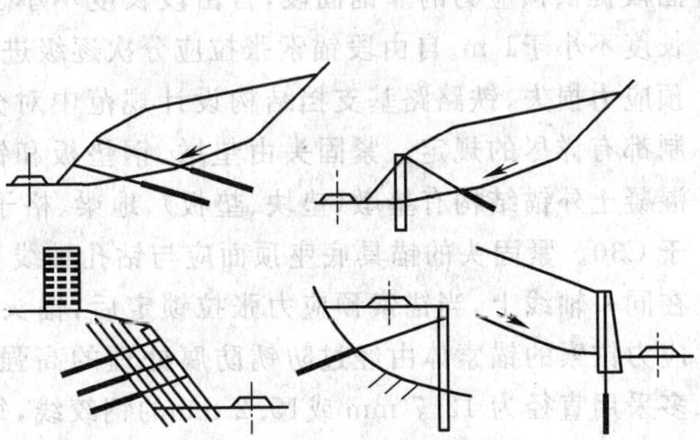

（b）预应力锚索应用示意

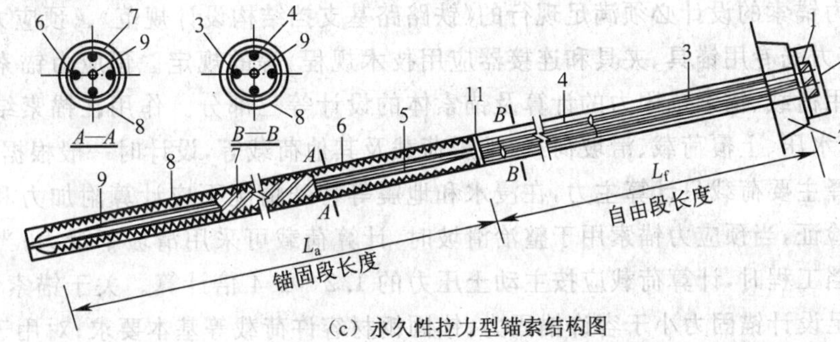

（c）永久性拉力型锚索结构图

1—锚具；2—垫座；3—涂塑钢绞线；4—光滑套管；5—隔离架；6—无包裹钢绞线；7—波形套管；8—钻孔；10—保护罩；11—光滑套管与波形套管搭接处（长度不小于200 mm）

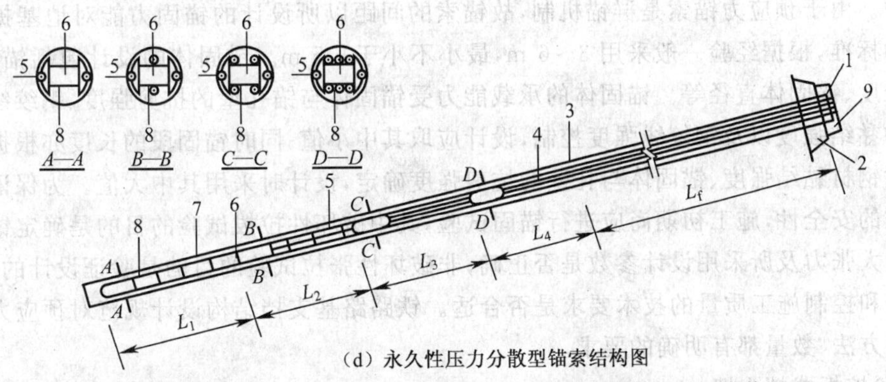

（d）永久性压力分散型锚索结构图

1—锚具；2—垫座；3—钻孔；4—隔离环；5—无黏结钢绞线；6—承载体；7—水泥浆体；8—注浆管；9—保护罩；L_1、L_2、L_3、L_4—1、2、3、4单元锚索的锚固段长度；L_f—单元锚索的自由段长度

图 3－38　预应力锚索

预应力锚索结构由锚固段、自由段和紧固头三部分构成。锚固段是锚索锚固在稳定岩

土体内提供预应力的根基，其长度通常在 4～10 m 间选取。锚固段结构形式分为机械式和胶结式(砂浆或树脂胶结)两大类，通常砂浆胶结式采用孔底注浆法，注浆材料为 M35 水泥砂浆，注浆压力应不小于 0.6～0.8 MPa。自由段是联结锚固段和紧固头、承受张拉并对锚固段提供预应力的非锚固段，自由段长度不小于 3～5 m 且伸入滑动面(或潜在破裂面)的长度不小于1 m。自由段锚索张拉应分次逐级进行使其均匀受荷，同时减少地层徐变引起的预应力损失，铁路路基支挡结构设计规范中对分次张拉、超张拉值以及总张拉力的测定控制都有详尽的规定。紧固头由垫墩、钢垫板和锚具组成并固定在外锚结构上，常用的钢筋混凝土外锚结构有垫墩(垫块、垫板)、地梁、格子梁、柱、桩、墙等，其混凝土强度等级不宜低于 C30。紧固头的锚具底座顶面应与钻孔轴线垂直以确保锚索张拉时千斤顶张拉力与锚索在同一轴线上，当锚索预应力张拉锁定后，锚头部分应涂防腐剂后用 C30 混凝土封闭。预应力锚索的锚索体由经过防锈防腐处理的高强度钢筋、钢绞线或螺纹钢筋构成，铁路工程多采用直径为 12.7 mm 或15.2 mm的钢绞线，每孔锚索可采用单束或多束。拉力型锚索锚固段宜采用一系列的紧箍环、扩张环使之注浆后形成枣核状；压力型锚索由加设保护套管的杆体和位于锚固段注浆体底端的承载体组成。

预应力锚索的设计必须满足现行的《铁路路基支挡结构设计规范》、《预应力混凝土用钢绞线》、《预应力筋专用锚具、夹具和连接器应用技术规程》等的规定。预应力锚索的设计内容包括外部作用荷载、锚索锚固力的计算及锚索体的设计等三部分。作用在锚索结构物上的荷载包括土压、水压、上覆荷载、滑坡荷载、地震荷载及其他荷载等，设计时一般根据地质条件、结构物特点选择主要荷载只计算主力，在浸水和地震等特殊情况下应计算附加力和特殊力。通过大量测试验证，当预应力锚索用于整治滑坡时，计算荷载可采用滑坡下滑力；当预应力锚索用于边坡支挡工程时，计算荷载应按主动土压力的 1.2～1.4 倍计算。关于锚索锚固力的设计，首先应满足设计锚固力小于容许锚固力、锚固钢材容许荷载等基本要求；对用于滑坡加固的预应力锚索宜采用锚索预应力(抗滑力)的方法计算并通过边坡稳定性分析确定锚固力；对于永久性锚固结构，设计中应考虑预应力钢材的松弛损失及被锚固岩土体蠕变的影响补充锚索的张拉力。由于预应力锚索是群锚机制，故锚索的间距以所设计的锚固力能对地基提供最大张拉力为标准，根据经验一般采用 3～6 m，最小不小于1.5 m。锚固体的设计包括锚固类型、锚固段长度、锚固体直径等。锚固体的承载能力受锚固体与锚孔壁的抗剪强度、钢绞线束与水泥砂浆的黏结强度以及钢绞线强度控制，设计应取其中小值；同时锚固段的长度亦根据水泥砂浆与锚索钢材黏结强度、锚固体与孔壁的抗剪强度确定，设计时采用其中大值。为保证预应力锚索工程的安全性，施工初期尚应进行锚固试验，其中破坏性拉拔试验的目的是确定锚索可能承受的最大张力及所采用设计参数是否正确；非破坏性张拉试验的目的是验证设计的合理性，同时检查和控制施工质量的技术要求是否合适。铁路路基支挡结构设计规范对预应力锚索锚固试验的方法、数量都有明确的要求。

(7)桩板式挡土墙

桩板式挡土墙(图 3－39)实为抗滑桩与挡土板的结合。在 20 世纪 70 年代初，在抗滑桩出现以后不久，桩板墙也就应运而生了，随着工程应用经验的不断积累，该项技术已日臻成熟。实践证明，桩板式挡土墙是一种较好的支挡形式，在一般地区和浸水、地震地区乃至滑坡、崩坍落石等特殊条件下的既有铁路路基支挡结构设计中均可适用。其主要优点在于其高度不受一般挡土墙高度的限制，地基强度不足可由桩的埋深得到补偿。

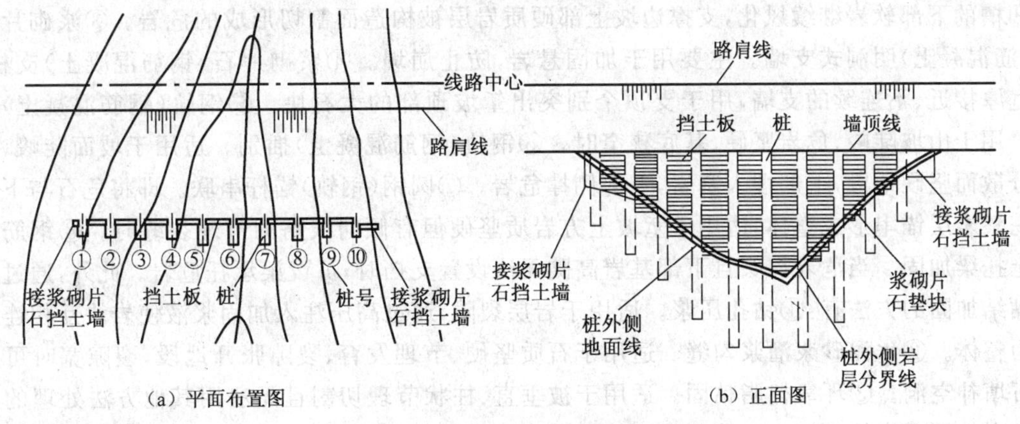

图 3－39 桩板式路堤挡土墙

桩板式挡土墙由现场浇注的钢筋混凝土锚固桩和预制吊装的钢筋混凝土挡板所组成。锚固桩应设置在稳定的地层中，确保桩后土体不越过桩顶或从桩间滑走，不会产生新的深层滑动。桩体大多采用挖孔桩，桩的截面可采用矩形或 T 形，由于桩所承受的外力较抗滑桩所承受的外力小，因此其截面尺寸主要受施工开挖工作面条件的控制，不宜小于 1.25 m。桩的间距不取决于桩间距范围内土压力的大小，而取决于预制板的设计长度，一般宜为 5～8 m。桩的埋深(即地面以下或滑面以下)主要取决于侧壁容许应力的控制，与地基的地层强度有关，按照经验取值，桩在岩层中的埋深约占 1/3 桩长，在土层中的埋深约占 1/2 桩长，在设计过程中再根据计算进行调整。预制挡板的设置为维持板后岩(土)体的稳定，挡板可采用槽形板也可采用空心板，板的宽度一般取 0.5 m，板的长度取决于板的自重和吊装设备的起吊能力。

桩板式挡土墙的设计应满足现行的路基支挡结构设计规范及其他相关规范的规定，桩板式挡土墙的设计包括墙后土压力(设置在路堤段时包括列车荷载所引起的侧压力)的计算、桩和板的内力计算、桩和板的强度计算三个内容。桩板式挡土墙的计算荷载应包括活载和岩(土)体所产生的土压力或滑坡推力，以及水的浮力、地下水的渗透压力、地震力、施工产生的临时荷载等。墙后土压力的计算方法、计算指标的采用与“重力式挡土墙”所述的相同。作用在锚固桩上的荷载宽度取其两侧桩间距各一半之和，桩的内力计算(包括计算公式及地基系数的选择)和侧壁应力检算均与抗滑桩相同，地面(或滑面)处桩的水平位移不宜大于 10 mm。板上作用的压力按均布荷载考虑，荷载宽度取板的计算跨度，板的内力按简支板计算。桩和板的强度计算均可采用极限状态法，按受弯构件考虑。桩和板的混凝土强度等级不宜低于 C30，桩的配筋参照抗滑桩设计，板的配筋应符合钢筋混凝土结构设计规范。若桩板式挡土墙加设锚索(杆)，则锚索(杆)的构造要求与结构计算均应符合有关规范的规定。桩板式挡土墙的设计使用年限为 60 年。

(8)崩坍落石综合治理

对于既有山区铁路的崩塌落石病害，由于爆破清除的方法对运营中轨道和列车的安全威胁较大，受到诸多条件的限制，因而通常采用综合治理的工程措施，概之为拦截、遮拦、支挡、黏结工程以及自动报警措施等。其中支挡、黏结工程属于阻止灾害发生的主动措施；拦截、遮拦工程属于避免危害的被动措施。

传统的主动措施中，支挡加固的方法主要有：①浆砌片石(混凝土)支顶墙。建在较好的基岩上，支顶上部探头、下部悬空的危岩。②浆砌片石支护墙。建在软硬岩层互层地段，防止形成凹槽的下部软岩继续风化，支撑边坡上部硬质岩层被构造面割切形成的危岩。③浆砌片石（钢筋混凝土）明洞式支墙。主要用于加固悬岩，防止崩塌。④浆砌片石（钢筋混凝土）支柱。即宽厚接近、不连续的支墙，用于支顶个别突出堑坡顶部的大石块。⑤钢轨（钢筋混凝土）支撑。用于山坡陡峻、危岩坚硬、基底狭窄时。⑥钢轨（钢筋混凝土）插别。适用于坡面陡峻、危石分散而坚硬地段，下部埋入基岩，上部侧撑危岩。⑦圆钢（钢轨）锚杆串联。即将危石与下部较完整岩层锚串形成整体，适用于堑坡上方岩质坚硬但有倾向线路的节理裂缝时。⑧钢筋混凝土托梁加固。当危岩探头且下部基岩高陡无法设置支挡时，可设梁承托危岩。此外，通过浆体黏结加固的方法有：①钻孔压浆。适用于岩层裂隙，通过高压注入加固浆液使岩块互相连接成为整体。②水泥砂浆灌浆勾缝。适用于石质坚硬、节理发育、裂隙张开地段，裂隙宽时可用片石填补空洞。③环氧树脂粘固。适用于被垂直、柱状节理切割且无法用其他方法处理的裂缝较宽的硬质岩体。细小岩缝用配置的环氧树脂腻子腻补与封闭；较宽的岩缝用同类硬质岩柱填塞后用配置的环氧树脂砂浆黏结牢固。

传统的被动措施中，遮拦工程基本为明洞、棚洞等较大型的建筑，基础结构要求与工程造价均较高，多用于山坡不稳的中小型崩塌地段；对于较大量出现的小型崩坍落石，一般采用拦截工程措施。传统的拦截工程措施有：①落石平台。适用于路堑山坡基本稳定，仅在雨季中有落石、剥落和小型崩坍，且山坡脚距被防护的路基有适当距离，山脚平缓地带与路基面标高相差≤2.5 m时。②落石坑。适用于路堤距崩坍落石的山坡坡脚有适当距离，路基面距山脚平缓地带的高差大于2.5 m时。③落石沟。当路基与可能崩坍落石的山坡间有<30°的缓坡地带时，可在距路基面标高不大于30 m的缓坡半山上修建底宽3 m的落石沟。④拦石堤。当陡峻山坡下部有坡积层较厚、坡度<30°的缓坡地带与路基面直接相连或缓坡地带高于路基面标高不大于30 m、落石的高程不超过60～70 m时可用当地土或干砌片石砌筑高3～4 m（安全高度不小于1 m）、顶宽2～3 m的拦石堤，堤内形成底宽3 m的落石沟。⑤拦石墙。当山坡坡度大于30°，石块可能从60～70 m高度坠落时宜设置有落石槽（带缓冲层）的拦石墙，拦石墙分为坡脚拦石墙和半山坡拦石墙，前述的重力式挡土墙、桩板式挡土墙均可适用。⑥钢轨栅栏与柔性拦石网。钢轨栅栏为废旧钢轨做立柱、钢筋做联系杆、柱间用镀锌铁丝编制的网栅结构，适用于较缓山坡或自然沟谷处拦截零星落石。柔性拦石网为钢筋混凝土支柱、柱间为略放松的张拉铁丝网，适用于较缓山坡上或坡脚路基旁侧拦截坠落量较多的小块石。

传统的方法有着各自的作用原理和防治功能并在局部工程中整治有效，但由于崩坍落石病害的复杂性、随机性和区域差异性，显现出传统单一措施适用条件的局限性及为此付出的经济或环境代价，目前既有铁路除辅以传统方法外已推广崩坍落石柔性防护网（图3—40）。该柔性防护技术在20世纪50年代开发于瑞士，90年代中期被成功引入中国，铁道部2004年发布了铁道行业标准《铁路沿线斜坡柔性安全防护网》。柔性安全防护网以金属柔性网（钢丝绳网、格栅、环形网）为主要特征构件，按其结构形式、防护功能和作用方式的不同分为主动覆盖和被动拦截两种基本防护形式，适用于防护崩塌落石、泥石流等地质灾害及风化剥落坡面病害。柔性安全防护网的基本构件与结构形式包括柔性网、缓冲装置、固定系统、钢柱与基座、锚固系统等。主动防护网可分为钢丝绳网、钢丝格栅和高强度钢丝格栅三类。前两者通过钢丝绳锚杆和支撑绳固定方式，后者通过钢筋（可施加预应力）和钢丝绳锚杆（有边沿支撑绳时采用）、锚垫板以及必要时的边沿支撑绳等固定方式，将金属柔性网覆盖在具有潜在地质灾害（或坡面病害）的堑坡或山坡坡面上，从而实现坡面加固或限制落石运动范围的防护目的。被动防护网以钢

丝绳网或环形网(需拦截小块落石时附加一层钢丝格栅)为特征构成,采用固定系统(锚杆、拉锚绳、基座和支撑绳)、减压环和钢柱将金属柔性网按一定的角度安装在坡面上形成栅栏形式的拦石网,从而实现对落石和泥石流体中固体物质的拦截。被动防护网的防护能量一般为150～2 000 kJ,特殊设防能高达5 000 kJ。根据防护功能、防护能力、特征构成和结构形式的不同,主动防护网分为四类8种型号,被动防护网分为三类17种型号。柔性安全防护网的产品分类及型号、技术要求、试验方法、检验规则等内容详见铁道行业标准《铁路沿线斜坡柔性安全防护网》,目前既有铁路使用的沿线斜坡柔性安全防护网基本为布鲁克(成都)工程有限公司产品。

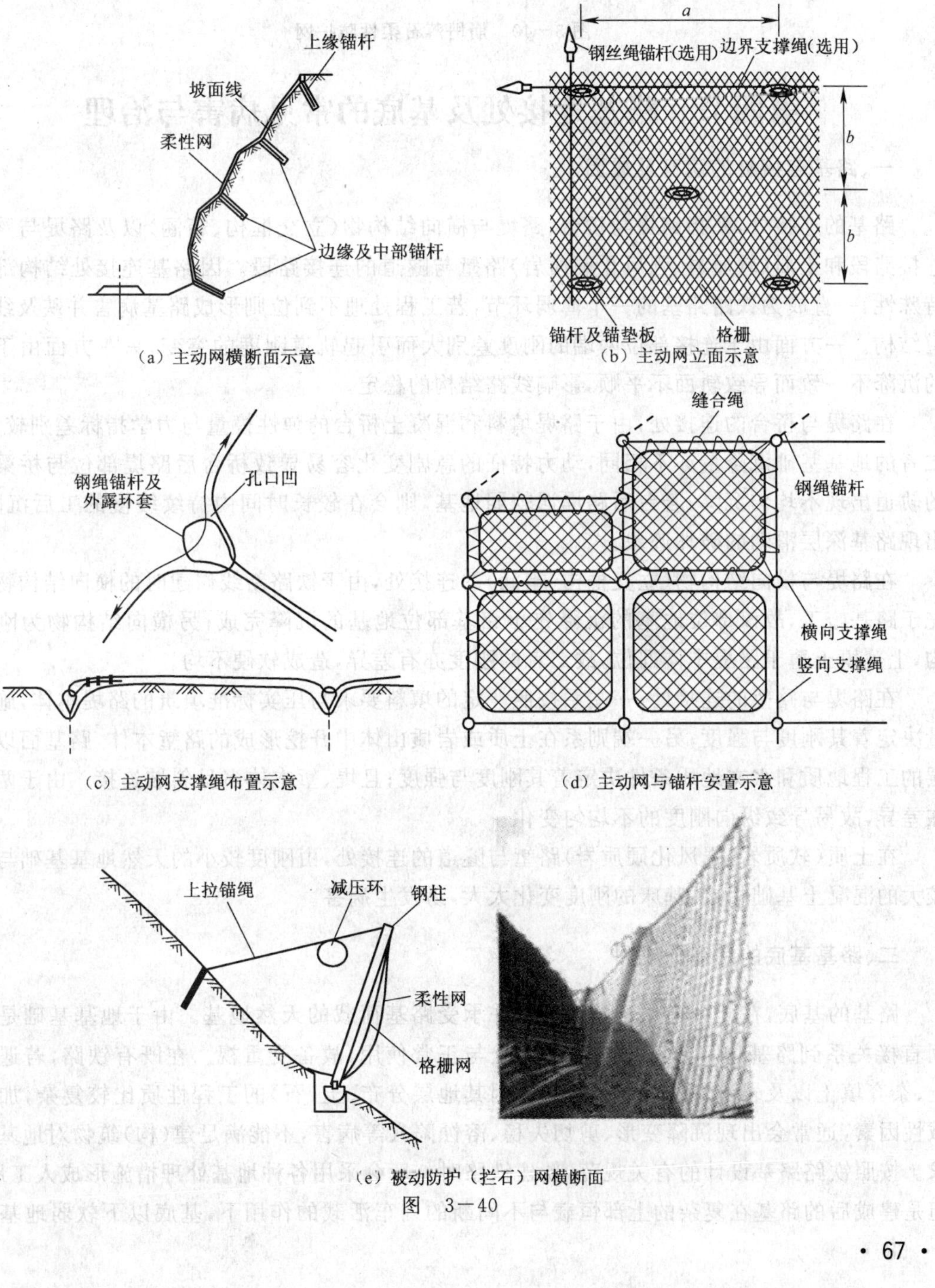

(a) 主动网横断面示意

(b) 主动网立面示意

(c) 主动网支撑绳布置示意

(d) 主动网与锚杆安置示意

(e) 被动防护(拦石)网横断面

图　3－40

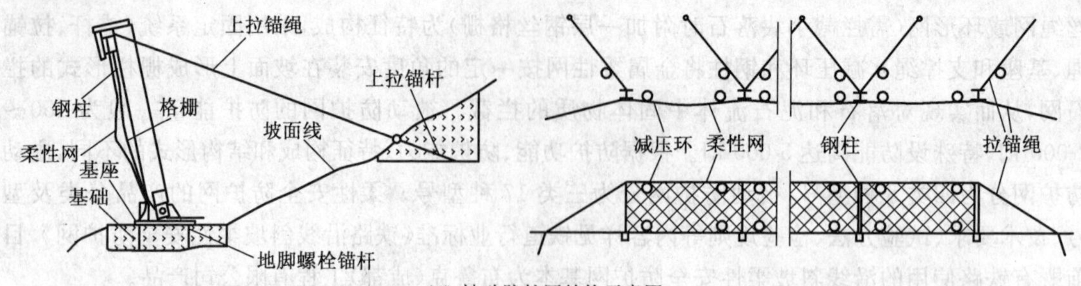

(f) 被动防护网结构示意图

图 3－40　崩坍落石柔性防护网

第四节　路基连接处及基底的常见病害与治理

一、路基连接处的病害及成因

路基的连接处，系指路堤与桥台、路堤与横向结构物（立交框构、箱涵）以及路堤与路堑的连接路段和土质（软质岩、强风化硬质岩）路堑与隧道的连接路段。因路基连接处结构部位的特殊性，一直成为铁路路基的一个薄弱环节，若工程处理不到位则形成路基病害并殃及线路轨道结构。一方面由于连接部位两端的刚度差别大而引起轨道刚度的突变，另一方面由于两端的沉降不一致而导致轨面不平顺，影响线路结构的稳定。

在路堤与桥台的连接处，由于路堤填料和混凝土桥台的弹性模量与力学指标差别较大，且二者的地基基础沉降量亦不相同，动力特征的急剧变化容易导致桥台后路堤部位与桥梁部位的轨道出现不均匀沉降；若台后路堤遇软弱地基，则会在较长时间内持续缓慢的工后沉降，或出现路基深层滑动的破坏迹象。

在路堤与横向结构物（立交框构、箱涵）的连接处，由于铁路新线修建时的横向结构物一般先于路基施工，故该部位地基的沉降先于路基部位地基的沉降完成；另横向结构物为刚性结构，上覆填土薄于路堤本体部位，故二者的刚度亦有差异，造成软硬不均。

在路堤与路堑的连接处，一端系按照一定的填料要求与压实标准填筑的路堤本体，施工质量决定着其刚度与强度；另一端则系在土质或岩质山体中开挖形成的路堑本体，路基面以下地层的工程地质和水文地质条件决定着其刚度与强度；且堤、堑本体多呈斜坡连接。由于两端存在差异，故易导致纵向刚度的不均匀变化。

在土质（软质岩、强风化硬质岩）路堑与隧道的连接处，由刚度较小的天然地基基础与刚度较大的混凝土基础相接，基床的刚度变化太大，易发生病害。

二、路基基底的病害及成因

路基的基底，在此系指用于建筑路基并承受路基荷载的天然地基。由于地基基础是否稳固直接关系到路基这一土工结构物的安全与正常使用，故备受重视。在既有铁路，若遇到软土、杂弃填土以及岩溶、采空等天然地基，因其地层分布、土（石）的工程性质比较复杂，加之区域性因素，通常会出现沉降变形、剪切失稳、溶蚀陷穴等病害，不能满足建（构）筑物对地基的要求。按照铁路路基设计的有关规范，新建铁路时一般会采用各种地基处理措施形成人工地基；但是建成后的路基在复杂的上部恒载与不间断的列车活载的作用下，基底以下软弱地基或不

良地基的地层仍会发生各项物理力学指标的劣化，或原有的措施已不能满足，或出现新的病害隐患，均可能威胁铁路路基的安全。

以下仅介绍在既有铁路较常见的两类天然地基。

（一）软土及松软地基

1.软土地基

所谓软土，一般是指天然含水率大、有机质含量多、压缩性高、孔隙比大、渗透性差、承载力低的一种软塑到流塑状态的黏性土，包括淤泥、淤泥质土、泥炭以及其他高压缩性饱和黏性土。它是在静水或缓慢水流环境下，经生物化学作用形成的以细粒土为主的近代沉积物。软土除在我国沿海地区广泛分布外，内陆平原、丘陵及山区亦有分布。软土按其成因分为滨海沉积、湖泊沉积、河滩沉积以及谷地沉积。其中滨海沉积软土（分布于东海、黄海、渤海等沿海地区）系在较弱的海岸流及潮汐的水动力下逐渐停积淤成的，表层硬壳厚0～3 m，下部淤泥（夹粉细砂透镜体）厚0～60 m，常含贝壳及海生物残骸；湖泊沉积软土（分布于洞庭、太湖、鄱阳、洪泽湖周边）为淡水湖盆稳定水期的沉积物，粉土颗粒占主要成分，表层硬壳厚0～5 m，淤泥厚5～25 m；河滩沉积软土（分布于长江中下游、珠江、闽江、韩江下游及河口，淮河、松辽平原）为水中携带的黏土颗粒缓慢沉积而成，以淤泥和软黏土为主，含砂夹层，一般厚度＜20 m；谷地沉积软土（多分布于西南及南方山区或丘陵区）系地表水中带有大量含有机质的黏性土经平缓谷地后淤积而成的，其成分与性质差异性较大，上覆硬壳厚度不一，软土底板坡率较大。

鉴于软土的以上成因，形成了软土地基特有的工程性质，亦对软土地基上部的建（构）筑物造成安全方面的隐患与威胁。软土地基的特性主要表现在：①大含水率。软土的天然含水率一般大于35％，饱和度大于95％，接近或超过液限值（40％～60％），土体软弱。②低透水性。软土的透水系数一般为10^{-6}～10^{-8} cm/s，可认为不透水，对地基排水固结不利，使建筑物沉降延续时间加长，甚至运营30～50年的软土路基还未完成工后沉降。③高压缩性。软土的压缩系数$\alpha_{0.1\sim0.2}$一般大于0.5 MPa^{-1}，且压缩变形大部分发生在垂直压力为0.1 MPa左右时，对工程的直接影响是地基沉降量大。④具触变性。软土经扰动后由可塑状态转变为流塑状态的特性称为触变性。软土属中、高灵敏土，当软土地基受荷载振动后，其强度因土颗粒间特殊的结构连接遭破坏而被削弱，易产生侧向滑动、沉降及两侧挤出等现象。⑤不均匀性。软土具有细微的和高分散的颗粒，由于沉积环境的变化，在平面分布上有所差异，在垂直方向上具有明显的分选性，作为建筑物地基易产生差异沉降。以前修建的铁路，由于建设标准较低致使在软土地基上修建的路基经常发生沉落、变形及基底外挤等病害；既有铁路的软土地基经多年压实后在无特别外界条件影响下一般不会再发生严重的变形。目前随着设计标准、施工质量的提高，新建铁路路基已较少发生路基病害。但是如果出现软土地基中地下水位发生变化（如附近施工抽水或采矿抽水，或自然条件变化引起地下水位降低）则会引起软土层排水固结，使路基沉降；若铁路路基附近遇开挖地基，则可能造成软土层既有的反压力量减少，使失去平衡的路基发生滑动失稳。

2.松软地基

对于铁路路基来说，较常遇到的松软地基有泥沼和人工杂弃填土。

所谓泥沼，一般是指湖盆地或河滩衰亡后的遗址，表面多呈现洼地、被水浸漫。泥沼的成因是，在浅水湖泊或流速很慢的河流沿岸生长的喜水植物死去后沉落水底，年复一年地堆积、分解，形成有机质含量大于50％的泥炭层。泥沼地基为软弱地基，同样具有压缩性高、强度低的特点。

所谓人工杂弃填土，是未经人工分层压实的弃填土中的一类，含有大量建筑垃圾、工业废料或生活垃圾等杂物（不包括煤石）。其中建筑杂弃填土在建筑物拆迁过程中形成，以碎砖、瓦砾、各类圬工碎块为主，有机物含量少；工业杂弃填土由工业生产过程中产出的各种矿渣、煤渣、电石渣、炉渣、下脚料等废料组成；生活杂弃填土是人类生活中的废弃物，由炉灰、纸、布片、兽骨、蔬菜等混填而成。杂弃填土属松散地基，由于堆积条件、物质成分相当复杂，分布情况具有极大的人为随意性而缺乏规律，因而具有①结构疏松，密度欠均匀；②强度较低，压缩性高；③遇水易湿陷，荷重易变形等特点，在上部填筑路基易发生沉降病害。

（二）岩溶与采空地基

1. 岩溶地基

岩溶又名喀斯特，是地表水、地下水对以碳酸岩类的石灰岩、白云岩为主的可溶性岩石进行化学作用（溶蚀、沉蚀）、物理作用（水蚀、沉积、崩塌、堆积）等综合地质作用后所产生的水文现象和地貌现象的总和。岩溶的生成和发展有三个基本因素，一是岩石具有可溶性（化学、矿物成分）；二是岩石具有透水性（孔隙和裂隙）；三是水具有溶解能力（CO_2 含量）和流动性。在岩溶发育的过程中，自然因素对其有着直接的影响。其中，气候是重要的影响因素之一，降水量影响岩溶水的运动及侵蚀作用，气温升高加快溶解速度；植被腐殖层和土壤中的有机质是岩溶水中 CO_2 的主要来源，明显提高地面径流中的有机酸和碳酸含量，增强对碳酸盐类岩石的溶蚀和潜蚀作用；地貌形态影响岩溶的发育程度，因为地面坡度、切割密度及深度、水系分布等制约着地表水和渗透条件。岩溶的发育具有不均匀性、垂直分带性（取决于可溶岩地区水文地质的垂直分带，分垂直渗流带、季节交替带、水平径流带、深部缓流带）。常见的形态特征有：在地表，以溶沟（溶槽）、石芽等为主；在垂直渗流带，以漏斗、落水洞、竖井等为主；在季节交替带，常形成大型溶洞（洞穴）、暗河（地下河）、地下湖等；在深部缓流带，岩溶一般不发育。岩溶的基本形态如图 3－41 所示。

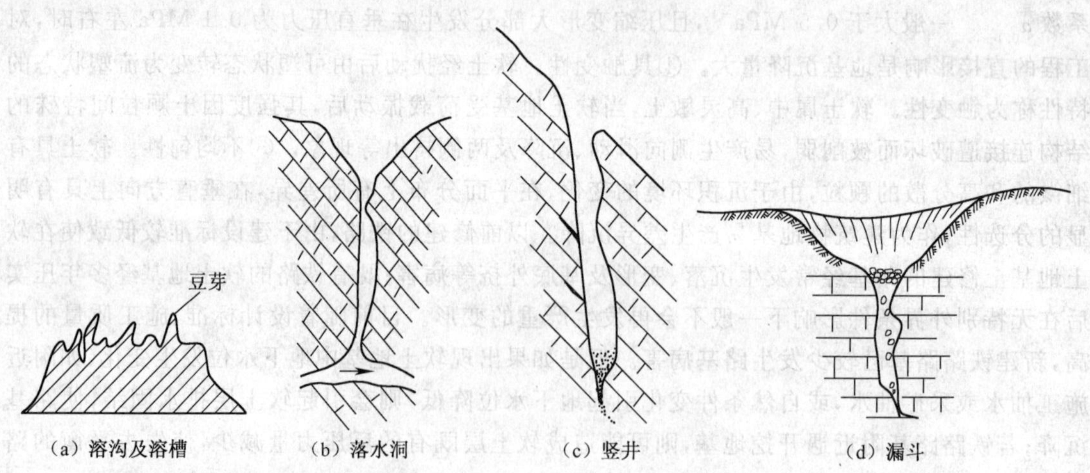

图 3－41　岩溶的常见形态示意图

岩溶对铁路路基的危害，可以归纳为三个方面：①岩溶洞穴的危害。岩溶洞穴使路基或轨道以及其他路基建筑物悬空。②岩溶水的危害。岩溶水的汇积或涌水使路基基底被浸泡，本体下沉坍滑，甚至被淹没或冲毁。③岩溶地面塌陷的危害。岩溶地面塌陷是开口岩溶形态与上覆土层（或软岩）中的水、气对盖层发生的力学效应在地面形成的塌落，导致基底坍塌成坑、

路基下沉坍塌。上述三种危害就其发生的频率、危害程度及防治难度而言，以岩溶地面塌陷较为突出，已构成铁路环境的一大地质灾害。在覆盖型岩溶的丘陵、平原、溶蚀洼地及谷地等地带，当具备地表易于积水或反复受到振动并发生微变形、覆盖土层较薄且属砂性土、古塌陷与漏斗形态发育较多且埋藏较浅、地下水位在土石界面剧烈波动、人为抽水或坑道排水引起地下水位下降和形成降落漏斗等条件时，则有可能发生岩溶地面塌陷，对于既有铁路路基的安全构成威胁，必须引起重视并加强防范。

2. 采空地基

采空即为人为坑洞，是人们为了各种目的在地下挖掘后遗留下来的洞穴。采空分为小型采空和大型采空。

小型采空多分布在地面下 50 m 以内，有掏煤洞、掏砂洞、淘金洞、坎儿井等，一般是手工开挖，采空范围较窄，开挖深度较浅，无规则，少支撑。由于开采面较浅且任其自由坍落，地面常见塌陷和开裂变形；又因小型采空多呈巷道式，地表出现的上宽下窄裂缝分布与开采方向平行。小型采空顶板岩(土)层的厚度是采空塌陷的控制因素，顶板薄的很容易产生突然塌陷，顶板较厚的仅产生地表开裂；顶板岩(土)层的性质和强度直接影响塌陷坑的形态；地下水位的变化以及列车震动均为小型采空塌陷的重要影响因素。

大型采空即为地下矿层大面积采空后，矿层上部岩(土)体失去平衡与支撑并随之产生的变形与破坏，总的过程是自下而上逐渐发展的漏斗状沉落。采空区上部地层按其破坏情况，可分成三或四个带，但不一定同时存在，见图 3－42。其中冒落带系在自重及上覆岩层作用下变形、破碎、坍落至采空区的直接顶板岩层，其高度一般为采空厚度的 2～5 倍；裂隙带系冒落带上部岩层在重力作用下因弯曲变形后离层和断裂而产生的楔形连通裂隙(或层状裂隙)带，其高度约为采空厚度的 18～24 倍；弯曲带系裂隙带上方、在自重作用下只产生弯曲沉落变形的那部分岩层，此带离采空区距离较大，只呈平缓弯曲，没有破裂。地下矿层大面积采空后，一般上覆岩层的变形都会波及地表形成凹地，继而发展成凹陷盆地即移动盆地。移动盆地的面积一般都比采空区面积大，它对既有路基的危害表现在：路基沉落、塌洞和塌陷；路基稳定性减小，发生滑动、倾覆；线路方向不良；路基及建筑物发生裂缝等。

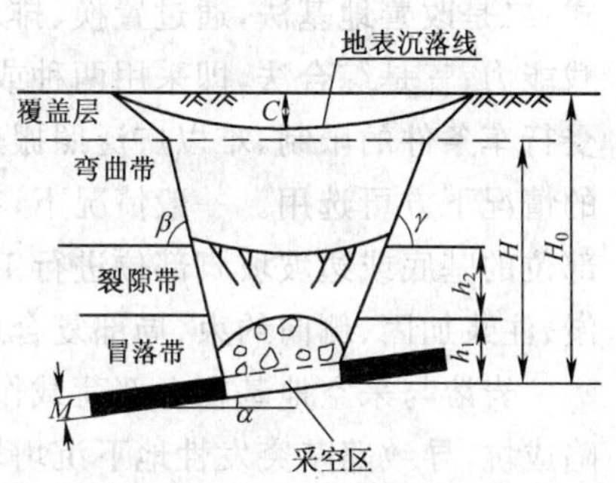

图 3－42 采空区变形示意图

H_0—埋深；H—基岩顶板厚度；h_1—冒落带高度；M—采厚；h_2—裂隙带高度；α—矿层倾角；K—采厚比($K=H/M$)；C—地面最大沉降量；γ、β—岩层移动角

三、路基连接处及基底病害的整治措施

(一)路基连接处及基底病害的整治原则

1. 路基连接处病害的整治原则

如前所述，路基的连接处包括路堤与桥台、路堤与横向结构物(立交框构、箱涵)以及路堤与路堑的连接路段和土质(软质岩、强风化硬质岩)路堑与隧道的连接路段。近年来，随着我国铁路按照中长期发展规划进行客运专线的建设和既有线提速的改造，为确保轨道在高速度运行中保持较好的平顺性，实践中对路基连接部位的特殊结构与病害防范有了新的认识与重视。在现行的路基设计规范中，对新建时速 300～350 km、200～250 km 的客运专线，对客(时速

≤160 km)货(时速≤120 km)列车共线运行且一次铺设无缝线路的Ⅰ级铁路,均根据国外高速铁路、公路的经验提出了设置“过渡段”的要求,即在路堤与桥梁间应设置一定长度的过渡段,用于控制轨道刚度的逐渐变化,最大限度地减少因路堤与桥梁的沉降不均匀而引起的轨面变形;在路堤与横向结构物(立交框构、箱涵)以及路堤与路堑的连接处应设置过渡段,重点控制支撑轨道的基础刚度不发生突变,使轨道纵向基础刚度更趋均匀;同理,土质(软质岩、强风化硬质岩)路堑与隧道的连接处为了控制基床的刚度变化应设置刚性过渡段。在既有线路基连接处,由于以往建设标准较低未有设置过渡段的结构要求,且在行车条件的制约下不可能按照新线标准进行处理,通常采用的是对基床部位进行表层补强、表层换填或桩体加固;对基床底层及路基本体部位进行液压注浆、高压喷射注浆,以提高路基连接处的强度与刚度。

2.路基基底病害的整治原则

由于地基土层的分布、土的工程性质比较复杂,而且具有区域性,因此在跨越辽阔地域的铁路路基工程中,处理地基问题、整治基底病害也增加了复杂性。在此,仅针对前述的软土及松软地基、岩溶与采空两大类地基问题所引起的路基基底病害,就共性的整治原则进行阐述。

软土及松软地基在上部荷载作用下引发的路基基底病害,最显著的表现特点为地基承载力低、沉降变形大,容易导致路基本体产生较大的不均匀沉降,而且沉降稳定历时比较长。因而,在工程中属于最需进行加固的地基。在新建铁路上,加固方法大致分为三类:一是改善荷载法,包括改变本体填料减轻荷重或本体底部设隔垫层、边坡设反压护道以改善荷载结构形式;二是改善地基法,通过置换、排水固结、加筋、灌入固化物、桩体挤密加固等方法提高地基承载能力;三是综合法,即采用两种或两种以上的措施综合运用。在运营线上,上述整治方法因受行车条件的限制,难以广泛照搬套用,仅在软基病害十分严重、另设便线行车、采取揭盖施工的情况下方可选用。一般情况下,在不间断行车的既有路基上处理松软地基问题只能在边坡部位的基底或边坡坡脚部位进行工程处理,通常根据现场病害情况选择采用反压护道、抛石挤淤、注浆加固、侧向约束、局部复合地基等措施。

岩溶与采空地基在上部荷载作用下引发的路基基底病害,最为突出的表现特点为地面塌陷成坑,导致路基突发性地下沉坍塌,直接危及铁路的行车安全。由于岩溶与采空洞穴多属隐患,在整治之前应利用综合勘探方法,如物探、钻探、钎探、触探等行之有效的手段,着重查明地质与水文条件、地面塌陷的宏观原因、洞穴的位置与形态以及充填情况,并在此基础上分析、研究洞穴的发展与线路的关系,合理选择恰当的工程处理措施。在新建铁路路基遇岩溶与采空洞穴与由此引发的地面塌陷时,一是夯实回填;二是采用梁跨、板跨、拱跨等结构形式进行跨越;三是采用各种类型的桩、浆砌片石支柱、混凝土块、锚杆等进行加固;四是压浆处理。在既有铁路上,岩溶与采空的洞穴与塌陷具有多发性与突发性的特点,一旦发生应首先采取抛片石回填、线路扣轨等应急措施,保证轨道的安全,然后根据综合勘探成果进行永久性的工程整治。由于在运营线上处理岩溶与采空的洞穴与塌陷,要求工期短、见效快,要将对行车安全的干扰减少到最低程度,因此最常用也最适用的方法是液压注浆。此外,既有铁路对岩溶水的处理,可设置渗水暗沟、截水墙、截水洞对岩溶水进行截流与疏干;可设置泄水洞、管道、明沟进行排泄;或为保持岩溶泉正常出水可设置围堰。

(二)路基连接处及基底病害的常用整治方法

在既有铁路路基连接处及基底病害的常用整治方法中,用于加强路基过渡段的基床表层补强、表层换填以及基床桩体加固等方法在本章第二节已有介绍;用于加固地基的挤密桩、改

性桩复合地基方法近似于基床桩体加固方法；用于处理岩溶水的截流、排泄以及围堰等措施属于路基基底病害整治的辅助方法，故毋庸赘言。本节重点介绍现场应用较多的直接用于加强地基的处理方法，如灌入固化物的方法和近年来发展较快的复合地基（由天然地基与加固桩组成）技术，包括液压灌浆、布袋注浆桩、高压旋喷桩等。此外，对于在软弱地基段常用的反压护道、抛石挤淤、侧向约束等传统方法作一简介。

1.液压灌浆

液压灌浆是灌浆法的一种，即用液压原理，将能固化的浆液注入需加固的天然地基内，以改善原地基的物理力学性质。在既有铁路，对于路基连接处、软土与松软地基以及岩溶与采空地基的加固，通常采用液压灌浆的方法，以达到加固（提高岩土的力学强度和变形模量）、堵漏（封填孔洞、堵截流水）、防渗（降低渗透性、减少渗透量）的目的。

依据灌浆原理，液压灌浆可归纳为渗入性灌浆、劈裂灌浆和压密灌浆。渗入性灌浆所用的灌浆压力相对较小，一般适用于渗透性较好的砂砾石和杂弃填土等松散地层的加固，浆液在灌浆压力作用下克服阻力渗入孔隙和裂隙，吸浆量及浆液扩散距离随压力增大而增大，地层结构在灌浆过程中不受扰动和破坏。劈裂灌浆所用的灌浆压力相对较高，其理论是浆液在灌浆压力作用下克服地层的初始应力和抗拉强度，使其沿垂直于小主应力的平面上发生劈裂（即人造裂隙），从而使低透水性地层的可灌性和浆液扩散距离增大，因此除应用于岩基和砂砾石地层外，尚有实例应用于提高黏性土与软土地基承载力的加固工程中。压密灌浆是通过钻孔注入流动性很小的浓稠浆液，在注浆点周围形成灯泡形空间挤压加固地基，其设备和工艺有专门的要求。现场常用的花管注浆、套管注浆、袖阀管注浆等均主要基于前两种原理，其中以袖阀管注浆因其工艺特点及良好的灌浆性能成为目前较为先进的一种灌浆工法，应用最为广泛。

在既有路基的灌浆加固工程中，一般采用水泥系浆材。水泥的主要特点为结石力学强度高，耐久性较好且无毒，料源广且价格较低，以普通硅酸盐水泥应用最广，某些特殊条件下亦可采用矿渣水泥、火山灰水泥等。为克服普通水泥浆容易沉淀析水的缺点，提高水泥浆液的稳定性；为在大规模灌浆工程中降低水泥的耗量，可采用在水泥浆中掺入黏土（膨润土更佳）或砂或粉煤灰，用各种方法提高水泥颗粒细度，适量掺入各种附加剂（速凝剂、缓凝剂等）改善水泥浆液性质等措施。此外，混合型浆材在加固软弱土层和解决地基特殊工程问题中亦被广泛应用，尤其水玻璃水泥浆材用途广泛、效果良好、造价适中，具有速凝、早凝、结石率高、抗压强度高等特点。灌浆工程中对浆材及配方的设计十分重要，主要的内容有：①浆液的可灌性；②浆液的流动性；③浆液的析水性；④浆液结石的抗渗性；⑤浆液原材料及凝固体的无毒性；⑥浆液的特殊要求；⑦浆液的凝结时间；⑧工程造价分析。

灌浆工程应注重对灌浆效果的检查，即检查灌浆后地层的物理力学性质改善到什么程度。常用的方法有：一是防渗工程较广泛采用的方法，即在灌浆体内钻孔（检查孔数为总灌浆孔数的5%～10%）并压水、注水或抽水，从而测定地基的渗透系数；二是较可靠的方法，即通过钻孔从灌浆体内取出原状样品送实验室试验，对灌浆效果作出比较确切的评价；三是经验方法，即现场分析地层的耗浆量（正常情况应接近理论值）和耗灰量降低率（随加密次序的增加而逐渐减少）进行判断。灌浆效果与灌浆质量是不完全相同的概念，灌浆质量高不等于灌浆效果好，即使灌浆的设计和施工都符合规范，但灌浆效果不理想也应进行补充灌浆。关于对岩溶采空洞穴引发的地面塌陷、软土与松软地基以及路基连接处进行灌浆加固的设计(浆材品种规格、浆液性能、注浆孔位、加固深度、钻孔角度、灌浆压力等)与施工工艺详见有关技术手册。

2. 柱状布袋注浆

柱状布袋注浆方法是软土分层注浆技术和土工织物综合应用的施工新工艺,以土工织物袋和注浆浆液形成似圆柱状硬化体对软土地基进行加固。该技术在国际上尚未有报道,但国内已有成功的工程应用实例。该方法形成的布袋注浆柱主要有以下三方面的功用。一是排水作用,土工织物袋作为排水通道,袋内浆液中的水分在压力作用下排出后可降低袋内水灰比,提高硬化体的密度与强度,袋外土体中的水分受相邻袋注浆影响存在超孔隙水压时亦沿着织物纤维排出从而加速土体的固结;二是隔水作用,因浆液在土工织物袋内的压力大于袋外周围的被动土压力,故袋的隔离作用使得浆液通过膨胀织物袋形成较规则的注浆体,从而达到挤密土体的目的;三是加筋作用,由于土工织物袋的抗拉强度较高,即使注浆采用强度较低的浆液也能起到在土体中加筋的作用。因此,柱状布袋注浆法在地基处理工程中得到应用并正在推广,它的适用范围包括,可以堵塞地下空洞;可以作为防渗帷幕或地下挡土墙;可以形成复合地基承受建筑物荷载等。

柱状布袋注浆法如图 3—43 所示,工艺流程中值得注意的是,套在注浆塑料管外的土工织物袋应符合设计深度,每隔 50 cm 扎绳一道并用铁丝扎紧两端以保证注入袋内的浆液不从两端溢出,同时自下而上逐节压入的注浆量应大于土工织物袋的体积。为保证注浆质量,对土工织物袋和浆液原材料有材料上的要求,土工织物袋一般选用 ϕ300 mm 卷筒型的经纬密织的尼龙纤维袋;扎绳选用牛筋或细铅丝;浆液配方由水、膨润土、粉煤灰、水泥、外加剂组成,其中水泥结块颗粒大于 0.5 mm、磨细粉煤灰结块颗粒大于 5 mm 时不宜使用。有关柱状布袋注浆法的设计与施工可参见有关技术文献,有关灌浆施工的技术与质量要求详见有关技术手册与规范。

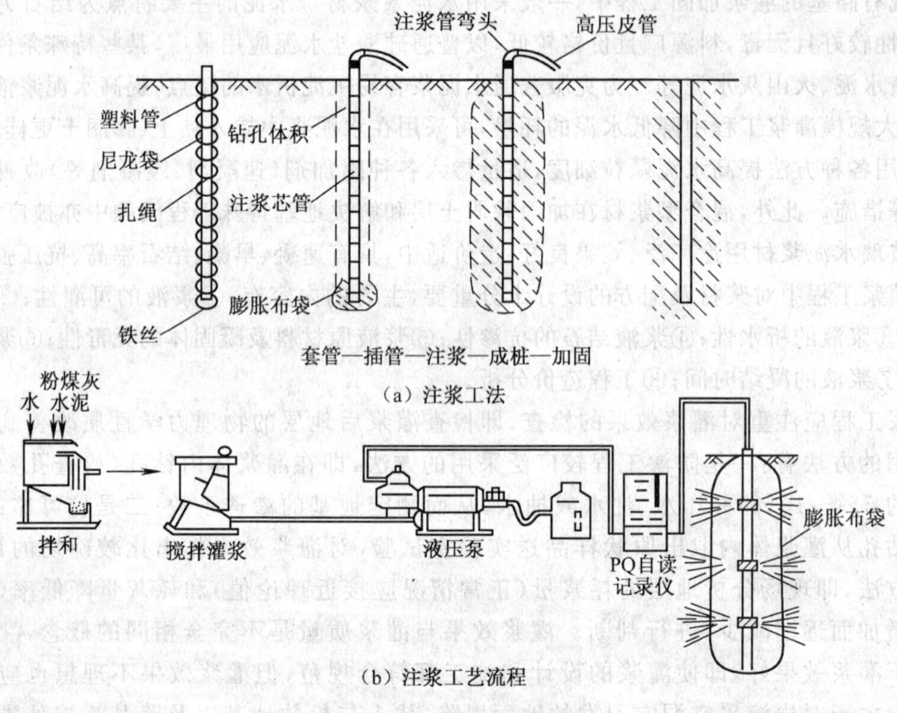

图 3—43　柱状布袋注浆法

3. 高压旋喷注浆

高压旋喷注浆方法又称"旋喷法"，是20世纪70年代初期开发的一种新型地基加固技术，迄今已得到广泛的应用。高压旋喷注浆最初为单管旋喷，后又发明了同时喷射高压浆液和压缩空气的二重管法以及同时喷射高压清水、压缩空气和低压浆液的三重管法，经过不断改进已成为实用化的方法。该注浆方法克服了传统静压灌浆法的缺点，静压灌浆不搅动土层、浆液靠压力渗透，主要适用于砂类土，虽也可应用于黏性土，但在很多情况下由于土层和土性的关系，注入剂难以渗透到颗粒的孔隙中，出现加固效果不明显的情况；而高压喷射注浆则是将注入剂形成高压喷射流，借助射流切削破坏土的结构与土粒混合成固结体（即"旋喷桩"），从而较好地达到改良土质的目的（图3－44）。

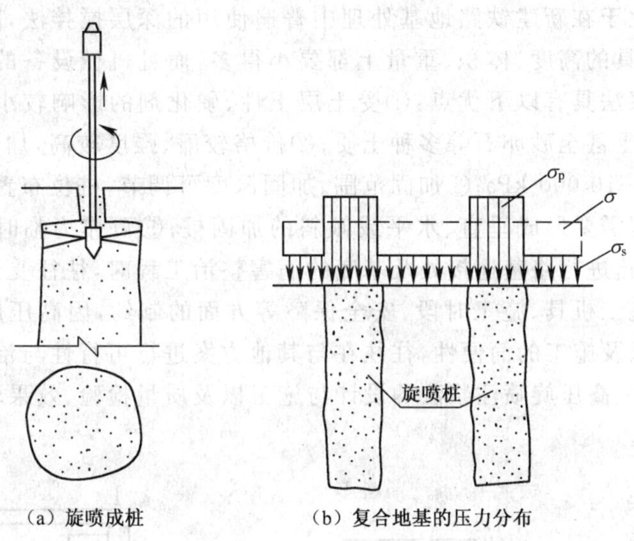

图3－44　旋喷桩复合地基

根据加固原理，旋喷注浆法加固地基通常为两个阶段：第一为成孔阶段，即采用钻机成孔或驱动喷射管和带有横向喷嘴的特制喷射头进行成孔，成孔时采用钻孔或振动方法，使喷射头达到预定的深度。第二为加固阶段，即用15～40 MPa压力、100 m/s以上的喷射速度，通过喷射管由喷射头上的横向喷嘴将高压水泥浆或其他硬化剂向土中喷射（边旋转边提升），通过高压射流切削四周土体并与之搅拌混合形成圆柱状的水泥土加固体，即通常说的"高压旋喷桩"，有时根据地基加固工程的需要也可以形成片状加固体。高压旋喷桩作为复合地基的一种具有其特性：一是水泥土加固体的强度。因水泥的加入从根本上改变了天然土体结构，形成特殊的水泥—土空间网络结构，同时水泥水化产生的结晶物成为其强度主要的来源与组成部分，大大改善了原有天然土体的强度，砂性土加固体的强度增长规律与砂浆、混凝土相似，黏性土加固体强度延续时间长并呈后期强度持续上升的特征。二是水泥土加固体应力—应变特性。水泥土不但强度由1 MPa到约10 MPa变化幅度很大，应力—应变特性也存在差别，水泥含量低（5%）时应力—应变曲线较平缓且应变值很大后才出现强度破坏峰值，而水泥含量高（25%）时则应变值很小就达到强度峰值且曲线骤然下降呈现脆性破坏。三是复合地基破坏特性。复合地基存在桩、土的荷载分担比，其承载力取决于桩（桩类、桩径、桩距、强度）和土（强度、固结条件）的特性，其中旋喷桩破坏形式分为桩身破坏和桩土体系破坏，水泥含量低(5%～15%)的桩由桩强度控制其承载力，而水泥含量高(25%～35%)的桩承载力则取决于桩—土体系(桩侧摩擦力和桩尖反力)的强度。

高压喷射注浆法目前尚未有系统专用机具，施工时因地制宜进行选择(图 3－45)。主要的机具包含：①高压泵。包括高压泥浆泵和高压清水泵，通常要求高压泵的压力能在15 MPa以上，流量和压力方面应具有适当的调节范围。②钻机。通常是专用特制的，也可按照喷射工艺要求(提升速度和旋喷速度)对一般勘探用钻机加以改制，但应保证其灵活性及功能要求。③其他机具包括喷射管(由导流器、钻杆和喷头组成，其构造根据所采用的单管法、二重管法、三重管法而有所不同)、喷嘴(是将液体压能最大限度地转换成射流动能的装置，通常有圆柱形、收敛圆锥形、流线型)和记录控制仪表(主要记录泵的压力、流量和空压机送风量)。对比于在新建铁路地基处理中普遍使用的深层搅拌法，高压喷射注浆法的施工机具无论在机具的高度、体积、重量上都要小得多，而且机械设备的构成亦相对简单。同时，高压旋喷注浆法具有以下优点：①受土层土性、硬化剂的影响较小，可广泛适用于淤泥、软弱黏性土、砂土甚至砂卵石等多种土质；②价格较廉、强度较高，加固桩体在不同土质中的强度可为 500～10 000 kPa；③加固范围、加固深度可调节，桩位布置灵活；④采用相应的钻机，可根据工程需要形成垂直、水平或倾斜的加固桩；⑤可作为临时措施，也可作为永久加固。对既有铁路进行路基连接处及基底的病害整治工程时，往往受到运营铁路的行车条件对施工部位、施工机具、施工时段、安全保障等方面的制约，因高压旋喷注浆技术的良好适用性、灵活性以及施工的简便性，往往在与其他方案进行可行性与治理效果比较后，得到较广泛应用。有关高压旋喷注浆法的设计与施工以及质量检验、效果验证等内容详见有关技术手册与规范。

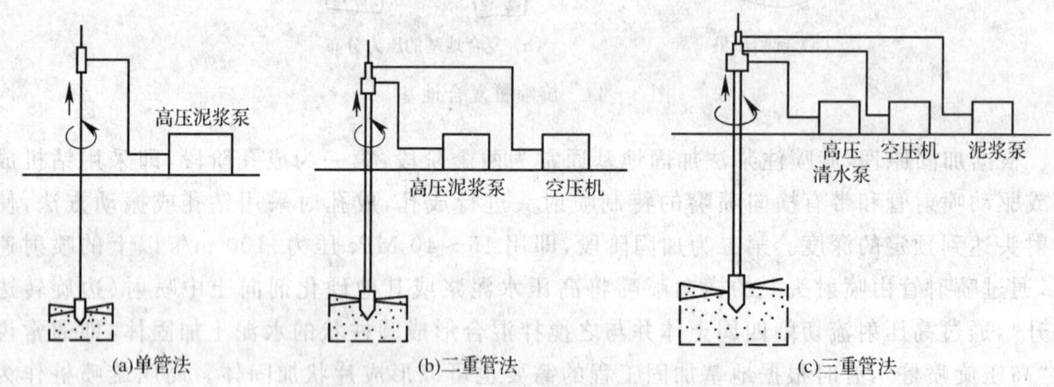

图 3－45　高压旋喷注浆法施工工艺示意图

4. 传统方法

(1)反压护道

反压护道是依据力学平衡原理，在路堤两侧(或一侧)用土、石填筑一定宽度和高度的护道增加稳定力矩，对路堤边坡坡脚进行反压，使软弱地基土不致被剪切滑动和外挤隆起，能有效保证路堤的稳定(图 3－46)。这种方法施工简便，不需要控制填土速率；但土石方用量多、占地面积大，仅适用于非耕作区和填料来源容易的既有铁路路堤段；另沉降后续时间较长，给轨道养护遗留困难。

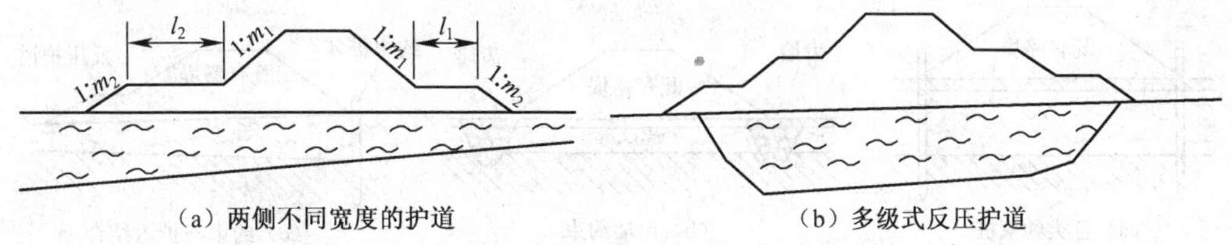

(a) 两侧不同宽度的护道　　(b) 多级式反压护道

图 3－46 反压护道示意图

反压护道必须首先保证本身的稳定状态。反压护道一般采用单级式，其技术要求包括：护道高度不能超过天然软弱地基的填筑临界高度，一般采用路堤高度的 1/3～1/2；护道宽度应通过稳定检算确定；当软土层较薄且下卧岩层有明显横向坡度时，路堤两侧应采用不同宽度的反压护道且横坡下方护道应比上方护道宽。

为减少反压护道宽度，可采取反压护道加砂垫层、反压护道加土工织物等措施。前者系护道稳定性检算达到要求后在护道底部增设 0.6～1.0 m 厚的粗、中砂垫层以促进基底排水固结；后者系由计算确定护道宽度与土工织物层数，在护道底部增设透水好强度高的土工织物(其上下各铺 0.3～0.5 m 砂垫层)，增加软土面抗剪强度和加速基底排水固结。

(2)抛石挤淤

抛石挤淤系在液性指数较大的软土中，抛投片石将软土、淤泥挤出，提高地基强度的一种强迫换土形式(图 3－47)。这种方法适用于路基基底缓慢下沉、坡脚有软弱土挤出的既有铁路路堤段，这样的路段一般是软土层厚度＜3 m、表层无硬壳、水不易抽干、能使片石沉底的积水洼地。

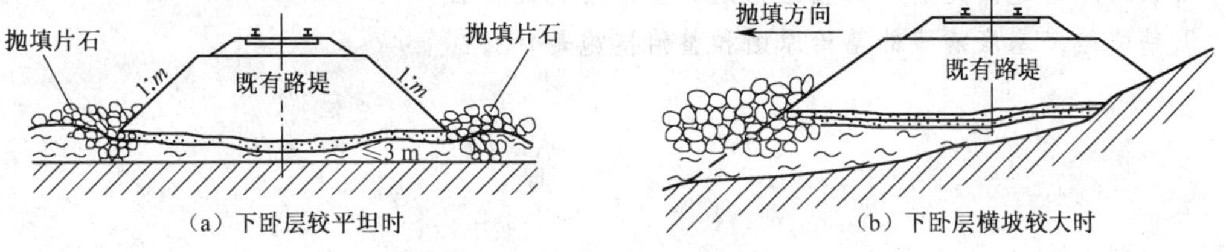

(a) 下卧层较平坦时　　(b) 下卧层横坡较大时

图 3－47 抛填片石

片石抛填的宽度、厚度应由稳定性计算确定。石块的大小视软土液性指数而定，一般直径不宜小于 0.3 m。抛投片石时应从路堤坡脚内侧开始逐渐向外，分层抛填，抛出水面后进行碾压，然后根据需要在上铺设反滤层及填土。当软土地基下卧岩层面有明显的横向坡度时，横坡下方侧应适当多抛填一些片石，以求路堤的稳定。

(3)侧向约束

侧向约束(图 3－48)是在软土路堤两侧坡脚附近打入桩体或设置墙体，限制基底软土的旁挤，从而保持基底的稳定。当软土层较薄、下卧有坚硬土层时，可紧靠路堤坡脚打入圆松木桩(木桩直径可较小但排列要密)、钢板桩或钢筋混凝土桩，桩尖应深入下卧土层中，防止桩体浮起、平移或倾倒。当软土层较薄、下卧有岩层时，应选用各种形式(一般采用倒梯形齿墙)的浆砌片石挡土墙，基坑开挖前应用钢板桩加固，严禁无支撑开挖。

侧向约束的方法较之于反压护道，虽耗费水泥、钢材或木材以致成本较高，但可节约土方和少占用地。在既有铁路上，对于软土层较薄、底部有坚硬卜卧层、下卧层面具有横向坡度的软土路堤段，在施工期紧迫的情况下尤其适合，采用此方法成功防治路堤软基滑坍的工程实例也不少。

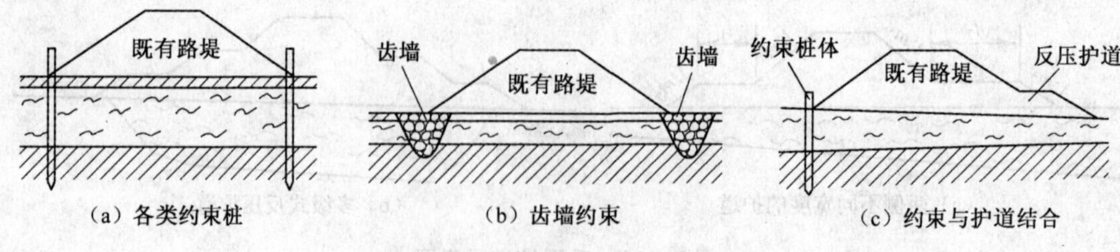

图 3－48　各种形式的侧向约束

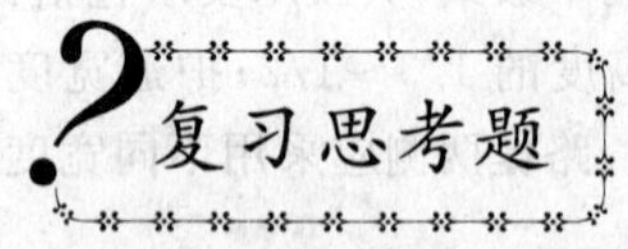

1. 名词解释：滑坡、边坡溜坍、道床翻浆、滑坡壁、滑坡轴、砌石护坡、喷混植生、素喷防护、土钉墙、抗滑桩、岩溶。

2. 既有铁路路基主要的常见病害大致可分哪几种？

3. 简述基床病害常用整治方法的原理与适用条件。

4. 简述铁路路基边坡常见病害的类型与成因。

5. 简述铁路路基边坡的整治措施。

6. 简述支撑防护的各种措施的特点。

7. 铁路路基连接处的病害原因有哪些？

8. 铁路路基连接处病害的整治原则和整治措施是什么？

9. 铁路路基基底病害的整治原则和整治措施是什么？

第四章
路基监测

第一节　路基监测概述

一、路基监测的目的

路基是轨道的基础，是经过开挖或者填筑而形成的土工建筑物，这种建筑物要进行专门的设计，对其工作状态要进行终生的监测与健康诊断，以保证线路的正常运营。路基是一种开放的岩土系统，它不断地与大气及环境有着物质和能量交换，处于相互作用之中，在这个过程中路基的几何状态、物理力学状态会发生变化。路基监测就是要记录这些变化，对其变化进行定性或定量的评价，掌握路基工作状态及其发展趋势，在此基础上制定路基维护计划，及时对潜在危险地段进行整治。路基的监测要持续进行，不断地进行路基状态评价，即不断地对路基进行监测—评价—预测—整治—再监测—再评价—再预测—再整治，通过终身的监测与评价，保证路基始终处于良好的工作状态，这就是路基监测的目的。

二、路基监测的内容

根据《铁路路基设计规范》和《铁路路基施工技术规范》的要求：路基监测的内容主要包括路基面的几何形状、路基面的变形、非均匀沉降、基床厚度、路基基底的沉降，基底的侧向变形，水分状态监测、动态响应监测、孔隙水压力监测、环境影响监测、冻土区路基温度监测等。按照监测的时间又可划分为施工期监测与长期监测。施工期监测主要是为了保证施工期间路基的稳定性。

三、路基监测的原则

1. 监测点应设在观测数据容易反馈的部位。地基条件差、地形变化大和设计问题多的部位和土质调查点附近均应设置观测点，桥头纵向坡脚、填挖交界的填方端、沿河、临空等特殊路段均应酌情增设观测点。

2. 无论在路堤的纵向还是横向，测点越多，测得的结果越能反映路堤真实情况。但测点多，无论费用、测试工作量、测点保护工作量都会增加，而且测点会对施工造成不便。从满足监测需要与施工便利性考虑，一般路段沿纵向每隔 100～200 m 设置一个观测断面，桥头路段应设置 2～3 个观测断面。

3. 沿河、临河等临空面大且稳定性差的路段，必要时应进行地基土体内部水平位移的观测。对于成层软土地基需进行土体内部竖向和水平向位移观测。

4. 测点的设置不仅要根据设计要求确定，同时还应根据施工中掌握的地质、地形等情况增设。

5.在施工期间位移观测应每填筑一层土观测一次；如果两次填筑时间间隔较长，每 3 d 至少观测一次。路堤填筑完成后，堆载预压期间的观测应视地基稳定情况而定，一般半月或每月观测一次。对于孔隙水压力的观测，每填筑一层后，应每隔 1 h 观测一次，连续观测 2～3 d。

6.当路堤稳定出现异常情况而可能失稳时，应立即停止加载并采取果断措施，待路堤恢复稳定后，方可继续填筑。

7.沉降和稳定等观测点最好设在同一横断面上，这样有利于测点保护，便于集中观测，统一观测频率，更重要的是便于各观测项目数据的综合分析。

8.观测频率应与位移速率相适应，位移越小，观测频率越小；反之位移越大，观测频率越高。一般路堤在极限高度以下，位移较小，观测次数可少些。极限高度以上填筑时，路堤极易失稳，因此，要求每填一层均要观测，间歇期要增加测次；当位移曲线骤然变大时，更要跟踪观测，分析原因，并考虑是否需要采取措施。

第二节　路基监测常用方法

一、变形监测技术

变形监测主要包括地表位移和土体内部位移，位移方向包括竖向位移和水平向位移。水平向位移又包括垂直路堤中心线的横向水平位移和平行路堤中心线的纵向水平位移。沉降及水平位移观测，通常可在地表上安设固定标点，用精密水准仪、经纬仪等仪器，按精密测量方法求得。地基及路堤内部的沉降通常采用电磁式分层沉降仪或分层沉降板观测。测点沉降时，埋入不同土层深度中的标点或磁环也发生沉降，计算其与初始位置的差值，即可求出测点某一深度的沉降增量。深层土层的沉降，也可用刚性标杆引出地表，用地表测量方法测量。土层内部的水平位移一般用测斜仪来测量。沉降与水平位移观测应配合进行，沉降已基本稳定或已基本掌握其变化规律后，可根据工程重要性适当减少测试次数或停止观测。

(一)地表沉降观测

地表沉降观测对控制和保证软基路堤、高路堤等工程质量，确保工后沉降量满足设计要求非常重要。通过系统连续、正确、完整的观测及分析，可掌握、控制工程地基沉降量，预测沉降趋势，验证和指导工程设计及施工。

(1)沉降观测的精度指标及频率

①沉降观测的精度指标。通常与沉降量有关。沉降量越小，观测精度要求越高。在铁路路基施工中，沉降量的变化与路堤填筑、预压、铺轨及运营等四个阶段相关。

②沉降观测的频率。取决于沉降量的大小、加载方法和观测目的等。通常要求观测的次数能反映出沉降变化的过程，又不遗漏荷载变化的时刻。

(2)沉降观测的实施

①沉降板的制造及埋设

如图 4－1 所示，沉降板由 200 mm 长、直径为 24.4 mm 的钢管和600 mm×600 mm×9 mm的沉降板组成，底部钢管用互成 120°角的撑脚三角板焊接在沉降板中心处，节管用管箍连接。节管顶部用护管帽盖住。施工人员按设计的桩号断面将沉降板埋在铺好的砂垫层下。实际操作时，当第一层土压实后，在压实面上挖土坑(深度为 20～30 cm)，铺上5 cm左右的砂垫层，层面要水平，将沉降板放在砂垫层上，管顶应低于压实面 5～8 cm，随即测量管顶至底板

的高差，填土夯实至管顶，并测量管顶高程(初读数)，当第二层土施工完毕后，在管顶位置接上第二节钢管。观测时，每节管的顶面有上、下管顶高程，下节管顶高程用于计算第一次沉降量，上节管顶高程作为下次计算沉降量的数据。循序逐节升高，重复上述工作。

路基填筑过程中，由于路堤荷重的作用，使路堤坡脚处可能产生水平位移和垂直位移，因此在沉降板埋设断面的一侧坡脚处要设置若干垂直于路基的位移桩。如果路基经过地基处理，且能满足压实要求，可以不埋设位移桩。

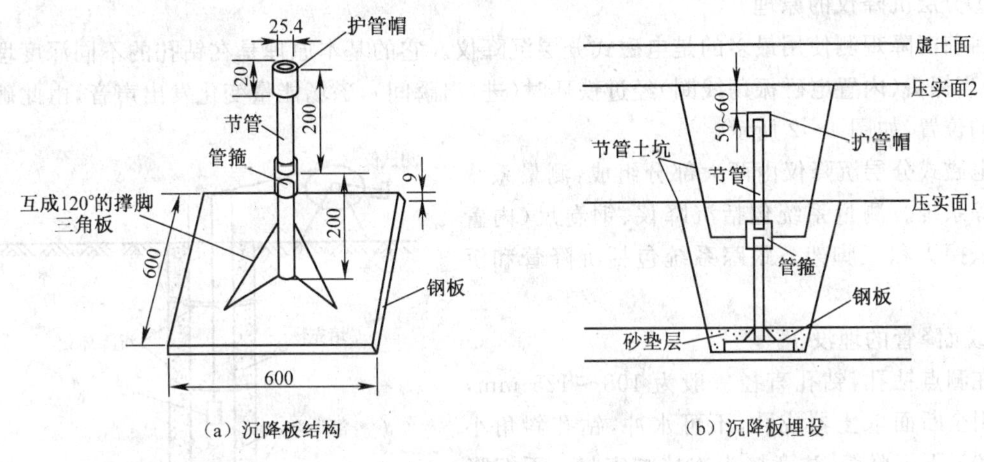

图 4-1　沉降板示意图(单位:mm)

②水准点布设及转置桥上水准点

水准点应选在距线路中心线 50 m 外、土质坚硬、便于长期保存和使用的地点，并埋设混凝土水准标石。路堤升至一定高度时，为了减少沉陷观测由地面水准点传递到路面的高差影响，可将水准点转设到有灌注桩的桥台上，钻孔埋设有球状顶面的水准标点。桥台水准点用三等水准往返观测，高差闭合差为$\pm 12\sqrt{n}$ (n 为测站数)。

③水准仪及水准尺

二等水准测量仪器采用 DS_1 型精密水准仪，配用水准尺；三、四等水准测量采用 DS_3 型水准仪，配用 3 m 长的红、黑面木质水准尺。水准仪各部分转动应灵活，望远镜制、微动螺旋作用应可靠，调焦镜运用及目镜调节不能有明显的晃动现象。每次观测前除检验圆水准器、十字丝位置正确性、自动安平水准仪补偿器灵敏度等项目外，必须正确进行 i 角的检验。DS_1 型水准仪 i 角不应超过 15"；DS_3 型水准仪 i 角不应超过 20"。

水准尺必须牢固无损，尺底不应有松动，尺面不能有弯曲。水准尺必须装有圆水准器，不符合要求不能使用。需要指出的是：大多数施工队习惯用塔尺进行沉降观测，这是不允许的。因为塔尺上没有圆水准器，尺子的垂直度难以控制。若尺子前后有倾斜，加上风的影响，则尺上 3～5 m 处的读数误差影响可达 5～10 mm。

(3)沉降观测的外业

为了提高沉降观测精度，应按下列要求进行操作。每期观测做到四个固定：固定观测人员；固定仪器及水准尺；固定后视尺读数；固定测站及转点。观测时必须携带尺垫，严禁用砖石或不设尺垫作为转点。每次观测结束后，应及时填写沉降观测记录。

(4)沉降观测的成果整理

成果整理时，首先检查数据和计算是否正确，观测限差是否符合要求，文字说明是否齐全。计算两期观测的沉降量和累计沉降量。为了清楚地表示时间、填土高度和沉降量之间的关系，应绘制沉降点的时间—填土高度—沉降量的关系曲线。

(二)土体内部沉降观测

土体内部沉降观测目前主要有分层沉降仪量测和剖面沉降仪量测。

(1)分层沉降仪量测

①分层沉降仪的原理

目前沉降观测使用最多的是电磁式分层沉降仪。它的基本原理是在钻孔的不同深度埋设铁环，当探头(内置电磁振荡线圈)经过铁环时(进、出瞬间)，磁场能量变化发出声音，由此确定铁环的位置，如图 4—2 所示。

电磁式分层沉降仪由两大部分组成：测量系统和跟踪系统。测量系统包括沉降仪、钢卷尺(内置电缆)、探头和三脚架。跟踪系统包括沉降管和沉降环。

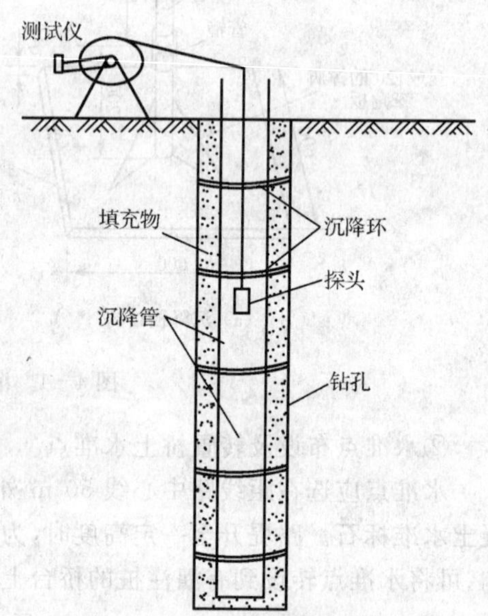

图 4—2　电磁式沉降仪工作图

②沉降管的埋没

在测点钻孔，钻孔直径一般为 108～125 mm，最好用全断面取土器成孔，不可水冲，钻孔斜角小于1/100。下沉降管，注意接头连接与密封。下沉降环，按设计要求每间隔一定距离放置沉降环(土体中一般2.0 m一个)，从下往上，用送环器沿管壁下放，到规定深度后放开叉簧片，使其固定于土体中。每埋一个沉降环，及时进行回填，直至上一个沉降环位置。整个钻孔沉降环埋设结束后，进行第一次测量，记录下环的初始位置，并及时测量孔口高程。作好埋设记录，内容包括：工程名称、观测孔编号、孔深、孔口坐标、高程、沉降环数量、初始位置、主要埋设人员、日期等。

③测试

每次必须测量孔口高程；对每一沉降环均应重复测量；应同一人、同一仪器测量同一只孔。

(2)剖面沉降仪量测

①剖面沉降仪的原理

为了测量整个连续剖面上土体的垂直沉降，可在某个土层中埋设柔性导管(通常为聚氯乙烯管，其强度可根据上覆土层的压力控制制造)，用拉绳控制探头在导管内作水平移动。在测线外设置一个基准点，根据各测点与基准点差计算出测线上各点的相对高程，前后两次相对高程之差即为沉降，如图 4—3 所示。

剖面沉降仪有水压式沉降仪、水平测斜仪和振弦式沉降仪，振弦式使用较少。其中，水压式剖面沉降仪是通过测量测线上各测点与基准点的水位差来量测沉降的。该仪器由探头、充满液体的管路、液体容器、信号电缆及测读仪组成。量测时，将沉降探头放入填土的沉降管中，它通过充满液体的管路与液体容器连接，由传感器测得探头内液体的压力，进而得出探头与容器内水位的高差；由不同测点处具有的不同水位差，可以测出待测点的相对高程，再用水准仪

测出管头的绝对高程。水平测斜仪式剖面沉降仪由探头、信号电缆及测读仪等组成，其敏感原

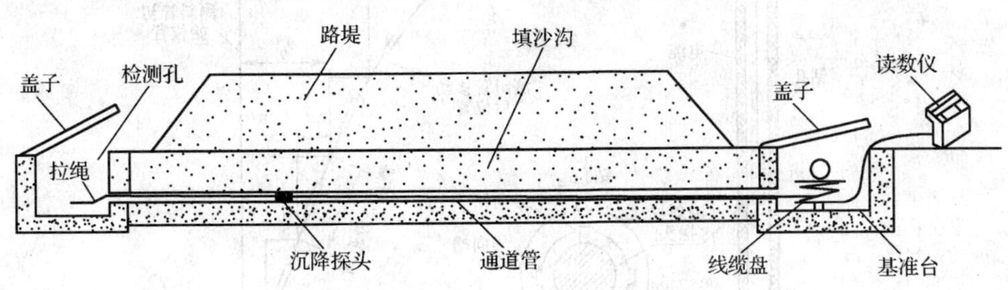

图 4－3　剖面沉降仪测试原理图

件是高精度伺服加速度计。测量时，将探头沿管子移动，每移动一个标准段长度就记录此时的输出电压，通过电压和沉降之间存在的定量关系，进而量测沉降。剖面沉降仪也可用于地表沉降观测。

②导管的埋设及其他准备

测线定位要求准确、平直。开沟，沟宽 30～50 cm，深度 40～60 cm，若上部有大型机械施工时深度要更大，沟底部平整、夯实，铺一层5～10 cm的细砂。预先在导管中放置一根拉绳(测绳或细钢丝)，铺设导管，使用水平测斜仪式剖面沉降仪时，铺设的导管应在每管两头槽口上作好标志，不得扭曲。导管放好后回填砂土并压实，遇到交通道路段时应作特殊加固处理。埋设完毕后将探头在管中试行滑动，检查是否顺利，若不顺利，则挖开堵塞处重新埋设。使用钢弦式剖面沉降仪时，应在距导管出口处不远的地方选择一处不受沉降影响的基准点，砌制水泥基准台，基准台表面水平，其高度略低于导管可能到达的最低点，并测量其坐标、高程。作埋设记录，内容包括：工程名称、测线坐标、导管长度、导管出口处坐标高程、基准点坐标高程、埋设人员、日期等。

③测试

测试前所用仪器必须经过测定。使用水压式和水平测斜仪式剖面沉降仪时先在孔口处调零；使用钢弦式剖面沉降仪时，先在基准台上调零。测试时位于导管两边的两位人员应协作配合，当距离较大或中间土体挡住视线时可使用对讲机联系。每次测试时均应测量两出口处坐标、高程。每次测试必须测量温度，并根据厂方提供的温差校准曲线进行校准。

(三)土体水平位移观测

(1)测斜仪工作原理

目前测量土体内部的水平向位移及其方向时大多使用测斜仪。它的工作原理是测量测斜管轴线与铅垂线之间的夹角变化，从而计算土体在不同高程的水平位移。一般先在土体中埋设一竖直互成 90°的带有 4 个导向槽的管子(铝合金或 PVC 塑料管)。管子在土体中受力后发生变形，这时将测斜仪探头放入测斜管导槽内，每间隔一定距离(通常为0.5 m)测量变形后管子的轴线与垂直线的夹角，按下式计算不同高程处的水平位移增量 Δd_i：

$$\Delta d_i = L\sin\theta_i$$

测得各分段位移后，可由测斜管底部或顶部为基准开始累加，求得任一高程处的实际位移数值。测斜仪的工作原理如图 4－4 所示。

(2)测斜管埋设步骤

①钻孔，要求定位准确，倾斜度小于 1°；钻孔直径与测斜管匹配(比测斜管略大)。检查测

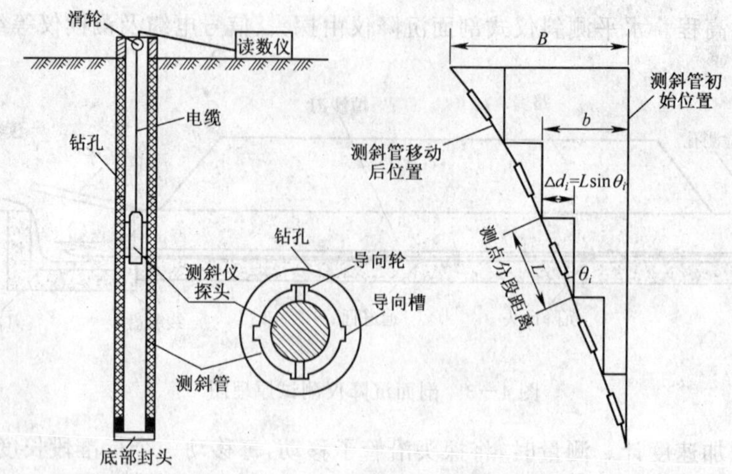

图 4－4　测斜仪工作原理图

斜管，下管前必须对测斜管进行检查。对外观质量较差、受力后弯曲变形、老化、受损的不合格管子，应予报废。测斜管底部应用闷头钉好，以防泥浆进入。②下管准备，下管前计算好长度、节数。接头处打好自攻螺丝导孔（导孔直径比螺丝直径略小）。准备好下管时固定用的麻绳或卡口。③下管，用经纬仪确定导向槽的方向，逐节连接下管。下深孔时应采用钻机或吊车等机械设备向管内注入清水，当上浮力太大或钻孔缩孔时，应适当施加压力，但不可将测斜管压弯。④孔壁回填，当测斜孔较浅（一般小于20 m），且埋管与观测时间间隔较长（大于 2 个月）时，可采用细砂回填和自然塌落消除孔壁空隙，但细砂回填时一定要用长钢筋捣动，且间隔一定时间加砂，达到真正密实。当测斜管较深，或埋管与观测时间间隔较短时，应采用孔壁注浆的方法。孔壁注浆有管外注浆和管内注浆两种方法。管外注浆是在管壁外下注浆管，然后用水泥浆泵注入水泥浆。管内注浆则是采用特殊的注浆闷头，将其安装在测斜管底部，然后在管中接上注浆管，由下向上注入水泥浆，直至水泥浆溢出地面。⑤孔口设置，测量测斜管顶端坐标及高程，安装保护盖，测斜管四周砌设混凝土墩，并作好标志。

(3)观测

将探头导向轮卡置在测斜导管的导向槽内，轻轻将探头放入测斜导管中，放松电缆使探头滑至孔底，记下深度标志。当触及孔底时，应避免激烈的冲击。探头在孔底停留5 min，以便在孔内温度下稳定。将探头拉起至最近深度标志作为测读起点，每0.5 m测读一个数，利用电缆标志测读至导管顶端为止，每次测读时都应将电缆对准标志并拉紧，以防读数不稳。将探头调转 180°重新放入测斜导管中，将探头滑至孔底，重复上述步骤。

(4)观测成果

将测得的正、反向数据以测读末位记数，填入标明方向的现场测读记录表中，计算填写侧斜导管观测汇总表，并绘制曲线。

二、应力监测技术

(一)土中总应力测试

(1)测试设备

土中总应力测试一般使用土压力盒及其接收仪，按使用要求分，土压力盒有接触式土压力

盒和土中土压力盒。按采用的传感器不同，土压力盒分电阻应变式、钢弦式和差动电阻式三种，接收仪则相应为电阻应变仪、钢弦频率测定仪和比例电桥指示器。各种土压力盒结构外形基本相同，只是传感器不同。图4－5、图4－6和图4－7所示分别为应变式土压力盒、钢弦式土压力盒和差动电阻式土压力盒示意图。压力盒与土体的接触面对土压力变化较为灵敏，受力时引起钢弦振动或应变片变形，由此可测出土压力的大小。

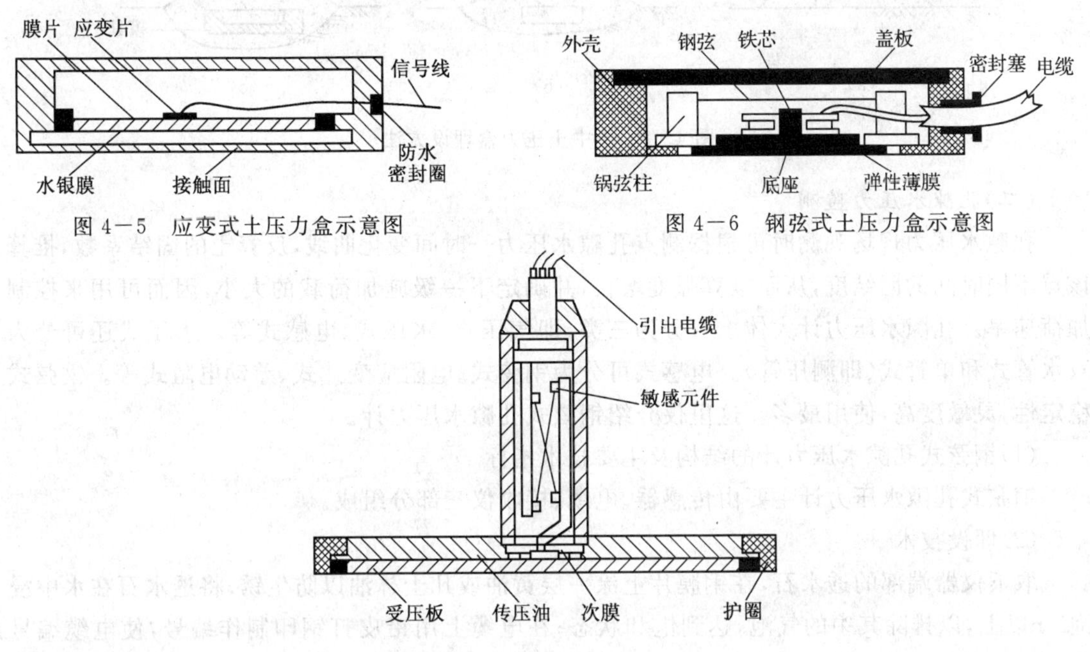

图4－5　应变式土压力盒示意图

图4－6　钢弦式土压力盒示意图

图4－7　差动电阻式压力盒

(2)工作原理

当土压力作用于压力盒承压膜(一次膜)上时，承压膜即产生微小挠性变形，使油腔内液体受压，因液体不可压缩特性而产生液体压力，通过连接管传到压力传感器的受压膜即二次膜上，或使钢弦式传感器的自振频率发生变化，或使差动电阻式传感器的电阻比和电阻值发生变化。对电阻应变片式传感器而言，则使四个桥臂的电阻发生变化。通过测读仪表，测出相应的变化值，经换算即可求得所测土压力值。

(3)埋设要点

埋设土压力盒时，应该避免对土体的扰动，对土与结构物固定的程度(接触式土压力盒)、膜盒与土的接触情况(土的粒径、全面接触或局部接触等)要作详细记录。土中土压力盒的埋设方法如图4－8所示。特别要注意的是，回填土的性状应与周围土体一致，否则，会引起土压力的重新分布。

接触式土压力盒埋设方法，应根据不同工程对象采用不同的方法。在结构物侧面安装土压力盒时，应在混凝土浇筑到预定高程处，将土压力盒固定到预测的位置上，土压力盒承压面必须与结构物表面齐平。在结构物基底上埋设土压力盒时，可先将土压力盒埋设在预设的混凝土块内，整平地面，然后将十压力盒放上，并将预制块浇筑在基底内。

除土压力盒的埋设外，电缆线的埋设也是至关重要的。否则，在施工中容易遭受破坏。各探头电缆按一定路线集中于观测站中，并将土压力盒的编号、规格及埋设位置、时间等记入记录表内。

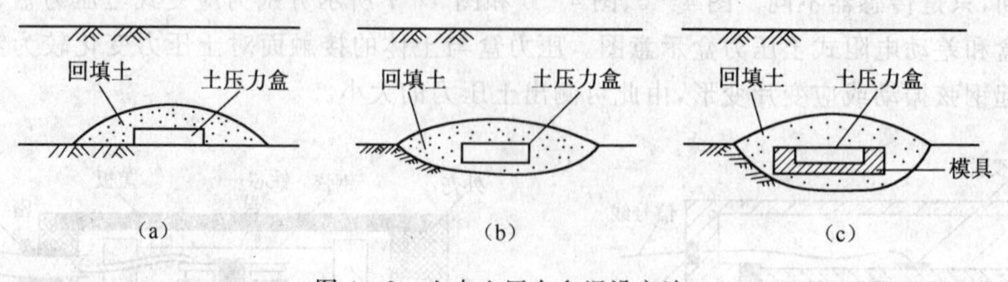

图 4－8 土中土压力盒埋设方法

(二)孔隙水压力监测

孔隙水压力现场观测时可根据测点孔隙水压力—时间变化曲线，反算土的固结系数，推算该点不同时间的固结度，从而推算强度增长，并确定下一级施加荷载的大小，因而可用来控制加荷速率。孔隙水压力计大体上可分为三类，即气压式、水压式、电感式等。水压式还可分为双水管式和单管式(即测压管)。电感式可分为钢弦式、电阻应变片式、差动电阻式等。钢弦式稳定性，灵敏度高，使用最多。这里仅介绍钢弦式孔隙水压力计。

(1)钢弦式孔隙水压力计的结构及主要技术指标

钢弦式孔隙水压力计主要由传感器、电缆、接收仪三部分组成。

(2)埋设技术

取下仪器端部的透水石，在钢膜片上涂一层黄油或凡士林油以防生锈；将透水石在水中浸泡2 h以上，以排除其中的气泡，达到饱和状态；在电缆上用铅皮打钢印制作编号，使电缆编号与探头编号相一致；准备封孔回填用的泥球和干净的中粗砂。泥球宜采用膨润土球或高崩解性黏土球，要求在钻孔中潮解后的渗透系数小于周围土体的渗透系数。土球应由直径 10～20 mm的不同粒径组成，应风干，不宜日晒、烘烤。封孔时需逐粒投入孔内，切忌大量倾倒，以防架空；准备埋设的用具，如钻杆连接管、铅丝、电缆护管等。孔隙水压力的平面布点集中于路中心，3～5 m设一个测点。

钻孔一般采用干钻法，钻孔孔径一般为 108～146 mm。干钻时可向孔内加水润滑，但禁止用压力冲钻成孔，钻进过程中应随时下套管护壁，钻孔深度应比测点的高度高30 cm，应详细记录成孔时土层的分布情况。必要时可采取土样进行土工试验，以补充或校核原土工试验资料或土性参数。成孔后应清孔，通过钻杆注入清水，将孔内泥浆翻出。

探头埋设方法为，探头未装上透水石前，在大气中测量初始频率，并记录现场温度和大气压力值；将透水石在水桶中装在探头上，将探头连同水桶送到钻孔边，将接管连接于钻杆上；将细铅丝系在连接管上，用铅丝来承受孔压计及电缆的重量，这样可以避免电缆受力，并可测量埋设深度；当探头到达孔底时，将其向下压入30 cm，至埋设高程；探头埋入土中进行观测，确认其工作正常后，将套管上提，便可向孔内投入泥球封孔，孔中电缆应放松。

另一种埋设方式是钻孔比埋设高程要深 20 cm，钻孔底用干净的细砂填至孔隙水压力计位置。孔压计就位于砂上，或最好密封在含有干净、浸透的砂的帆布袋中，再就位于相应的位置上。用干净的砂充填在孔压计的周围及以上15 cm，其上再用膨润土泥球封孔，最后回填普通土并夯实。

电缆埋设和保护：①连接电缆敷设时必须留有余度，并禁止相互交绕。敷设余度依介质材料、探头埋设位置、高程而定，一般为敷设长度的5%～10%。②为防止填土过程中载重汽车等压断电缆，在电缆外加一层金属软管或其他保护管。连接电缆在黏性土填方中的上方安全覆盖厚度应不小于0.5 m，在砂、碎石垫层中应不小于1.0 m。

(3)监测

孔隙水压力计在埋设与封孔过程中应进行跟踪检测，严禁损坏仪器探头与连接电缆，一旦发现，必须及时处理重新埋设。

(4)填写埋设考证表

考证表的主要内容有：工程名称、测点编号、探头型号、量程、钢印号、接线长度、外形尺寸、生产厂家、埋设位置、埋设高程、地面高程、地下水位、电缆埋设深度、埋入前的频率、埋入后的频率、埋设日期、天气、气温、埋设示意图、埋设人员。

(5)测试技术

埋设后待钻孔完全填实且超孔隙水压力消散时，才可测孔压计的初始读数，一般需要3～4 d的稳定时间。测初始读数时需连续测读数日，直至读数稳定为止，以稳定的读数作为初始读数。对于单线圈激振脉冲型孔隙水压力计，用钢弦读数仪测读其周期、频率非常简单。打开读数仪开关，将电缆夹子线插入"输入"插孔，用两个夹子夹住孔压计的两根信号导线，将选择开关拨到相应位置即可进行读数。

三、地温监测技术

(1)仪器设备

用热敏电阻、热电偶或光纤温度传感器来测定路基土体内的地温。热敏原件的电阻和温度之间存在对应关系，温度变化会导致测温元件电阻率发生改变，测定热敏原件的电阻率，通过标定系数即可求得地温。图4—9中给出了常用的热敏电阻实物图。

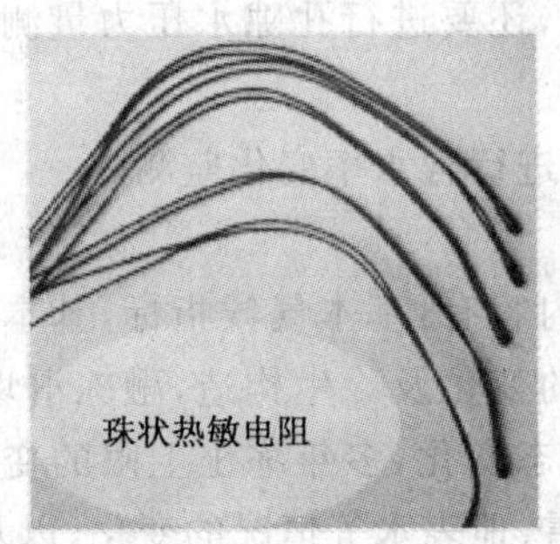

图4—9　热敏电阻实物图

(2)埋设方法

以热敏电阻为例，说明其埋设方法。埋设方法有后埋法和钢管埋设法。

采用后埋法时，在压实成型的土面上指定位置处进行钻孔，按照预定深度放置热敏电阻之后进行填土密实；再在该层土面上指定位置放置另一热敏电阻，再填土密实；以此类推。采用钢管埋设法时，在压实成型的土面上预定位置钻孔，将热敏电阻连接成串，并用包箍的方式固定在钢管上不同预定测温位置处，再将钢管连同附带的热敏电阻一起放置到预设钻孔内，安置好之后进行管口保护。待热敏电阻埋设完成，与土基本体共同进行了一段时间的温度平衡后，即可进行量测。

(3)观测

采用专用的温度采集系统采集数据,采集仪可实现多通道温度的自动采集。

(4)结果分析

通过地温观测,研究冻土地区路基土体内的地温变化特征,如地温包络线、地温过程线及横断面地温等值线等,进而分析路基土体的热学状态。

四、水分监测技术

水分监测通常有两种方法,一是对钻孔取得的土样分层进行含水率测定,以此来确定路基土体内不同深度处的水分状态;二是用专用的水分传感器进行测试,水分传感器的埋设亦采用后埋法,在压实成型的土面上指定位置处进行钻孔,按照预定深度放置水分传感器之后进行填土密实;再在该层土面上指定位置放置另一水分传感器,再填土密实;以此类推。待水分传感器埋设完成,与土基本体共同进行了一段时间的水分、温度平衡后,即可进行量测,采集亦采用专用采集仪完成。

第三节　路基本体及其特殊地段监测项目

一、路基本体

就路基本体而言,监测的对象主要是软土、膨胀土、黄土和多年冻土等地区力学性质不稳定或受环境影响较大的特殊土路基;一般地区填料不好的既有路基也需要进行监测;此外,还有高填方路基。

一般常规路基本体的主要监测项目是路基面沉降观测,以此来掌握路基的变形发展规律,为维修提供指导。

对软土地区而言,除了进行路基变形监测之外,还要进行孔隙水压力量测,软土地基上的路堤在施工过程中还应进行稳定性观测。

对膨胀土、黄土等对水分比较敏感的路基还要进行含水率变化监测。

对高填方路基要进行长期沉降观测。

多年冻土与季节性冻土地区路基监测的主要内容有:基本气候指标,基本水文地质指标,基本冻土条件如季节活动层在冻融过程中含水率的变化及冷生构造,融冻滑塌、冻胀丘、冰椎等不良现象的发育过程;路基下多年冻土温度的动态变化,多年冻土上限的变化,季节冻结或季节融化深度,并同时监测路基两侧周围植被、积雪、地表水等情况的变化,以及含水率与地下水动态变化;路基各部位变形,包括沉降、冻胀与水平位移。

二、滑坡地段

主要监测项目如下:

(1)地表变形量测,对滑坡体地段路基周围一定范围内的地表变形进行监测,以便在第一时间内掌握地表变形的变化发展规律;

(2)滑坡段土体内深层位移量测,以此来确定深部位移量变化是否稳定,作为判定滑坡的依据;

(3)滑坡推力监测，按顺滑动方向与垂直滑动方向埋设钻孔，放置应力传感器，测试滑坡土体在雨季的压力累计变化特性，以此来推断滑坡体在雨季所处状态；

(4)人工巡查监测，即采用常规地质调查法，定期对崩滑体出现的宏观变形形迹（如裂缝发生及发展、地面沉降、下陷、坍塌、膨胀、隆起、周边建筑物变形等）和与变形有关的异常现象（如地声、地下水异常、动物异常等）进行调查记录，为滑坡的出现进行预报。

三、泥石流地段

监测项目大体有：

(1)天气状况监测，主要为及时收看天气预报，并和当地气象部门保持紧密联系，掌握天气发展趋势；

(2)降水监测，主要是降雨量、降水强度监测，以便为判定泥石流的出现提供雨量依据；

(3)大暴雨时，由于重力侵蚀而散落的松散碎屑物质的动态观测，以便及时确定泥石流出现的可能性，为泥石流预警网络和当地政府及铁路部门发布泥石流预报和警报提供决策依据；

(4)泥石流过境状况（如地声等）监测和泥石流特征值（泥位和泥石流容重等）监测，为当地泥石流的治理积累资料和提供依据。

四、沙漠地段

主要监测内容为，在风沙扬起时段，10 m以下梯度风在路基阴、阳坡不同时段的平均风速、瞬时风速以及0.5 m以下各风向下的集沙量，同时在沙表面平台百叶箱内分别架设干球温度、湿球温度、温度自记和湿度自记仪器及沙表面最高温度仪、蒸发皿、降水仪、深层地温仪等，进行有关参数测定。由上述监测资料来确定不同高度起沙风速，监测风力搬运沙粒重量，确定风沙的持续时间以及风沙运动的强度，以此来为风沙地区铁路防沙治沙提供依据。

五、雪害地段

建立雪害监测报警系统，在可能发生雪崩和风吹雪的地段设置雪害监测传感器，对线路附近的降雪量、积雪深度、气温、风速等气象参数进行实时监测，当监测到影响行车安全的雪害信息时自动发出报警。

第四节　路基监测预报

对上述路基监测所得到的数据及时进行整理、分析、汇总，辨明路基所处的状态，对已变形路基段和有潜在危险路基段进行标志，采取相关措施进行加固与维修，使路基处于全程监护状态，维护铁路的安全运营。监测预报与养护维修之间要进行良好的衔接和对应，具体如下：

1. 路基专门调查和观测多在变形及潜在危险区段进行，在该区段设立标志，并对区段内水准基点、位移、温度及其他附属设施进行相应的系统监测。

2. 发现存在潜在危险路段时，对其进行详细调查，作出工程地质稳定性评价结论；提出进行观测、日常养护和维修的必要方法；建立明确的观测系统（标志、钻孔、水准基点等）和观测程序。并在观测过程中根据前面的观测结果，总结经验，及时调整观测延续时间、观测章程、观测时间间隔，并及时提出补充工程地质调查建议。

3.潜在危险路基段状况的监测,可作为专门调查和观测任务由线路观测站进行。在提供路基工段危险统计报告时,观测站应进行详细的调查,并编制工程地质报告,报告中应附有对观测和日常养护所采取的必要措施以及维持路基稳定设计的说明,作为规范路基养护和维修工作的依据。

4.对危险地段进行处理,危险基本消除后,该段就转变成潜在危险段,监测程序应进行相应改变。

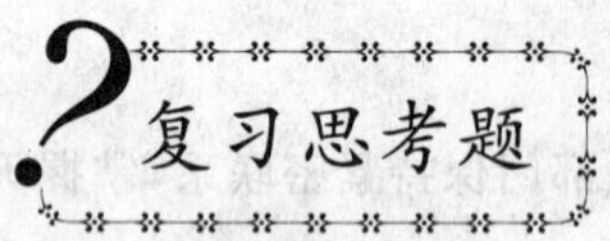

1.铁路路基监测的目的是什么?

2.简述铁路路基常用的变形监测及其原理。

3.简述铁路路基土体内部变形监测的主要方法及其监测时的注意事项。

4.简述水平位移常用观测仪器的使用原理和监测时的注意事项。

5.简述土体应力监测设备的分类及其埋设要求。

6.铁路路基本体的监测对象及其监测内容有哪些?

7.如何使监测预报与养护维修之间进行良好的衔接和对应?

8.举例说明几种特殊地段路基的监测项目与内容。

第五章 路基维修工作的实施及质量标准

第一节 路基维修工作范围

路基维修的对象主要是路基防护设备、路基支挡设备以及路基排水设备。路基设备维修的工作内容包括路基设备的计划维修、小型病害整治、经常保养和巡守工作。较大的路基病害在未经整治消除隐患前,仍应做好力所能及的维修工作。

路基设备的计划维修工作主要针对重要部位(如排水、防护、加固)的设备以及已发生病害,但暂时排不上大修的地段,按照预防为主的原则,通过有计划的维修保持设备的完好状态、控制病害的发生和发展。其工作范围包括:①整修各种路基地表及地下排水设备;②修补边坡植被;③整修各种防护、加固设备;④修理路基范围内的河岸防护、河流调节等建筑物;⑤整修路基安全设备(栏杆、检查梯、检查台阶等);⑥清除或固定危石;⑦修补坡面岩石裂缝;⑧修补隔离栅栏等。

路基设备的小型病害整治工作范围仅系对技术不太复杂、整治工程量较小(圬工 100 m^3、土石方 500 m^3 以下)的病害的整治,具体包括:①堑坡、山坡上的危岩;②岩(土)体裂缝;③边坡溜坍、风化剥落;④基床下沉外挤、基床翻浆冒泥;⑤河岸冲刷;⑥排水不良等。工程量较大、技术较复杂的路基病害应列入大修或其他投资项目进行处理。

路基设备的保养是一项经常性的工作,其目的是减缓设备的劣化速度,延长设备的使用寿命。其工作范围包括:①少量修补边坡植被;②清除路堑坡面及自然山坡的零星坍体及土石堆积,清除坡面的零星活石和松动孤石及危树(属无主树,林务管理的树及影响电力线、通信线的危树除外);③清除防护加固设备坡面的杂草,疏通各种路基建筑物的泄水孔,夯填砌体与土体间离缝,勾补脱落损坏的灰缝;④夯填(填塞)影响坡面稳定的土质坡面裂缝,修复岩质坡面的岩石裂缝;⑤整平土质路肩,清除路堤肩缘下的弃渣弃土,处理路肩低洼处的积水;⑥清除排水设备内的淤积物及杂草,勾补脱落损坏的灰缝,修补沟内及沟帮外缘的漏水部位,保持水沟出入口畅通;⑦经常保持路基防护栏杆、检查梯(井)等检查设备及线路隔离栅栏的完整牢固,按期涂漆防锈及加固修补;⑧负责路基范围内的崩塌、落石、滑坡、泥石流等病害处所的报警装置中土建设施的检修保养;⑨做好路基禁耕范围内的水土保持工作,提出路基坡面、堤脚及堑顶植被防护计划,由林务部门安排绿化;⑩修筑和整修上山下河检查小道及其他临时修补工作。

路基设备的巡守工作主要系指对威胁行车安全的病害处所应设专人看(巡)守。

第二节 路基维修工作实施

一、计划管理

路基维修工作实行计划管理。路基维修计划分年度、季度、月度和日作业计划四种,分别由工务段、领工区、工区编制。

路基维修计划的编制原则为:①维修计划的编制应以每年秋检设备状态评定为依据,贯彻“预防为主”的方针,通过维修控制病害的发生和发展。计划编制前应充分进行现场调查,听取领工区、工区的意见,力求计划符合实际。②排水设备每年维修一遍,其他设备根据具体情况安排计划,以保持其经常处于完好状态。③对已发生的病害应分轻重缓急,掌握施工时机,合理安排工期,力求做到治早治小。④维修应与大修密切配合,暂时安排不上大修的病害地段应进行维修并加强巡守工作,保证行车安全。⑤维修工作应充分利用人力和设备,改善劳动组织及管理水平,不断提高劳动生产率。

路基维修计划的编报与审查程序为:①工务段在每年秋检后,根据路基设备状态和病害情况于当年 11 月 15 日前编制次年度路基维修年度(分季)建议计划并报送铁路局(公司);②由铁路局(公司)审查、汇总后编制次年度计划(包括工作量、质量指标、主要工料机、费用等)于 12 月 15 日前下达工务段;③工务段将铁路局审批的次年度计划下达领工区,领工区根据年度计划编制全年的季度分月计划报工务段审批后组织实施;④工区工长现场调查后编制每月作业计划,为保证月计划的完成,工长应会同班长及看(巡)守人员一道编制日班作业计划和看(巡)守人员小修补计划。对于维修计划的变更,领工区变更月计划,需提前 10 日向工务段报批;工务段变更年度计划,需提前 15 日向铁路局(公司)报批。对于每月(季)路基维修计划的完成情况,工务段应于每月 25 日前(统计至当月 20 日)和每季度末前,将当月或当季维修工作完成情况报铁路局(公司)。

在编制路基维修计划时,路基维修的工作量一般通过路基换算长度来反映,其换算标准如下。①正线路基本体换算标准:单线铁路正线路基 1 km=1.0 路基换算公里;非单线铁路并行地段每条线的正线路基 1 km=0.6 路基换算公里、非并行地段每条线的正线路基 1 km=1.0路基换算公里(线间距大于单线设计路基面宽度时为非并行地段)。②站线路基本体换算标准:站线路基 1 km=0.1 路基换算公里(按每条站线长度计)。③各种路基附属设备换算标准:浆砌片石或混凝土工程的支、护、挡(包括河调)设备圬工 1 000 m^3 折合 0.25 路基换算公里;干砌片石工程 1 000 m^3 折合 0.3 路基换算公里;各种排水设备 1 km 折合 0.1 路基换算公里;边坡抹面、捶面、喷锚、锚索等 1 000 m^2 折合 0.3 路基换算公里;砌石或硬化路肩 1 km 折合 0.05 路基换算公里;其他如地区性病害(沙害、冻害、岩溶等)防护建筑物的换算标准由铁路局(公司)制定,报铁道部核备。④ 路基看(巡)守工作量的换算标准由铁路局(公司)制定后报铁道部核备。路基换算总长度应为各项的合计。因路基维修工作定员的计算需比照线路维修的定员标准,故路基维修工作量换算标准中的路基换算公里与线路换算公里尚需依据以下关系进行换算:平原(地面相对高差在50 m 以内,起伏不大的广阔地区)的 1 路基换算公里=0.1 线路换算公里;丘陵(地面相对高差在 200 m 以内,起伏较大的地区)的 1 路基换算公里=0.3 线路换算公里;山区(地面相对高差在 200 m 以上的地区)的 1 路基换算公里=0.5 线路换算公里。

二、检查制度

为了及时掌握路基设备的状态和病害情况 ,需要对管内的路基本体及其排水、防护和加固设备施行检查制度,进行定期检查、经常检查、汛期检查和特殊检查。工务段每年通过对路基设备的检查后,应及时修改原有的设备台账及路基技术资料,重点病害应填入“路基病害登

记簿"。

路基设备的定期检查即每年的防洪(春季)大检查和设备(秋季)大检查,均系由铁路局(公司)工务处布置并派员重点参加、工务段长组织的对路基设备进行的全面检查工作。防洪(春季)大检查于每年春融、汛期以前进行,工务段长须亲自参加对管内重点路基设备和重点路基病害、危险处所的检查。工务段根据检查结果提出当年防洪预抢(紧急处理)工程、调整当年大修计划的申请件名、修订防洪预案、落实度汛措施、填写路基病害登记簿。设备(秋季)大检查于每年秋季进行,主要掌握管内路基病害情况、分析病因及发展规律并拟定整治对策、编制次年度路基维修计划、提出次年度大修工程和防洪工程的申请计划、填报路基病害秋检报表、编制次年汛期危险地点一览表。按照现行的《铁路路基大维修规则》规定,各铁路局在每年秋季设备检查时还应组织工务段对管内路基设备基本状态进行全面评定和病害分级。这项工作用于分析路基及附属设备的质量和考核路基养护管理工作的成效,其中状态评定扣分及病害等级标准(见本章第五节)又是安排路基大修、维修计划的重要指标和主要依据。

路基设备的经常检查由工务段长或主管副段长、路基技术人员、领工员、工长、巡山巡河工负责执行,要求做好记录并由主管技术人员进行资料登记,建立病害数据库,提出病害整治方案。经常检查的具体要求为:工务段长或主管副段长、技术人员每季度对重点病害地段的检查应不少于一次;领工员每季度对管内路基设备的检查应全面进行一次,重点段不少于两次,雨季应酌情增加次数;工长应每月全面检查一次,重点段不少于两次,雨季增加次数监视病害的发展;看(巡)守人员应执行工务段规定的检查区段巡回图,有计划地登山下河进行检查。

路基设备的汛期检查由工长负责组织,一般在雨后或汛期每月底进行,遇大雨、暴雨和连续降雨时应特别加强检查。工区应划分责任区段(每个区段由 2～3 人组成检查组)负责区段内的所有路基设备及病害的全面检查,对发现的问题需处理的应立即处理,处理不了的应逐级上报。工长对汛期检查中发现的问题应优先列入次月的经常保养计划。

路基设备的特殊检查系针对严重的路基病害进行。特殊检查一般由铁路局(公司)路基检定队或工务段进行,必要时可由铁路局(公司)报请铁道部组织检查。对规模较大的路基病害,工务段应建立观测制度并设置观测网进行观测,为确定整治方案提供技术分析资料。

三、巡守制度

为了保证铁路运输行车的安全,对路基的重要地段和特殊地段应建立看(巡)守工作制度,包括常年看(巡)守、临时看(巡)守和巡山巡河等制度。

路基的常年看(巡)守工作主要系指在严重崩坍、落石、滑坡、沉陷等病害地段设置常年看(巡)守组,负责监视病害动态,做好看(巡)守地段的小修补工作。为使看(巡)守工对灾害的发生能看得见、听得到,每组看(巡)守长度不宜超过 300 m。

路基的临时看(巡)守工作主要系指在突然发生的危及行车安全的严重路基病害及汛期可能发生的严重水害处所设置临时看(巡)守组,小组和定员与常年看守组相同,临时看(巡)守时间由各铁路局(公司)自定。雨季看守组在责任区段发现不安全因素须及时妥善处理。

巡山巡河工作主要在山区铁路,应根据山区路基病害情况设置巡山巡河小组。主要任务是将一般检查和重点检查相结合,除对管内山头、河岸有计划地逐个进行全面检查外,在汛期要加强对重点病害、危岩孤石、危树和排水系统的检查,巡山巡河小组应定期将检查记录交工长审查签证。此外,巡山巡河小组有责任劝阻和制止影响路基设备稳固和完整的人为破坏行为。

工务段对看(巡)守人员应经常进行安全防护知识和规章制度的学习,进行责任地段病害交底和故障防护实地训练,看(巡)守人员经考试合格后方准上岗。工务段应要求常年或临时看(巡)守人员做到:①坚守岗位,按照巡回图完成规定的检查内容;②按标准执行迎送列车制度,做好登记备查;③认真做好交接班工作,正确填写交接班记录;④会同工长与领工员作定期联合检查,做好病害观测记录;⑤按规定完成小补修任务。同时,各看(巡)守组均应按规定配齐各种作业工具和防护用品,以及电话或能与机车司机直接通话的对讲设备。当发生可能危及行车安全的事件时,看(巡)守人员应在区间拦停列车,或迅速通知车站与调度所扣发列车,同时报告工务部门立即组织抢修。

四、验收制度

路基维修工作的验收制度包括计划维修工程的质量验收与保养工作的质量评定。

(一)维修工程验收

路基设备计划维修工程完工后,执行三级验收制度。验收的程序为:①工区自验。即工区首先进行初验,经自评合格后报请领工区复验。②领工区复验。即领工区根据工区初验记录,逐项复验合格后报请工务段验收。③工务段终验。即工务段根据领工区复验记录,组织领工区、工区进行末次验收后评定质量等级并填写维修验收证(小型病害整治工程参照执行)。

路基设备计划维修工程按照单项作业验收标准(见本章第三节),采用评分(得分)的办法进行。维修质量分优良、合格两级,每单项作业 85 分及以上为优良,85~60 分(不含 85 分)为合格,60 分以下为不合格。验收不合格时应限期整修,达到标准后再逐级验收。没有前一级的验收合格记录,不得进入后一级验收。

(二)保养质量评定

路基保养质量评定工作由工区进行,排水设备每半年、其他设备每年评定一次,评定后应填写保养质量评定记录表自存 1 份并报领工区、工务段各 1 份。领工区、工务段应对工区的路基保养质量按评定周期进行抽查,领工区抽查量不少于每个工区 2 km、工务段抽查量不少于每个工区 1 km。铁路局(公司)应结合春(秋)检、汛期及平时安全检查进行抽查。

路基保养的评定以正线(单线、非单线)、站线分别进行,正线按照线路公里标分段、站线按其长度进行。两线间的路基设备归入较靠近的线路进行评定。路基保养质量评定标准(见本章第四节)采用扣分方法,每部分设备保养缺点扣分总和除以该部分设备数量(均取整数,路基本体、排水设备、检查道按维修延长 m,防护加固设备按维修 m^2)即为该部分设备保养质量平均分(取小数点后一位),每 1 m 或每 1 m^2 平均扣分在 1 分及以下,且无单项质量扣 10 分者为合格,否则为失格;四部分设备中有一部分失格者,该公里路基保养质量即为失格。工区对评定中单项质量扣 10 分的项目应立即派员整改达到合格。

第三节　路基维修质量验收

根据现行的《铁路路基大维修规则》,路基计划维修工程以各单项作业内容进行验收,验收标准按 21 个工作项目分列(表 5—1～表 5—21),实行评分标准。小型病害整治工程的验收按此标准参照执行。

表 5－1　浆砌片石评分标准

序	验收标准	标准分	不良扣分
(1)	石料清洁，无风化、无水锈、无裂纹，石料最小尺寸不小于 15 cm	10	石料不洁，有风化、水锈、裂纹者，每块扣 1 分
(2)	砌体坡度平顺，用 2 m 弦线量，凹凸不超过±20 mm	10	平顺超限者每处扣 1 分
(3)	片石间砂浆饱满，无空洞、空音	20	有空洞、空音者每处扣 2 分
(4)	两层片石间错缝不少于 8 cm，无通缝；砌缝宽度 2～4 cm，每 1 m^2 缝宽超过 4 cm 者不多于 5 处，无瞎缝	22	有瞎缝、通缝者每处扣 2 分，其他不良者每处扣 1 分
(5)	泄水孔、伸缩缝设置适当	10	设置不当者每处扣 1 分
(6)	配合比正确，并有记录	10	配合比不符者每项扣 5 分
(7)	养生良好	10	养生欠佳扣 5～10 分
(8)	砌体尺寸符合要求	8	不符合要求者每处扣 2 分

表 5－2　干砌片石评分标准

序	验收标准	标准分	不良扣分
(1)	石料清洁无风化、无裂纹，石料最小尺寸不小于 15 cm	20	不符合者每块扣 1 分
(2)	坡面平顺，用 2 m 弦线量，凹凸不超过±50 mm	15	平顺超限者每处扣 1 分
(3)	片石互相咬接紧密，无松动石块，片石间隙用小块石填塞牢固	30	有松动石块者每块扣 2 分；其他不良者每处扣 1 分
(4)	两层片石间错缝不少于 8 cm，无通缝	25	有通缝者每处扣 2 分；错缝不良者每处扣 1 分
(5)	砌体尺寸符合要求	10	不符合要求者每处扣 2 分

表 5－3　喷浆评分标准

序	验收标准	标准分	不良扣分
(1)	喷射面清洁，无浮土、草和树根	20	不符合要求者每处扣 1 分
(2)	喷面厚度均匀并不少于 10 mm	20	少于 10 mm 者每处扣 2 分
(3)	岩石裂缝应灌浆并勾缝填实	15	不实者每处扣 2 分
(4)	喷浆范围内无漏喷空白点	10	有空白点者每处扣 2 分
(5)	喷浆上部封顶并排水良好，坡面须留泄水孔	15	未留泄水孔者每处扣 2 分；封顶不良者每处扣 1 分；排水不良每处扣 5 分
(6)	配合比正确，有记录	10	不正确、无记录者各扣 5 分
(7)	养生良好	10	养生欠佳扣 5～10 分

表 5－4　抹面、捶面评分标准

序	验收标准	标准分	不良扣分
(1)	洗山清洁，无浮土和草树根	20	不符合要求者每处扣 1 分
(2)	表层提浆良好，密实、光滑、无空音、无裂缝或龟裂	20	不符合要求者每处扣 1 分
(3)	厚度均匀，水泥砂浆抹面不少于 30 mm，四合土捶面不少于 80 mm，新旧面胶结牢固	15	厚度不均超限者每处扣 2 分

续上表

序	验收标准	标准分	不良扣分
(4)	上部封顶并排水良好，坡面须留泄水孔	15	封顶不良者每处扣1分，排水不良者每处扣5分，未留泄水孔者每处扣2分
(5)	纵横相隔大于10 m留伸缩缝1条	10	未留伸缩缝者每处扣2分
(6)	配合比正确，并有记录	10	不正确、无记录者各扣5分
(7)	养生良好	10	养生欠佳扣5～10分

表5－5　石子护坡评分标准

序	验收标准	标准分	不良扣分
(1)	石子(卵石)规格基本一致	15	相差较大者酌情扣分
(2)	石子(卵石)长轴的2/3垂直嵌入土内，牢固稳定	20	不牢固者每块扣2分
(3)	石子(卵石)周围用四合土压紧夯实，厚度5 cm左右	20	不符合要求者每块扣1分
(4)	四合土表层光滑、平整，无蜂窝	20	不光滑、不平整者每处扣1分；有蜂窝者每处扣2分
(5)	护坡各部尺寸符合要求	15	不符合要求者每项扣2分
(6)	养生良好	10	养生欠佳扣5～10分

表5－6　石笼评分标准

序	验收标准	标准分	不良扣分
(1)	铁丝笼片石(卵石)装满插严	20	不满不严者每笼扣1分
(2)	片石(卵石)尺寸应大于网孔并排列整齐	15	片石小于网孔者每块扣2分
(3)	网孔最大尺寸不得超过14 cm	15	超过14 cm者每孔扣1分
(4)	石笼间连接牢固	20	连接不牢固者每处扣2分
(5)	石笼底平整，放置稳固	20	不平整、不稳固者每处扣2分
(6)	石笼尺寸符合要求	10	小于规定尺寸者酌情扣分

表5－7　圬工水沟评分标准

序	验收标准	标准分	不良扣分
(1)	水沟断面、纵坡符合要求	20	不符合要求者每项扣10分
(2)	沟底平顺、无积水	25	有积水者每处扣5分
(3)	出水口、沉降缝、泄水孔位置适当	25	不适当者，泄水孔每个扣1分，出水口、伸缩缝每处扣2分
(4)	圬工质量符合要求	30	质量欠佳者扣5～30分

表5－8　开挖土石水沟评分标准

序	验收标准	标准分	不良扣分
(1)	断面、纵坡符合要求	30	不符合要求者每项扣5～15分
(2)	沟底平顺，无积水	25	有积水者每处扣5分

续上表

序	验收标准	标准分	不良扣分
(3)	水沟两侧整洁	15	不整洁者每处扣1分
(4)	弃土合理	15	不合理者每处扣2分
(5)	出水口位置适当	15	出水口不当者每处扣5～10分

表5—9　刷土坡评分标准

序	验收标准	标准分	不良扣分
(1)	坡面平顺，坡度符合设计要求	65	坡度误差大于±5%，平顺度误差以2 m弦量的凹凸大于5 cm者每处扣1分
(2)	弃土合理	20	不合理者扣2分；有较大影响者扣10～20分
(3)	清道彻底	15	不彻底者扣5～15分

表5—10　刷石坡评分标准

序	验收标准	标准分	不良扣分
(1)	坡面平顺，无凸凹探头，坡度符合设计要求	40	坡度误差大于±5%者扣2分；平顺度误差以2 m弦量的凹凸大于5 cm者每处扣1分
(2)	坡面无浮石、活石	30	有浮石、活石者每块5分
(3)	清道彻底	15	不彻底者扣5～15分
(4)	弃渣合理	15	不合理者扣2分，有较大影响者扣5～15分

表5—11　修理各种地面排水设备评分标准

序	验收标准	标准分	不良扣分
(1)	按单项作业维修验收标准在合格以上	40	未达合格的单项，应补做达到合格
(2)	沟底无淤积杂草，水沟两侧整洁；盖板无缺少	20	有淤积、杂草者每处扣2分，不整洁者每处扣1分，盖板缺1块扣10分
(3)	沟底无漏水、渗水；沟墙泄水孔通畅	20	漏水者每处扣10分，渗水者每处扣5分，泄水孔不畅每个扣2分
(4)	砌石、捶面、抹面损坏处无漏修	10	漏修者每处扣1分
(5)	灰缝脱落、断裂处无漏勾	10	脱落、断裂处漏勾者每处扣1分

表5—12　修理各种地下排水设备评分标准

序	验收标准	标准分	不良扣分
(1)	按单项作业维修验收标准在合格以上	40	未达合格的单项，应补做达到合格
(2)	沟口无杂草淤塞物	20	有杂草淤塞物者每处扣2分
(3)	沟身无变形	10	有变形但影响不大者，每处扣5分
(4)	沟底无漏水、渗水	20	漏水者每处扣5分，渗水者每处扣1分
(5)	出口边坡无冲沟、坍塌	10	有冲刷、坍塌者每处扣5分

表 5—13 修理各种护坡护墙挡墙评分标准

序	验收标准	标准分	不良扣分
(1)	按单项作业维修验收标准在合格以上	40	未达合格的单项，应补做达到合格
(2)	圬工损坏、喷浆、捶（抹）面损坏处无漏修，灰缝脱落处无漏勾	25	单项漏修者每处扣1分
(3)	坡面整洁无杂草小树，拦石墙后部无堆积杂物	15	坡面有杂草、小树者每处扣1分，墙后有堆积物者每处扣5分
(4)	泄水孔畅通，无淤塞杂草	20	有杂草淤塞者每孔扣1分

表 5—14 修理路基河岸防护建筑物评分标准

序	验收标准	标准分	不良扣分
(1)	按单项作业维修验收标准在合格以上	40	未达合格的单项，应补做达到合格
(2)	各部位损坏处无漏修，灰缝脱落处无漏勾	25	单项漏修者每处扣1分
(3)	混凝土块缺损处修补完整，混凝土沉排连接钢筋完整	15	缺损未修补、连接不完整者每处扣1分
(4)	基础修复完整、周围坑洼填平整齐	20	修复不完整者每处扣2分，坑洼未平整者每处扣1分

表 5—15 修理检查水洞评分标准

序	验收标准	标准分	不良扣分
(1)	检查井或导水洞变形破损处补修措施适当	20	修补欠适当者每处扣2分
(2)	填补圬工或勾缝，按单项作业维修验收标准在合格以上	40	未达合格的单项，应补做达到合格
(3)	洞（井）内排水良好，无淤塞	15	有淤塞者每处扣5分
(4)	井梯油漆良好，井梯牢固无松动	15	井梯松动者应返工修牢固，油漆质量不良扣2分
(5)	灰缝脱落、断裂处无漏勾	10	脱落断裂处漏修者每处扣1分

表 5—16 路肩整修评分标准

序	验收标准	标准分	不良扣分
(1)	整修后路肩宽度不小于原有的宽度	25	酌情扣分
(2)	侧沟底宽不少于 40 cm	15	酌情扣分
(3)	路基面横向排水良好，泄水孔畅通	25	路基面排水不良者需返修，泄水孔不良者每孔扣1分
(4)	干砌片石（条石）路肩符合验收标准，并保证基面排水畅通	35	酌情扣分

表 5—17 铺草皮评分标准

序	验收标准	标准分	不良扣分
(1)	表面平整，坡度符合要求	15	表面不平整者每处扣1分，坡度不符合要求者每处扣2分
(2)	草皮拍紧拍平，与边坡密贴牢固，每块草皮打尖桩不少于3根	25	不密贴牢固者每块扣1分，尖桩少于3根者每块扣2分
(3)	草皮块规格基本一致	15	酌情扣分

续上表

序	验收标准	标准分	不良扣分
(4)	草皮养生良好，成活率达70%以上	30	酌情扣分
(5)	封顶良好	15	封顶不良者每处扣2分

表5－18　插别穿连评分标准

序	验收标准	标准分	不良扣分
(1)	凿眼深度符合要求并不少于0.5 m	15	深度少于0.5 m者应重凿
(2)	插别、穿连位置适当	20	位置欠佳者每处扣5分
(3)	与岩石接触面密贴无缝隙	25	不密贴有缝隙者应重修
(4)	灌浆、勾缝压实、整洁	15	不实，不洁者每处扣1分
(5)	圆钢、钢轨除锈，涂红丹底漆和灰面漆；钢筋混凝土桩养生良好，无裂缝、蜂窝	25	单项不符合要求者每项扣1分

表5－19　灌浆评分标准

序	验收标准	标准分	不良扣分
(1)	灌浆之岩石裂隙清洗干净	20	未留泄水孔或未清洗干净者每处扣2分
(2)	裂隙灌浆饱满	35	不饱满者每处扣5分
(3)	填塞影响边坡稳定的坑洼	25	填塞欠佳者每处扣2分
(4)	配合比正确并有记录	10	不正确或无记录者每项扣5分
(5)	养生良好	10	养生欠佳扣5～10分

表5－20　勾缝评分标准

序	验收标准	标准分	不良扣分
(1)	灰浆压实、提浆良好，光滑、无空响、无断裂	30	不符合要求者每项扣5分
(2)	无肥边、无砂浆堆积	20	不符合要求者每处扣1分
(3)	旧缝凿除彻底，洗净	20	不符合要求者每处扣1分
(4)	配合比正确并有记录	15	不正确或无记录者每项扣5～10分
(5)	养生良好	15	养生欠佳扣5～15分

表5－21　混凝土和钢筋混凝土评分标准

序	验收标准	标准分	不良扣分
(1)	砂、石料和水泥强度符合要求	20	不符要求者扣20分
(2)	配合比、水灰比正确并有记录	20	不正确者每项扣5～10分，无记录者每项扣1分
(3)	捣固密实，无蜂窝麻面及露筋现象	30	不密实或有蜂窝麻面者每处扣2分，露筋应修补
(4)	钢筋尺寸和位置正确，除锈干净，保护层符合规定要求	(10)	单项不符合要求者每项扣5分(括号内为有筋标准)
(5)	养生良好	15 (10)	养生欠佳扣5～15分(括号内为有筋标准)
(6)	构件或砌体各部尺寸符合要求	15 (10)	尺寸不符合要求者酌情扣分或重做(括号内为有筋标准)

第四节　路基保养质量评定

路基保养工作的目的是保持设备的经常良好状态。根据现行的《铁路路基大维修规则》，路基保养质量评定标准按照路基设备的类型分别制定，实行扣分标准，见表5－22～表5－25。

表5－22　路基本体评分标准

序	保养质量标准	扣分条件	单位	扣分
(1)	边坡草皮完整，脱落缺损面积不大于1 m^2	脱落缺损面积大于1 m^2(不足整m^2进入整m^2计)	m^2	5
(2)	土质边坡裂缝应夯填	未夯填	处	10
(3)	对岩石坡面可能影响稳定的裂缝应用砂浆填塞密实	未填塞或填塞不实，漏水(不足整m进入整m计)	m	5
(4)	坡面无零星活石、松动孤石	有，危及行车安全	处	10
(5)	无影响边坡稳定的树	有	株	10
(6)	路肩面及高度大于6 m的路堤肩缘下2 m范围内无弃渣、弃土堆积	弃渣、弃土堆积在路肩面或高度大于6 m的路堤肩缘下2 m范围内(不足整m进入整m计)	m	5
(7)	侧沟平台和堑坡平台上无土、石堆积	有堆积累计长度大于1 m(不足整m进入整m计)	m	5
(8)	片石路肩无缺损	缺损(不足整m进入整m计)	m	5
(9)	边坡小量溜坍无漏修(每处5 m^3内)	漏修	处	5
(10)	坍方落石不侵入限界	侵入限界	处	10
(11)	路肩平整，无外高内低、积水	外高内低、积水	m	5

表5－23　排水设备评分标准

序	保养质量标准	扣分条件	单位	扣分
(1)	天沟、吊沟、水沟、侧沟无漏水(含沟帮外缘)	漏水	处	10
(2)	沟内无淤积物	有淤积物(不足整m进入整m计)	m	5
(3)	水沟无堵塞	堵塞，影响排水	m	10
(4)	砌体勾缝脱落累计长度每10 m范围内不超过1 m	勾缝脱落每10 m范围内累计长度超过1 m(不足整m进入整m计)	m	5
(5)	设备上不生杂草植物，周边杂草植物不侵入影响设备	设备上生长杂草植物，周边杂草植物侵入设备，影响设备排水或设备检查	处	5
(6)	泄水孔无堵塞，无大草	堵塞或有大草	孔	5
(7)	渗沟、盲沟出口流水畅通	出口不畅通	处	5
(8)	沟帮上无弃土、石、杂物	有弃土、石、杂物(每10 m为1处，不足整10 m进入整10 m计)	处	5
(9)	弃土合理	不合理，可能影响设备	处	5

表 5－24 防护加固设备评分标准

序	保养质量标准	扣分条件	单位	扣分
(1)	砌体脱落、破损面积小于 5%且无连续 3 块	砌体脱落、破损面积≤5%或连续 3 块(不足整 m^2 进入整 m^2 计)	m^2	5
(2)	砌体裂缝或砌体勾缝脱落长度 0.5 m 以上者每 10 m^2 内不超过 2 处	砌体裂缝或砌体勾缝脱落长度 0.5 m 以上者每 10 m^2 内超过 2 处	处	5
(3)	泄水孔无堵塞,无大草、藤、小树	堵塞或有大草、藤、小树	孔	5
(4)	设备上无大草,无小树或藤	有(不足整 m^2 进入整 m^2 计)	m^2	5
(5)	周边草不侵入设备	周边草侵入设备和影响设备检查(沿周边长每 10 m 算 1 处,不足整 10 m 进入整 10 m 计)	处	5
(6)	平台及堑坡砌体上无土石堆积	有土石堆积(不足整 m^2 进入整 m^2 计)	m^2	5
(7)	防冲设备基础无冲空	基础冲空不大于 2 m^2 未处理	处	10
(8)	安全、检查设备牢固,无破损和严重锈蚀	不牢固,破损或严重锈蚀	处	5
(9)	喷浆或抹面无严重破损	严重破损(不足整 m^2 进入整 m^2 计)	m^2	5
(10)	弃土合理	不合理,可能影响设备	处	5

表 5－25 检查道评分标准

序	保养质量标准	扣分条件	单位	扣分
(1)	危石山坡、冲刷岸坡、高堑坡(H>20 m)、高路堤(H>12 m)应设检查道	应设未设	处	5
(2)	检查台阶牢固	不牢固(不足整 m 进入整 m 计)	m	5
(3)	检查道宽度不小于 0.6 m(特别困难者除外)	宽度不足 0.6 m(长度不足整 m 进入整 m 计)	m	5
(4)	坡度平顺,无积水	不平顺或有积水(每 10 m 算 1 处,不足整 10 m按整 10 m 计)	处	5
(5)	无杂草侵入妨碍行走	妨碍行走(每 10 m 算 1 处,不足整 10 m 进入整 10 m 计)	处	5
(6)	无土石堆积妨碍行走	妨碍行走(每 1 m 算 1 处,不足整 m 进入整 m 计)	处	5
(7)	安全设施牢固	不牢固,危及安全	处	10
(8)	检查道弃土合理	不合理,可能影响设备	处	5

第五节 路基设备状态评定和病害分级

结合秋季设备检查对管内路基设备基本状态进行全面评定和病害分级,利于掌握路基设备及其养护管理工作的现状,合理安排次年度路基大、维修工作计划。

路基设备状态评定按照线路公里标分段进行,路基评定长度(km)为线路长度减去桥梁、隧道和明洞全长。状态评定扣分标准按每线路 km 满分为 100 分,各项评定扣分合计值除以路基评定长度后为平均扣分(分/km),100 分减去平均扣分后,得分 85～100 分(含 85 分)为优良、60～85 分(不含 85 分)为合格、60 分以下为失格。状态评定结果为失格时表明该评定范围内的路基已产生严重的甚至是危及行车安全的病害,或表明该范围病害数量多而集中。因此必须引起重视并优先采取相应整治措施。

路基病害等级按照病害严重程度(即状态评定扣分值)分为 A、B、C 三级,A 级病害必须列入当年复旧工程或次年大修、防洪预抢工程计划;B 级病害可列入大修或维修计划;C 级病害列入维修计划。

路基设备状态评定扣分及病害等级标准按照第三章所述的常见的十四种主要病害分列。各铁路局对于表中未列的项目可按照实际需要适当补充,检查中如遇因路基设备不良造成线路慢行处所均扣 41 分/处,列入主要的病害种类中。

表 5－26 路基设备状态评定扣分及病害等级标准

编号	病害种类	状态评定扣分标准			病害等级标准(扣分/处)			说 明
		扣分内容	单位	分数	A 级	B 级	C 级	
1	滑坡	危及行车安全	处	41	≥41	10～40	<10	滑坡不稳定,危及安全
		滑坡范围水沟裂缝,或滑体内、外裂缝	处	10				滑坡局部不稳定,暂不会危及行车安全,一个滑坡算 1 处
		加固设备局部损坏	m^3	1				
2	边坡溜坍	危及行车安全	处	41	≥41	10～40	<10	严重溜坍危及安全
		坡面表层溜坍	10 m	1				周边有裂缝,局部有错台
		边坡严重裂缝	2 m	1				缝宽大于等于 2 cm,未有错台
		边坡轻裂缝	4 m	1				缝宽小于 2 cm,未有错台
		加固设备局部损坏	m^3	1				
3	崩坍落石	危及行车安全	处	41	≥41	10～40	<10	陡坡山体有裂缝或石块松动危及安全
		拦石网局部损坏	m^2	1				
		支挡、拦石墙局部损坏	m^3	1				
4	风化剥落	边坡风化剥落	50 m^2	1	/	≥10	<10	包括鸡爪坑
		护坡或植被损坏	20 m^2	1				
5	陷穴	出现地面塌陷尚未处理,危及行车安全	处	41	≥41	/	/	经探测未发现危及行车安全的洞穴时不算

续上表

编号	病害种类	状态评定扣分标准			病害等级标准（扣分/处）			说明
		扣分内容	单位	分数	A级	B级	C级	
6	基床下沉外挤	基床下沉、路肩挤出	单线 m	1	≥41	5～40	<5	月下沉量大于20 mm或路肩外挤，隆起（目视）
7	基床翻浆冒泥	基床泥浆翻冒	单线 2 m	1	/	≥15	<15	
8	河岸冲刷	危及行车安全	处	41	≥41	5～40	<5	严重冲刷，影响路基稳定
		防护设备基础冲刷	m	1				超过冲刷线，暂不危及行车安全
		防护设备局部损坏	m^2	1				包含导流堤
9	水浸路基	护坡、护道局部损坏或缺乏	20 m^2	1	/	≥15	<15	指设计频率水位以下边坡
10	排水不良	地面排水设备不良	20 m	1	/	≥5	<5	损坏、淤积、堵塞、冲刷、漏水、溢流、缺少
		地下排水设备不良	10 m	1				损坏、淤积
		排水设备失效	处	41				地下排水设备失效，或地面排水溢流漫道
11	沙害	风沙流堆积、吹蚀	m	1	/	≥50	<50	轨底以上最大月积沙厚50 mm以上
12	冻害	一般冻害	处	1	41	16	1	冻害25～50 mm
		严重冻害	处	16				冻害50～100 mm
		冰椎冰丘	处	41				侵袭线路，或冻害100 mm以上危及行车安全
13	雪害	常积雪掩埋线路或可能雪崩	处	41	41	/	/	危及行车安全
14	泥石流	有未经整治的路基泥石流	处	41	41	/	/	可能侵袭路基危及行车安全

续上表

编号	病害种类	状态评定扣分标准			病害等级标准（扣分/处）			说明
		扣分内容	单位	分数	A级	B级	C级	
15	其他	路肩宽度不足	单侧100 m	1	/	≥5	<5	不足设计宽度
		砌筑路肩破损、阻水或不平	单侧10 m	1	/	≥10	<10	路肩外有土埂挡水或阻水，延长10 m内有0.1 m凹坑为不平
		乱弃土	0.2 m^3	4	/	/	≥4	在路肩面、侧沟平台、堑坡上弃土
		受环境威胁	单侧50 m	1	/	≥5	<5	在影响路基稳定范围内耕种、取土、围塘、采矿等

通过路基设备状态评定扣分及病害分级后，对于严重的路基病害或需长期观测的路基病害，均应每一个病害点建立一个路基病害登记簿，由工务段负责调查、编制和保管。病害登记簿里应详尽记录病害地段顺线路的起讫里程、病害种类（按上述分类统一名称）、病害发生的原因和演变过程、历年采取过和尚需采取的整治措施，并附有示意图（包括病害地段地形地貌图、路基病害与线路的平面关系、有代表的横断面图、路基设备形式等），必要时可附贴照片。路基病害登记簿对于客观评定路基设备质量，及时防治路基病害，保证设备的完好状态非常重要。

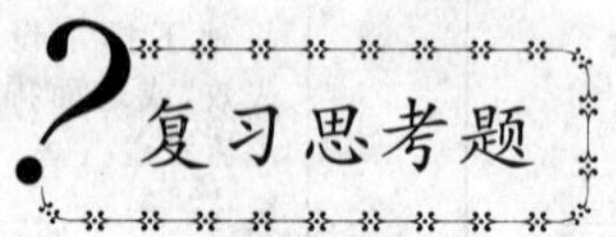

1. 铁路路基设备维修的工作内容及其意义是什么？
2. 简述铁路路基维修计划的编制方式与原则。
3. 简述铁路路基的检查制度。
4. 简要回答铁路路基维修工作验收制度的程序。
5. 简要回答铁路路基保养质量的评定标准。
6. 简要回答如何进行铁路路基设备状态评定和病害分级。

第六章 路基大修工作的实施及质量标准

第一节 路基大修工作范围

铁路路基大修是路基养护维修工作的重点，它较之路基维修，工作量较大、技术上较为复杂，涵盖了路基病害的预防性工程及整治工程、地质灾害的抢险工程、复旧工程以及较小规模的路基设备更新工程。

路基大修的工作范围主要分为两方面。第一方面是治理路基维修工作范围以外的各种路基病害(如滑坡、边坡溜坍、崩坍落石、风化剥落、陷穴、基床下沉外挤与翻浆冒泥、河岸冲刷、水浸路基、排水不良、沙害、冻害、雪害、泥石流等)及地基问题。如前第四章所述，当路基设备状态评定、路基病害分级时，病害等级被评为A级、B级的路基及其附属设备均应列入路基大修范围。第二方面是根据既有路基及其设备在不间断的运营条件下产生的损耗程度，根据铁路速度、密度和运量方面的发展对路基及其设备更高的质量要求，恢复及改善路基设备的技术状态，如加宽路基、改善边坡以及增设、接长、翻修路基附属的排水、防护和加固设备等。

第二节 路基大修工作实施

一、计划管理

路基大修工程实行计划管理。路基大修工程件名以一处病害(需处理地段中的主要病害)为单位进行确立，按照“预防为主、防治结合、不留后患”的原则，可将同一处所的其他路基病害安排在拟定件名内同步进行综合整治，件名的工程范围包含该处所中所有病害的全部地段长度。路基大修工程件名除了单独立项外，在进行线路大、中修时也应综合考虑排水不良、基床病害、路基宽度不足等方面的治理，将线路大修与路基大修协调进行以提高工程效果。

路基大修工程件名须经过计划的编制、申请、审查、批复等工作程序方能进入实施，一般一个大修工程件名的确定需有以下几个步骤：①调查。工务段在当年春(秋)季设备检查中现场进行病害调查并详细核对历史资料，根据病害登记簿及重点病害观测记录分析成因及发展变化过程。②申报。工务段根据秋检资料和路基大修工作范围，按照优先安排整治A级路基病害的原则填写“路基大修工程申请书”，申述大修理由、建议设计单位、提出施工期限，于9月25日前向铁路局(公司)提出次年度计划申请。对病害紧急、需提前当年施工的件名，除立即报铁路局申请外也要及时提报大修工程申请书。③复查。铁路局(公司)根据工务段报送的申请书，结合平时掌握的设备状态及病害情况，于11月底前会同工务段完成现场核查，初定整治方案，估算投资与施工期限等工作。④立项。根据现场对工程性质、病害等级、施工难易和投资大小的复查结果，铁路局(公司)业务部门按照轻、重、缓、急的原则，提出路基大修年度计划送计划部门，计划部门归口平衡后确定件名，纳入铁路局(公司)次年度设备大修计划。

二、设计管理

路基大修工程设计文件的编制应以铁路局(公司)批准的大修工程申请书或设计任务书为依据。路基大修设计工作原则上应由专业设计单位承担；工程量不大、技术不复杂的件名也可在专业设计单位技术管理下由工务段编制设计文件。进行路基大修工程的设计时，一般的件名可以直接做施工设计；技术复杂或投资大(100 万元及以上)的件名则应先提出初步设计和概算，经铁路局(公司)审查(必要时组织专家评审)同意后再进行施工设计。

路基大修工程的设计文件是指导施工和进行经济核算的主要依据，因此设计全过程中必须深入调查、精心设计、认真编制。现行的《铁路路基大维修规则》对路基大修工程的设计工作提出以下要求：①设计前应全面收集和分析设计工点的历史资料，认真听取现场单位关于病害情况的介绍和对整治方案的意见。对病害的成因和发展、工程及水文地质情况要进行实地调查、必要的勘探及土工试验。②选择方案时，应从环境、施工能力、材料供应、投资概况等具体条件全面考虑，在保证安全和工程质量的前提下，尽量采用先进技术。③建立设计工作负责制。设计人员必须具有相应的专业技术素质；设计单位对每个大修件名的勘测设计、预算编制、技术交底及施工期间的设计变更等全过程负责。④技术复杂、工程量及投资较大、对行车安全影响较大的工点，设计者应提出指导性施工组织设计。

路基大修工程的施工设计文件由设计说明书、施工设计图、工程预算三部分组成。说明书应概述设计依据、病害情况及病因分析、工程及水文地质概况、原有设备的技术状态、设计内容、施工方法、质量要求、安全措施及其他注意事项。施工设计图应按照不同的工程需求确定图表内容(平面图、断面图及建筑物的结构详图、工程数量表、材料表)，按规定的图幅、比例绘制，各种标注要清晰、规范、正确，各工程项目必须反映完全。工程预算应根据设计文件和施工组织方案、按照铁道部和铁路局(公司)规定的预算定额和编制办法进行编制，预算内容包括编制说明、汇总表、详细表、劳材数量分析表、材料运杂费表、工程数量计算表及汇总表等，预算费用一般由直接费、施工管理费、勘测设计费、其他工程费、小型机具购置费、单项独立费(必要时列)等部分组成。

路基大修工程设计文件须经铁路局(公司)审查批准后方可交付施工，一般的路基大修工程设计由铁路局(公司)业务部门总工程师批准，铁路局(公司)指定要送审的规模较大较复杂或牵涉面较广的工程应由铁路局(公司) 总工程师批准。当年施工的设计文件应在 8 月底前完成全部设计并送审；在次年一季度至三季度内施工的件名应在开工前 45 天送审；对个别临时变更或追加的件名，设计文件最迟应在开工前 20 天送审。

对于在施工中需要变更原设计的工程应填写“工程变更通知单”，执行有关设计变更的规定。当改变设计内容或工程项目增减变化较大时，应由提议单位提出变更理由，经设计单位签注意见、报原批准单位审查同意后，交原设计单位变更设计；当项目作零星变更 (增减量不超过预算总额 5%)时，由施工单位提出变更理由，连同增减项目及数量报经原批准单位同意并抄送原设计单位；由于劳材单价变更而影响预算价值时，可以不变更原设计预算，由施工单位在年底前根据铁路局规定的差价编制施工预算，经设计单位签认后报原审批单位进行一次性的差价调整。

三、施工管理

路基大修工程原则上由铁路局(公司)工务系统专业工程单位进行施工,任务量大、技术复杂时可以委托或发包给路内外其他单位施工,由施工单位与代建单位签订工程施工合同并报铁路局(公司)核备。对于工作量小而又分散的工程,若工务段具有施工条件和能力时也可自行施工。路基大修工程必须实行监理制度。

经铁路局(公司)批准的正式设计文件是路基大修工程施工的依据,施工单位应严格按照设计文件的要求和路基施工规范进行施工,不得擅自变更设计内容或简化施工程序。施工单位在开工前应当做好以下工作:①熟悉设计文件内容,编制施工组织设计(含组织措施、施工工艺、施工方法和施工步骤);②做好施工进度、劳动组织等具体安排和施工的运输要点申请、材料机具的准备;③对工程内容与范围、施工方法及进度安排、各工程构件要求及相互关系、工程预算及降造措施、质量要求和安全措施等进行详尽的技术交底(必要时设计人员参加);④与工务段签订施工安全协议,明确施工地段的行车、设备安全管理责任;⑤对于工程范围内受影响的设备,应与设备管理单位联系并签订相应的维护协议。

路基大修工程实行工程进度与投资的控制。施工单位应根据施工合同的工期要求制定施工计划,编制季、月度计划以及日班作业计划,并按规定向有关部门提报路料运输和施工慢行及封锁计划。开工前,施工单位应向工务段提出开工报告并报铁路局(公司)业务部门核备;批准开工后,工务段(施工单位)应于每月 25 日前向铁路局(公司)业务部门报告当月施工进度与投资情况。路基大修施工中还应加强对材料、工具、机械设备的管理。施工单位应执行材料检查制度,对规格质量不符合标准的材料一律禁用,对有强度要求的材料须做试件检验;应健全料具保管制度,对每件工具(材料)的进库、领发、运送、交接都应做到手续完整、账料相符;应建立机械设备台账和技术档案、制定岗位责任制和使用交接班制度。

为保证工程质量与施工安全,现行的《铁路路基大维修规则》要求施工单位必须遵守下列制度:①每日施工中,班(组)长或工地负责人应对施工项目及每道工序、操作技术、施工质量安全、劳材消耗等进行全面检查,做好各种施工记录并填写施工日志簿,发现问题及时纠正。②每日收工前,班(组)长或工地负责人应对施工现场认真组织检查,确认材料机具不侵入限界、设备状态达到放行列车条件时方可下班。③施工单位负责人应对大修工程的施工工序、方法、安全、质量等各个环节进行抽查,严格把关;技术人员应常驻现场进行技术指导,检查施工质量。④隐蔽工程及基础开挖接近基底设计标高时,施工单位应事先通知监理人员到场检查签认同意后,方可进行下一道工序的作业;对于隐蔽工程的埋藏深度、断面尺寸、地基地质及地下水等情况均应作详细记录并经监理签认。⑤施工单位对工程质量要坚持自检制度,对于监管单位发现、指出的问题必须立即整改。《铁路路基大维修规则》同时亦要求工务段对施工必须进行监管,工务段的技术人员及领工员有权检查管内各施工单位的路基大修工程施工,发现问题后及时向施工单位指出并督促整改。遇有重大问题时,工务段应及时向上报告。

四、验交制度

路基大修工程实行竣工验收交接制度。

施工单位在工程完工、自行逐级验收合格后应编制好竣工文件(包括竣工图、施工总结、固资移交接收记录、工程日志、隐蔽工程记录、试验资料、末次验工报表、验收证)报请建设单位验收。在提交请求验收的报告前，应做好以下工作：①全部恢复因施工拆除或损坏的建筑物；②将施工记录、竣工图等资料按铁路局(公司)规定的格式和份数整理成册；③对技术复杂及采用新工艺、新技术的大修工程做好施工技术总结；④及时清理施工现场，运走各种施工机具及施工余料余土；⑤彻底清筛道床污染地段；⑥在地下隐蔽设备起始位置设置明显的地面标志。

路基大修工程的竣工验交一般由代建单位主持，对于较复杂的、涉及面广的工程，代建单位应报请建设单位主持。主持验收的单位接到施工单位请求验收的报告并确认可以办理验交时，应及时确定交验日期，并通知有关单位按时参加验交工作。验交以一处(件)为单位，当其中工程项目较多、工作量较大时，亦可分批分项验交，在该处(件)全部工程竣工后再进行总的质量评定和办理全部工程的结算。

路基大修工程的验交工作应以正式批准的设计文件(包括变更设计文件)为依据。质量验收标准按优良和合格两级评定，对验交的处(件)单位工程，全部工程项目的质量均达到85分及以上者为优良，全部工程项目中有一项的质量为60～85分(不含85分)者为合格，全部工程项目中有一项的质量为60分以下者为不合格。验收人员经检查认为验交处(件)满足提交验收申请的条件，现场工程内容符合设计文件，质量符合《路基大修主要工程项目质量检查及验收标准》(详见本章第三节)时，应填写路基大修验收记录，签发竣工验收证，办理验交手续；施工单位凭验收证办理路基大修工程的竣工清算。当验收人员认为不合格时，应指出不合格的处所和改正意见，由施工单位继续整修，限期完成，达到标准时再行重验。对不合格又不能整修的部分，验收人员应提出处理意见，报铁路局(公司)业务部门处理，同时该工程经处理合格后的质量不得评为优良。

第三节　路基大修验收标准

根据现行的《铁路路基大维修规则》，路基大修工程分别以主要工程项目(未列项目由各铁路局(公司)自行补充)制定其质量检查及验收评分标准，实行评分(得分)标准。每个工程项目满分为100分，其中各单项内容有质量问题时按标准进行扣分，当不良扣分数超出该项得分数时仍累计。各工程项目总得分达85分及以上者评为优良，60～85分(不含85分)者评为合格，60分以下者为不合格。路基大修主要工程项目质量检查及验收评分标准见表6－1。

表6－1　路基大修主要工程项目质量检查及验收评分标准

序号	工程项目	单项内容	验收标准	得分	不良扣分
一	浆砌片石护坡、护墙、挡墙、支顶(每100 m^2 抽验1处，每处20 m^2 坡面或10 m^2 砌体)	范围	1.处理地段长度和起终点里程符合设计要求	5	长度每减少1 m扣1分，减少5 m以上为失格；里程误差每2 m扣1分
		尺寸	2.砌体长、宽(厚)、高度尺寸及砌体坡率符合设计要求	15	长、高度误差大于+10 cm、宽(厚)度误差大于4 cm者每处扣2分；坡率值误差每大于±5%者扣2分，影响稳定者为失格

续上表

序号	工程项目	单项内容	验收标准	得分	不良扣分
一	浆砌片石护坡、护墙、挡墙、支顶（每 100 m^2 抽验 1 处，每处 20 m^2 坡面或 10 m^2 砌体）	石料	3. 选石无风化、裂纹、水锈，规格符合要求（角石厚度不小于 20 cm，面石厚度不小于 15 cm），表面清洁	10	不合格者每处扣 2 分；夏天不浇水湿润片石者发现一次扣 4 分
		砌筑质量	4. 砂料洁净、级配良好；砂浆配合比准确，拌和均匀（干拌 3 遍，湿拌 3 遍）	10	砂浆强度过低影响寿命者为失格。配合比不准确（没按比例量砂或量水者）每盘扣 2 分
			5. 挤浆法砌筑（禁用灌浆法），大小石块搭配、压错合理，咬接良好，砂浆饱满、砌体密实无瞎（干）缝，无空响	20	砌筑不良，砂浆不饱满，有瞎（干）缝，有空响，每处扣 2 分
			6. 面层灰缝宽度符合 2～4 cm 的要求，无通缝、瞎缝。层间或行间错缝不小于 8 cm。三块石相接处空隙内切圆直径不大于 7 cm，表层缝中不许垫塞小石。内层不得有小石成堆。勾平缝，压浆抹光	15	缝宽大于 4 cm 每处扣 0.3 分。有瞎缝每处扣 2 分，每通缝一层扣 2 分，有其他不良每处扣 1 分
			7. 泄水孔、反滤层、沉降缝（伸缩缝）设置合理	5	设置不合理，泄水孔不良，墙面渗水每处扣 1 分
			8. 坡面整洁平顺（用 2 m 弦量，凹凸不超过 ± 5cm）、相邻两块石块错牙不大于 2 cm	5	坡面凹凸超限每处扣 2 分，相邻石块错牙大于 2 cm 每处扣 1 分；坡面不整洁酌情扣分
			9. 养生良好，有专人负责	5	养生明显不良全扣，局部不良酌情扣分
		管理	10. 设计、竣工资料齐全；有施工安全措施，有施工记录	10	无资料、无措施、无记录者扣 10 分；不全者酌情扣分
			11. 隐蔽工程有施工检查记录		无记录者扣 10 分，记录不全者酌情扣分
			12. 弃料、弃土处理及线路外观整理符合要求		不符合要求者酌情扣分
二	浆砌粗料石（混凝土块）拱圈（抽验两个拱圈或 10 m 长）	范围	1. 拱圈中心里程符合设计要求	5	里程误差 0.5 m 扣 1 分
		尺寸	2. 拱圈半径及长、宽（厚）、高度尺寸符合设计要求	15	尺寸误差大于±4 cm 每处扣 2 分；影响稳定评为不合格

续上表

序号	工程项目	单项内容	验收标准	得分	不良扣分
二	浆砌粗料石(混凝土块)拱圈(抽验两个拱圈或10 m长)	砌块	3. 同"一、3"款,另拱石厚度不小于18 cm,上大下小呈辐射状	10	不良砌块每块扣2分;夏天不浇水湿润砌块发现一次扣4分
			4. 同"一、4"款	10	同"一、4"款
		砌筑质量	5. 挤浆法砌筑(禁用灌浆法),砌层应呈辐射状,错压合理,砂浆饱满,砌体密实,无瞎(干)缝、无空响	25	同"一、5"款
			6. 面层灰缝宽度符合1~3 cm要求,勾平缝、压浆抹光	8	不良者每处扣1分
			7. 拆模时间符合规范要求,拱圈达到强度,支承稳定	10	拱圈出现裂纹扣10分,影响稳定评为不合格
			8. 泄水孔位置适当,排水畅通	3	不良者每处扣1分
			9. 拱圈砌筑圆顺,坡面平整(用2 m弦量,凹凸不超过±5 cm)	4	不良者每处扣1分
			10. 同"一、9"款	5	同"一、9"款
		管理	11. 设计、竣工资料与施工记录齐全,弃料(土)处理符合要求	5	不符合要求者酌情扣分
三	浆砌片石水沟(抽验10 m长)	范围	1. 同"一、1"款	5	同"一、1"款
		尺寸	2. 断面尺寸(沟深、沟宽、沟墙宽、沟底厚)及排水坡度、流水面高程符合设计要求	15	小于设计尺寸、误差大于5 cm者每处扣4分;小于设计坡度扣7分;反坡为失格;高程误差大于4 cm造成积水每处扣3分,积水长度超过5 m评为不合格
		石料	3. 同"一、3"款	10	同"一、3"款
		砌筑质量	4. 同"一、4"款	10	同"一、4"款
			5. 同"一、5"款	25	同"一、5"款
			6. 同"一、6"款,沟底抹面良好、无断裂、渗漏现象	10	同"一、6"款,沟底抹面断裂、有渗漏者评为不合格
			7. 同"一、7"款	5	同"一、7"款
			8. 转弯圆顺,出口适当、牢固。沟帮与地面衔接良好,封顶好,沟外无积水	10	转弯不圆顺每处扣1分,出口不当、不牢扣5分,其他不良每处扣1分
			9. 同"一、9"款	5	同"一、9"款
		管理	10. 设计、竣工资料与施工记录齐全,弃料(土)处理符合要求	5	不符合要求者酌情扣分
四		范围	1. 同"一、1"款	5	同"一、1"款
		尺寸	2. 同"一、2"款	15	同"一、2"款

续上表

序号	工程项目	单项内容	验收标准	得分	不良扣分
四	干(码)砌片石(混凝土块)护坡或护道　(500 m^2 以内抽验 1 处，500 m^2以上抽验 2 处,每处 20 m^2)	石料	3.同"一、3"款	10	同"一、3"款
		砌筑质量	4.采用台阶式或垂直坡面栽切方法砌筑。底层石块大面向下;表层石块横竖相间、压错合理,腹石大小搭配,咬接紧密	35	砌筑不良者每处扣 1 分;腹石有空洞或集中填塞小石或用 3 块以上小石填塞者每处扣 1 分
			5.表层石缝应紧密,缝宽不大于 2 cm,无通缝,勾平缝,压浆抹光	15	表层每通缝一层扣 2 分;缝宽大于 2 cm每处扣 0.3 分,其他不良者每处扣 1分
			6.垫层材料、厚度符合设计要求,铺设均匀	5	材料不符扣 5 分,厚度误差大于3 cm 每 1 m^2 扣 2 分
			7.坡面整洁、平顺(用 2 m 弦量凹凸不超过±5 cm),相邻两块片石(混凝土块)错牙不超过 3 cm (2 cm)	5	坡面凹凸超限每处扣 2 分,错牙超限每处扣 1 分,坡面不整洁酌情扣分
		管理	8.同"一、10"款,"一、11"款,"一、12"款	10	同"一、10"款,"一、11"款,"一、12"款
五	支承(边坡)渗沟 (抽查 1 条渗沟)	范围	1.渗沟中心里程符合设计要求	5	里程误差 0.5 m 扣 1 分
		尺寸	2.渗沟长、宽、深度尺寸,反滤层及底层台阶尺寸符合设计要求	15	长、宽、深度误差大于 20 cm 每处扣 1 分;反滤层厚度小于设计值、台阶尺寸误差大于 10 cm 每处扣 3 分
		材料	3.选石无风化、水锈,规格符合要求;砂料洁净、级配良好	10	不合格者每处扣 1 分
		砌筑质量	4.渗沟封底良好,排水通畅,无渗漏现象	15	视排水状况酌情扣分,未引出水为不合格
			5.反滤层填料清洁,层次分明,厚度均匀	15	反滤层含有泥沙者每处扣 3 分;其他每处扣 1 分
			6.渗沟内部码石牢固,大小搭配,压错合理	10	砌筑不良者每处扣 1 分
			7.表层砌石密实	10	不良者每处扣 1 分
			8.面层无通缝;干砌缝宽不大于 2 cm,浆砌缝宽 2～4 cm;勾平缝,压浆抹光;表面砌体平整,与坡地面衔接良好,无地表水下渗	10	缝宽不符合规定每处扣 0.3 分;通缝一层扣 2 分;衔接处漏水每处扣 5 分;其他不良者每处扣 1 分
		管理	9.同"一、10"款,"一、11"款,"一、12"款	10	同"一、10"款,"一、11"款,"一、12"款

续上表

序号	工程项目	单项内容	验收标准	得分	不良扣分
六	夯填土方(坡面 1 000 m^2 以内抽验1处,1 000 m^2 以上抽验2处)	范围	1.同"一、1"款	5	同"一、1"款
		尺寸	2.夯填宽(厚)度、高度(标高)、坡度符合设计要求	10	坡率值误差每大于±5%、其他尺寸每误差 0.2 m 扣 2 分
		尺寸	3.填料种类符合设计规范要求,土块要打碎,无杂草、树根和杂物	20	填料不良造成病害评为不合格;局部影响酌情扣分;发现有土块没有打碎或含有杂草、树根、杂物,每次扣 2 分
		填筑质量	4.基底处理稳固,挖台阶宽度不小于 1 m	10	基底处理不良者扣 5 分,影响稳定者评为不合格;台阶不够宽每处扣 1 分;不挖台阶评为不合格
			5.分层夯填,人工夯填层厚不得大于 30 cm,普通土夯实为 20 cm,砂性土夯实为 23 cm。夯重及夯填方法符合规范要求	30	每处挖 2~3 层,贯入仪检查每不合格层扣 10 分,各层扣分之和为总扣分;夯重不足扣 15 分
			6.与路基面衔接良好,排水畅通	10	抽查 3 处,每处不良扣 5 分
			7.坡面夯拍平顺,无凹凸积水	5	用 2 m 弦量凹凸大于 5 cm 及其他不良者每处扣 1 分
		管理	8.取土坑位置合理,对环保无不良后果	10	取土不当造成不良后果扣 10 分;场地不洁扣 1 分
			9.同"一、10"款,"一、12"款		不符合要求者酌情扣分
七	刷土(石)方	范围	1.同"一、1"款	5	同"一、1"款
		尺寸	2.刷方宽(厚)度、高度(标高)、坡度符合设计要求	10	坡率值误差每大于±5%、其他尺寸每误差 0.2 m 扣 2 分
		刷方质量	3.坡面平顺,无凹凸积水	30	土坡面用 2 m 弦量凹凸大于 5 cm 者每处扣 1 分;软石坡面有明显凹凸者每处扣 2 分
			4.坡面无浮土、浮石、活石、危石	20	有浮土,每 m^2 扣 1 分;有活石、危石为不合格
		管理	5.弃土、弃渣处理合理,不造成不良现象(占农田、积水、冲刷、流泥),不影响排水与交通	20	不符合要求酌情扣 5~20 分
			6.同"一、10"款,"一、12"款	15	不符合要求者酌情扣分
八	混凝土、钢筋混凝土	范围	1.处理地段长度和起终点里程(或结构物中心里程、个数)符合设计要求	5	长度减少 1 m 扣 1 分,起终里程误差每 2 m 扣 1 分,中心里程误差 0.5 m 扣 1 分,个数误差扣 5 分
		尺寸	2.结构物长、宽、高(厚)度尺寸以及基底高程符合设计要求	10	尺寸误差超过 3 cm、高程误差超过 0.2 m为不合格,未超过者酌情扣分

续上表

序号	工程项目	单项内容	验收标准	得分	不良扣分
八	混凝土、钢筋混凝土	材料	3.粗细集料强度、规格符合规范要求,级配和清洁度好;钢筋种类、直径符合设计要求并除锈	10	集料强度、钢筋种类、直径不符合要求为不合格,集料级配不良扣5分,其他酌情扣分
		浇注质量	4.配合比正确,有试块	15	配合比不正确影响强度(或无试块)为不合格,一般误差酌情扣分
			5.混凝土在拌和、运输、灌筑中不得产生浆水流失和离析现象	10	不良者每次扣2分;超过5次为不合格
			6.钢筋弯制正确,绑扎牢固,布筋方式及位置符合设计要求	10	施工中查出其中任一项不良,均扣5分
			7.捣固密实,不得出现蜂窝、露筋、空洞、空音	15	不良者每处扣5分
			8.施工缝粗糙干净,符合设计要求	5	不良者每处扣5分
			9.养生好,7～14天内保持表面湿润	10	不良者酌情扣5～10分
		管理	10.同"一、10"款,"一、11"款,"一、12"款	10	同"一、10"款,"一、11"款,"一、12"款
九	基床换填、封闭、加固	范围	1.同"一、1"款	5	同"一、1"款
		尺寸	2.换填、封闭、加固的深度、宽度及坡度等符合设计	10	宽度每减少0.1 m扣2分;深度每减少0.02 m扣2分,深度减少0.05 m为失格;坡率值误差每大于±5%扣2分
		材料	3.材料种类、规格符合设计要求,对材料的各项技术指标有批样质量检验证书	15	材料不符或无质量检验证书为不合格,材料存在规格误差或局部疵点酌情扣分
		施工质量	4.铺设层基底清除软弱土、封堵陷槽(砟囊)处理良好	15	处理不良每处扣3分
			5.封闭(加固)层铺设平整,无褶皱、断裂,粘(搭)接口牢固,上下保护垫层合格;复合地基桩径、桩距符合设计	30	铺设层有褶皱者每处扣5分,有断裂(或接口拉开)为不合格,保护层厚度不足者每处扣5分;桩径、桩距不符合设计酌情扣分
			6.恢复道床饱满,轨道几何尺寸符合规范要求	5	几何尺寸每误差0.1 m扣1分
			7.处理层与路肩(侧沟)的连接方式合理,基床排水状态良好	10	不良者每处扣2分
		管理	8.同"一、10"款,"天窗"封锁或慢行施工有具体安全措施	10	同"一、10"款

续上表

序号	工程项目	单项内容	验收标准	得分	不良扣分
九	基床换填、封闭、加固	管理	9.同"一、11"款,并设有明显的地面标志	10	同"一、11"款,未设地面标志扣5分
			10.同"一、12"款		同"一、12"款
十	栽种植物	范围	1.同"一、1"款	5	同"一、1"款
		种植材料	2.草籽(草皮或苗木)种类(规格或株径、株高等尺寸)符合要求,质量良好	20	不良者每1 m^2 扣1分
		栽种质量	3.路基坡面(必要时铺种植土)平整,划分种植方块或行距、株距符合设计要求	10	坡面凹凸积水每处扣2分,株、行距及方块划分不标准酌情扣分
			4.种草:草籽与掺和物拌和充分,播撒均匀,覆盖层稳固。 铺草皮:铺砌方法正确,草皮与坡面密贴牢固,草皮无空洞,接头无间隙。 植树:种植方法正确,种穴尺寸、截枝插栽等符合要求	30	栽种方法不正确扣15分,栽种质量不良酌情扣分
			5.及时淋水养生,及时补种,成活率达85%	25	不足60%评为不合格,60%~85%酌情扣分
		管理	6.同"一、10"款,"一、12"款	10	同"一、10"款,"一、12"款

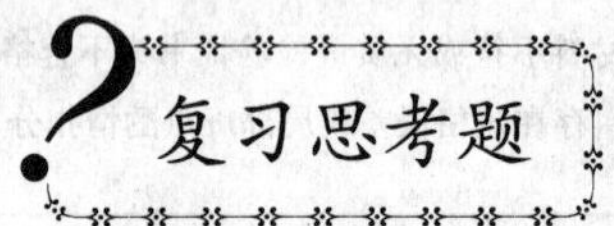

复习思考题

1.简述铁路路基大修的工作范围,并简要举例。
2.简要回答铁路路基大修工作实施的管理方法及其原则。
3.铁路大修工程施工设计文件的要求与内容是什么?
4.铁路路基大修工程如何进行交验?
5.简述铁路路基大修验收主要抽检项目。

第七章

特殊条件下路基的养护维修

特殊条件下路基因处于特殊的地质条件和自然环境下，其更易产生病害，导致路基变形，影响其稳定性，以不同形式、不同程度威胁着行车安全。路基养护目的是为了减少投入，减缓设备的老化速度，延长设备的使用寿命，充分发挥设备的使用功能，保持路基长时间处于良好状态。因此特殊土地区的铁路路基除了应进行普通地区路基的维修养护工作内容外(见前面第六章)，还应根据不同条件进行相应的养护维修。

第一节　冻土地区路基的养护维修

冻土是指温度等于或低于摄氏零度并含有冰晶的土，根据冻结状态持续时间的不同，有季节性冻土和多年冻土之分。季节性冻土是受季节气候的影响，冬季冻结、夏季全部融化而呈周期性冻结融化，冻结状态持续时间小于一年的土；多年冻土是指冻结状态持续时间多于两年的土。

通过冻土地区的铁路路基，在土、水、温度的共同影响下，路基面均有不同程度的冻胀，使得线路横、纵断面凸凹不平。冻害严重地段往往伴生翻浆冒泥、道砟陷槽、基床土侧挤等病害。

一、冻土区路基的冻害类型

(一)按纵向外部形态分类

1.冻峰。路基面在短距离内的冻胀高度大于相邻两地段的冻胀高度所形成的凸起部分，如图7－1(a)所示。

2.冻谷。路基面在短距离内的冻胀高度小于相邻两地段的冻胀高度所形成的凹槽部分，如图7－1(b)所示。

3.冻阶。路基面两相邻地段的冻胀高度不同而在连接处所形成的错台部分，如图 7－1(c)所示。

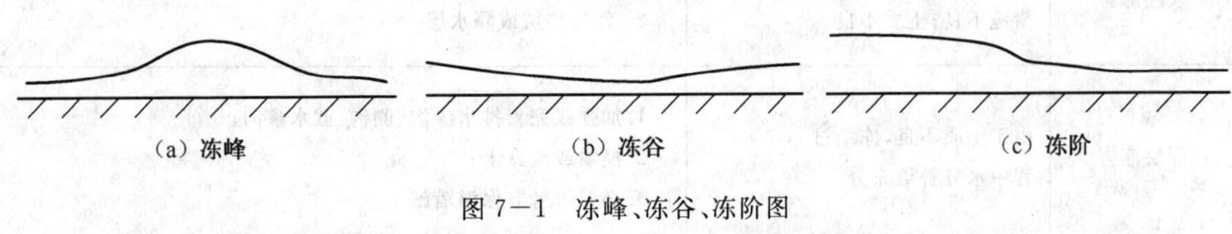

图 7－1　冻峰、冻谷、冻阶图

(二)按横向外部形态分类

1.单侧冻害：沿路基横断面两侧冻胀高度不等。

2. 双侧冻害:沿路基横断面整个冻胀高度大体一致。

3. 交错冻害:在相邻地段的冻胀高度均不相同,形成高低交错的现象。

(三)按冻害产生部位分类

1. 道床冻害:由于道床不洁而产生的冻胀,虽不属于路基冻害的范围,但其性质对线路的影响与路基冻害相同。

2. 表层冻害:受地表水影响产生的冻胀,发生在路基土体临界冻结深度内上半部分。一般冻胀高度较小,表现为"早起早落"型。

3. 深层冻害:受地下水影响产生的冻胀,发生在路基土体临界冻结深度内下半部分。一般冻胀高度较大,表现为"晚起晚落"型。

(四)按冻害的类型分类

1. 冻胀:由于土体中的水结冰引起土体的体积膨胀,从而对土体上的建筑物及排水措施产生的变形破坏。

2. 冻拔:埋入土体中的建筑物在土体的反复冻融过程中不断被拔起或倾倒。

3. 冻裂:在道床或路肩上形成的纵向开放性裂缝。

4. 基底融沉:路基基底发生缓慢、持续、大幅度的下沉,基底内部形成纵向融化槽形态。

5. 路堑边坡滑塌:富冰的边坡土体,在冻融界面上发生缓慢蠕动或快速滑动变形。

6. 路堤边坡滑塌:在路堤边坡和坡脚处发生的滑坍变形。

7. 冰椎、冰丘:在土体的冻结过程中,地下水受到挤压作用,于薄弱处突破地表,形成漫流并冻结而形成的丘状隆起的冰体。

二、冻土区路基病害的整治措施

(一)季节冻土区路基病害整治措施

季节冻土区路基病害整治措施见表7—1。

表7—1　路基冻害整治措施

冻害类型	产生原因	具体措施
道床冻害	道床不洁,排水不良	1. 清洁道床或更换碎石道床; 2. 消减路肩高度,平整路肩、基床面
表层冻害	道砟沉陷槽积水;排水措施不良;土质不良	1. 换土或改良土,并做好排水系统; 2. 设砂垫层或隔水层
深层冻害	由于土质不良,冻结过程中水分补给充分	1. 加强或完善排水渗沟、侧沟、截水渗沟; 2. 换填或改良土; 3. 必要时采取保温措施

(二)多年冻土区路基病害整治措施

多年冻土区路基病害整治措施见表7—2。

表 7—2　路基冻害整治措施

冻害类型	产生原因	具体措施
冻胀	由路基或基底冻结土层对其上部土体产生的法向冻胀力引起的	1.做好排水系统； 2.换土或改良土，如设置砂垫层，用保温材料覆盖表面
冻裂	气温下降，使路基土体产生不均匀冻结收缩	1.夯实基床或边坡土体，避免雨水及杂物渗入裂缝中； 2.边坡覆盖保温层
基底融沉	地表热状态改变，地表水的入渗作用，使基底和多年冻土层上限发生变化而产生压缩下沉和融化下沉	1.加强地表排水措施，近距离设置排水沟，不使路基坡脚积水； 2.加强保温措施或修筑保温护道； 3.保护天然地表状况，包括植被、水被等； 4.适当增加路基高度
路堑边坡滑坍	边坡受自然界和人为活动影响，热平衡遭到破坏，在反复冻融和自重作用下变形	1.进行基底、边坡换填和边坡保护； 2.完善边坡排水系统，防止地表水入渗； 3.修筑挡墙等其他工程措施
路堤边坡滑坍	基底富冰冻土融化；路堤较高且冻融截面坡度较陡	1.排除坡脚积水，保护地表植被； 2.设置护道或保温措施； 3.设置支挡措施或放缓边坡
冰椎、冰丘	冻结过程中承压水溢出冻结面形成	1.扩大或加深侧沟、天沟； 2.修筑挡水措施； 3.设置保温排水措施

三、冻土区路基的养护维修

(一)排水设备

1.冻土地区路基排水设备应具有抗冻、防冻的能力，对排水设备应进行定期检查，做到地表和地下的排水、挡水设施不被冻融破坏，如有破损、堵塞要及时修补、清理并做好防冻保护措施，保证排水能力畅通。

2.排除路肩和道床底部积水；及时清理地表排水沟中的脏物，保障水沟通畅，沟帮上无弃土、石、杂物。

3.迅速排除路基基底积水，其中包括修建临时排水沟，并保证临时排水沟无堵塞。

4.清除排水设施中的积水，设施上不生长杂草植物，杂草植物不入侵影响设施。

5.清理盲沟和明渠的出口处，使其流水顺畅。

6.有保温措施的排水设备，要定期检查排水设备保温措施的缺损情况，并做到及时修补。

(二)路基坡面

1.及时修补路基边坡，保证坡面无零星活石、松动土块，无危树；土质边坡裂缝应夯填。

2.保护路基坡面不被冻融破坏，保持路堤、路堑坡面的平整，无裂缝、无坑洼积水。

3.在富冰冻土地段和路堤较高、边坡较陡、冻融界面坡度较大地段，应定期进行检查，防止产生边坡滑坍。

4. 注意坡面防护工程不被雨水冲刷破坏，尤其在寒季、暖季保护其不遭受冻胀、融沉破坏。保证坡面防护工程无大面脱落或破损；对砌体裂缝或砌体勾缝脱落处应及时采取措施进行处理。

(三)路基本体

1. 养护中要保持道床清洁，使其排水、渗透性能良好。

2. 在有冻胀、翻浆冒泥地段，应及时对道床进行清筛，并进行换土或铺设砂垫层，避免道砟沉陷槽积水，以防止病害继续发展。

3. 对路基以裂缝、凹陷等形式出现的小损坏，要及时填补夯实。

4. 当地表热状态变化时，要注意观测路基基底是否产生压缩下沉或融沉，如有发生要及时上报工区，查明路基变形原因并进行及时治理，做好标志并对路基实行检测。

5. 及时清理路肩面及高度大于 6 m 的路堤肩缘下 2 m 范围内的弃渣和弃土；保持侧沟平台、堑坡平台无土、石堆积；片石路肩无缺损；定期进行路肩修整，做到路肩平整，无外高内低、无积水。

(四)其　　他

1. 冻土区应建立路基病害记录登记卡，随时记录病害发生的时间、里程、气候条件及变形特征，并提出具体处理意见。

2. 在路基的个别设计地段如热管路基、通风管路基、碎石护坡路基、保温护道路基等地段定期检查防护措施的工作状态，定期对设备的状态、安全进行检查，确保其安装牢固、无破损和严重锈蚀，工作状态正常。

3. 如有条件可在病害多发区建立地温监测，通过地温变化，分析、预测路基病害发生原因及发展趋势。

4. 不能任意破坏路基周围 100 m 范围内地表植被，尤其多年冻土地区，要确保生态平衡，维持路基的稳定。

5. 检查地下冰分布地段范围标志保存状态；冰椎地段要定期检测冰椎的发展情况。

6. 在日常养护中发现路基、防护和加固设施损坏，威胁列车以规定速度运行时，应采取紧急措施防止其继续发展，即用地方材料修建临时结构，同时立即上报线路工区上级主管部门。

第二节　黄土地区路基的养护维修

黄土是一种第四纪以来在干旱和半干旱地区，由不同的动力作用沉积的，以粉粒为主，呈棕黄、灰黄或黄褐色，富含钙质的黏性土。

黄土的主要特征有：

(1)颜色以黄色、褐黄色为主，有时呈微红、棕红、灰黄色等；

(2)颗粒组成以粉粒(0.05～0.005 mm)为主，含量一般在 60%以上，几乎没有粒径大于 0.25 mm的颗粒；

(3)具有多孔隙性，孔隙比一般大于 0.8，有时存在肉眼可见的大孔隙，直径约为0.5～1.0 mm；

(4)天然含水率小，一般为3%～25%，在干燥时很坚硬，呈干硬或半干硬状态，遇水后易崩解、冲蚀，有的黄土具有湿陷性；

(5)富含碳酸钙盐类，一般含量约在10%～40%。；

(6)垂直节理发育，在天然状态下能经常保持垂直边坡；

(7)厚度一般约在40～300 m之间，中间无层理；

(8)遇水有显著的湿陷性，土体结构破坏，黏聚力减弱，在自重及外力作用下易产生沉陷。

一、黄土区路基病害及产生原因

(一)黄土路堑边坡病害

1. 坡面冲蚀：黄土中粉土颗粒较多，黏结力弱，遇水湿润后发生崩解，易被地表水冲蚀成沟，在边坡中部有时出现陷穴。冲蚀严重程度主要与降雨量大小、边坡土质松散程度和边坡坡率等因素有关。

2. 表层溜坍：指在局部或小范围内的表层土体含水率增大，抗剪能力降低，从而产生的溜坍现象。另外上下两层土的紧密程度不同，也容易沿接触面发生溜坍。

3. 剥落：

(1)片状剥落。多发生在新黄土中。由于昼夜温差较大，经多次反复作用后，造成表层碎裂而形成坡面的片状剥落。冻融循环作用也能造成边坡剥落。

(2)层状剥落。多发生在砂黏土和黏砂土互层的冲积黄土中，主要是由于两种土的收缩膨胀性不同而产生。

(3)鳞状剥落。由于黄土中所含易融盐受热蒸发后，集中于表面形成结晶而膨胀，再经雨水溶滤而收缩，多次反复作用后，使得表层隆起松动，形成鳞状剥落。

4. 崩塌：指土体沿节理裂隙倒塌、错落，发生过程很快。崩塌后的土体成块状堆积于坡脚，极易造成行车事故。

5. 滑坡：由于水的作用，边坡体中的黄土经常会沿土体中的构造面发生浅层滑动或崩塌性滑动。

(二)黄土路堤病害

1. 高路堤下沉变形

黄土具有湿陷性，遇水后易于沉陷变形，其中包括路基基底排水不良，被水浸湿沉陷及基床道砟囊积水浸湿沉陷引起下沉变形。另外由于施工中人工夯填不实，或填料不合标准也容易引起下沉变形。

2. 边坡冲刷

因路堤边坡坡率较缓，接受雨水面积大，雨水入渗使边坡软化，在雨量大时，边坡易冲刷成沟，如不及时填补，就会发展成坍塌。

(三)排水设备病害

因黄土具有湿陷性的特性，排水设备经雨水长久浸泡及水流冲击后，几何尺寸常发生变形，泥土溜入沟内，堵塞或淤积沟底，纵坡改变，流水不畅，失去或降低排水能力。

二、黄土区路基养护维修

(一)排水设备

1. 黄土路基所发生的病害，主要是水的破坏作用，因此定期检查路基排水设备的缺损、变形情况，防止排水设备堵塞或淤积，保持排水畅通是非常重要的。

2. 路堑边坡天沟及侧沟的防渗漏、防冲刷的加固措施如有缺损、变形,应及时修补。

3. 路堤坡脚不得受水浸泡、冲刷;要经常检查路基基底的排水沟、截水沟的工作性能。

(二)边坡工程

1. 对坡面有冲蚀、剥落现象时,要及时填土夯实,做好坡面防护措施,并修整好排水通道。

2. 对坡面有溜坍、滑坍现象时,要及时采取修补、加固措施,并做好相应的排水工作。

3. 定期检查坡面的防护工程措施,防止雨水入渗。

(三)黄土陷穴预防

1. 黄土陷穴发生与发展速度较快,往往经过一场大雨之后,即可形成陷穴、暗穴,因此平时应做好调查工作,在认为可能产生陷穴的地段要做好预防工作。

2. 做好路基及四周的排水工作,路基坑洼积水及表土松散、裂缝等处,应及时填平夯实并采取防渗措施。

3. 对已查明的暗穴要迅速予以整治,可以采取灌砂、灌浆、开挖回填等措施。另外处理暗穴的范围应考虑其发展趋势,如发展指向路基时,应及早及时堵住。

第三节　膨胀土地区路基的养护维修

膨胀土(又名裂隙黏土,简称裂土)是由膨胀性黏土矿物组成的、超固结的、多裂隙的高塑性黏性土。因其由大量亲水性黏土矿物组成,因而具有吸水膨胀、软化、崩解和失水急剧收缩开裂,并能产生往复变形的特性,对铁路路基的稳定性影响很大。

一、膨胀土的主要特性

(一)强膨胀性与收缩性

膨胀土主要由强亲水矿物组成,因此在土与水相互作用中,随着含水率的增加其体积也显著增大,即表现为强烈的膨胀性和放入水中迅速崩解的强崩解性。若土体在体积增大的过程中受到限制,则土体内随即显示出一定的内力,即膨胀力。如土中含水率减小,则土体体积随之缩小,并常伴随产生裂隙和收缩应力。

(二)多裂隙性

普遍发育各种形态的裂隙是膨胀土的另一显著特征。膨胀土裂隙成因复杂,形状各异,大小不一,但在土体中广泛分布。膨胀土裂隙的形成与其成土过程、胀缩效应、风化作用等许多因素有关。

(三)超固结性

超固结性是膨胀土的主要特性之一,但并不是所有膨胀土都一定是超固结的。由于超固结膨胀土在历史上曾经受过超压密的作用,处于超固结状态。因此,超固结膨胀土具有原始密度高、天然孔隙比小、粒间连接紧密、水平应力大的特点。

二、膨胀土地区路基病害类型

膨胀土路基病害可分为膨胀土路堑边坡病害、膨胀土路堤边坡病害、膨胀土路基基床病害及路堤下沉病害等,其产生及发展由膨胀土的工程地质特性及环境影响所决定。

(一)膨胀土路堑边坡病害

1. 剥落。由于坡面土体受外界气候、生物和环境等因素影响而在土体内形成胀缩裂隙,导致土颗粒结构之间的连接丧失,在重力作用下被裂隙分割的土块不断从边坡表层脱落。剥落一般主要发生在旱季,如果是复合土层,则裂土层剥落明显,边坡上土层分界面呈起伏不平状态。

2. 冲蚀。由于坡面松散土体被雨水带走,先期在坡面出现雨洞、雨淋沟,随着水流线状的侵蚀而最终导致坡面上形成密集纹沟、V 字形沟及向下逐步放射成鸡爪沟等。路堑边坡的冲蚀沟深度一般在 0.1～0.3 m,深者可达 1 m 左右。

3. 边坡表层土体吸水饱和后,在重力和渗透压力的作用下坡面土体向边坡下部产生流塑状推移。表面溜坍一般发生在堑坡土体的强风化带内,深度在0.5～1.0 m之间。

4. 滑坍。一般是由于土体受雨水浸润而强度降低,从而导致坡面土体沿某一滑面向下以旋转方式滑出。滑坍土体的厚度不大,其出口一般在坡脚位置附近,且破裂面上陡下缓,一般没有固定的滑面。

5. 滑坡。开挖形成临空面的边坡土体在重力作用下沿某一软弱面(土层分界面、地下水变化带和裂隙面等)向下整体滑移。

6. 臌胀。土体由于开挖应力释放效应或干缩湿胀效应,在边坡局部常发生规模不大的土体外臌而形成松散层,其在干旱季节易剥落而在雨季易冲蚀。

7. 泥流。由于降水形成的水流沿坡面冲蚀,将坡面及坡脚堆积的松散土体推移而形成以细粒土为主的流动体。泥流常导致路基的侧沟被堵塞填平、涵洞淤积,甚至在道床处形成冲积扇。

(二)膨胀土路堤边坡病害

膨胀土路堤变形的特点是:变形普遍严重,抢修困难,养护不易,长期不稳定,对行车的威胁性大。膨胀土路堤边坡的主要病害有:冲蚀、溜坍、坍肩、坍滑和滑坡。

溜坍主要发生在路堤边坡的腰部或坡脚附近,后缘多呈半圆弧状陡壁;滑坡表现为路堤沿基底表面整体位移滑动;坍肩一般是由于路肩有纵裂缝,降雨时或降雨后路肩突然沿纵裂下坍。

(三)膨胀土基床病害

1. 下沉外挤。基床不均匀沉落,基床面出现起伏、反坡,甚至产生路肩隆起、外挤,出现明显变形带;严重时路肩隆起、外挤会产生路堤边坡病害,路堑会造成侧沟挤坏、挤死。

2. 纵裂。道床外侧与路肩之间的土体,沿轨道延伸方向产生纵向裂缝。缝宽约 1～5 cm,向边坡倾斜发展,且裂缝往往是雨天收拢,旱季张开。

3. 翻浆冒泥。多在雨季发生,且上部翻浆来自基床面。在地下水不富集处泥浆较稠,呈柱状或片状从枕木端及枕木中连续翻出,干旱季节道砟与泥浆固结,形成道床板结而失去弹性;在地下水富集处或地表滞水多时,泥浆则较稀且飞溅,严重时道床泥浆化。

4. 道砟陷槽和道砟囊。轨道变形后,需要经常填砟起道,形成高道床窄路肩。基床的局部洼处和不均匀沉陷以及枕木下的沉陷,在道砟充填后初期形成陷槽,为翻浆冒泥提供了积水条件。翻浆冒泥发生后,道砟充填了被抽吸掉的土体位置或楔入软化的土中,促使道砟陷槽,导致道砟囊的形成。

三、膨胀土地区路基养护维修

(一)路堑边坡

1.检查坡面防护措施及边坡排水设施的缺损状况,如有缺损应及时修补防止水入渗,保持膨胀土在最佳含水率状态。

2.检查表层土强度的衰减,对潜在的变形采取预防性的加固防护措施。

3.密切注意引排水及降低地下水位,检查地表水及地下水的排水设施,对排水设施有缺损或堵塞的应及时修补、清理。

4.防护加固工程应尽可能在旱季施工,一部分一部分的及时建完,避免新土层长期暴露。

5.堑顶至天沟、截水沟范围内不允许修建建筑物及堆弃渣土。

6.边坡表面如发生坍滑或溜坍,切忌用原土回填,要采取有效措施处理。

7.对于滑坡的加固应确立"宜挡不宜清,宜排不宜堵"的原则。即不要一味地刷坡,而应挡和锚,并要加强排水,切不可堵水。

(二)路堤边坡

路堤边坡养护维修除与路堑边坡的第1、2、3点相同外,还有以下几点:

1.养护维修中不得使用强膨胀性土做填料,如不得已采取,可采取台阶式外包一层低塑黏土、砂类土或改良土,包层厚度不小于2 m。

2.养护维修中填料土块应击碎,填土的含水率应达到或略大于(2%)最佳含水率,压实系数 $K \geqslant 0.95$。

3.膨胀土路堤边坡上严禁开挖农用水槽。不得已时应做成对边坡稳定无影响且不渗水的水槽。

4.强膨胀性路堤的边坡坡脚下面如常年有水浸泡,应对坡脚尽可能加固防护。

(三)路基基床

1.检查排、截水设施,使其保持良好的通、排水能力;尽量减少地表水、地下水对膨胀土的影响。

2.对发生病害的基床,可采取换填部分基床膨胀土、设置缓冲层、改良土、改性桩、土工织物、设置反滤层和泄水孔等措施来处理。

第四节　盐渍土与盐湖地区路基的养护维修

盐渍土是盐土与碱土的总称。在地表层1.0 m的厚度范围内易融盐的含量大于0.5%时称盐渍土。盐渍土具有较强的吸湿、松胀、溶失及腐蚀等特性,土中常见的易融盐有氯盐、硫酸盐和碳酸盐。

一、盐渍土的工程性质

(一)各种盐渍土的工程性质

1.氯盐渍土

氯盐的盐溶解度大,有较大的吸湿性,具有保持水分的能力,结晶时体积不膨胀,溶液冰点较纯水显著降低。

(1)具有较强的吸湿性和保湿性，这在干旱地区有利于路基施工与保养，在潮湿地区则易吸水软化，降低土体强度。

(2)土中盐分极易淋失，特别在降水量大的地区，路堤内常形成空洞。

(3)液、塑限随含盐量增加而减小，即在较小含水率状态下就能达到最佳密实效果。

(4)在一定含盐量时，氯盐渍土的强度随含盐量增加而减小，但含盐量超过某一限度时，强度又逐渐增加，接近或超过不含盐土。

(5)土的冻结点温度较低，这对防止路基冻害有利。

(6) 氯盐对硫酸盐有一定的抑制作用。

2.硫酸盐渍土

硫酸盐渍土以硫酸钠为主，其溶解度随温度而变化，在32.4℃时溶解度最大。当低于这个温度时硫酸钠分子便结合10个水分子变成晶体，体积增大3倍多；高于这个温度时又脱水，体积缩小。因此硫酸盐渍土最突出的工程地质问题是填料中硫酸钠超过2%时，由于温度的变化，体积不断的膨胀或缩小，如此反复进行，降低土体的强度。液、塑限随含盐量增加而增高，即在较大含水率状态下才能达到最佳密实效果。

3.碳酸盐渍土

碳酸盐(亦称碱性盐)一般在土中含量较少，但碳酸钠的水溶液具有较大的碱性反应，对黏土颗粒间的胶结起分散作用，使土体发生膨胀，同时也使土的塑性增加，渗透性减弱。

碳酸盐渍土的液、塑限随含盐量增加而增高。在干燥状态下，碳酸盐渍土黏固性强，一旦遇水，土体迅速崩解，强度显著降低。

(二)盐渍土的湿陷性

有些地区(多指西北内陆地区)的盐渍土结构与黄土类似，当粉粒含量大于45%，孔隙度大于45%，则具有一定的湿陷性。

(三)盐渍土的压实性

当土中含盐量增大时，其最佳密实度逐渐减小，故土中含盐量超过一定限度时，就不易达到规定的标准夯实密度。

二、盐渍土地区路基病害与防治

(一)病害类型

盐渍土路基的主要病害有溶蚀、盐胀、冻胀、翻浆和腐蚀等类型。

1.溶蚀。溶蚀现象主要发生在最易溶解的氯盐渍土中，其次是硫酸盐渍土。受水浸时土中盐分溶解，可形成雨洞、洞穴，甚至湿陷、坍陷等路基病害。

2.盐胀。硫酸盐渍土的盐胀作用最强烈。在冬季，盐胀可导致路面膨胀、变形、轨面抬高，年气温升高后，路基又开始下沉。路基边坡和路肩表层在昼夜温度变化所引起的盐胀作用下，变得疏松、多孔，并易遭风蚀。

3.冻胀。氯盐渍土当含盐量在一定范围内时，由于冰点降低，水分聚流时间加长，可加重冻胀。但含盐量更多时，由于冰点降低较多，路基将不冻结或减少冻结，从而不产生冻胀或只产生轻冻胀。硫酸盐渍土对冻胀具有和氯盐渍土类似的作用，但由于吸湿性不如氯盐渍土，因此影响不如氯盐渍土显著。碳酸盐渍土由于透水性差，冻胀现象较其他类盐渍土轻。

4.翻浆。氯盐渍土不仅聚冰多，而且液、塑限低，蒸发缓慢，可能引起严重的翻浆现象。硫酸盐渍土和氯盐渍土类似，只是不如氯盐渍土严重。但在春融时，结晶硫酸钠脱水可产生较严重的翻浆现象。碳酸盐渍土遇水崩解速度甚快，强度显著降低，常有翻浆现象发生。

5.腐蚀性。盐渍土分布地区，一般水质矿化度较高，气候干燥，年温差、日温差大，冰冻时间长，因此其对建筑材料具有强烈的腐蚀性。

(二)防治措施

1.在采用天然的盐渍土做路基填料时，应严格控制填料的含盐量和压实度。

2.控制路基高度。盐渍土地区地形较洼，地下水位较高，为使路基不受冻害和次生盐渍化影响，应控制路堤最小高度。

3.设置毛细水隔断层。对于填料来源困难，无法提高纵坡以满足对路堤最小高度要求时，应设置毛细水隔断层，常用的隔断层有渗水土隔断层、沥青胶砂隔断层及土工纤维隔断层等。

4.基地处理。地表盐壳及其下部超过含盐量的土均应清除，清除范围包括两侧护道。

5.加强排水、降低地下水位措施。

6.路基加固措施。为防止盐渍土路基松动及雨水淋溶冲刷，路基表层应设防护层。常用的防护层有平铺卵石、砾石、黏土夯实、盐渍土加砂夯实、卵石或砾石加砂及土夯实。

三、盐渍土路基养护维修

盐渍土的含盐量、潮湿度和地下水位都有明显的季节性，路基的养护维修要选择有利季节进行。一般情况下最好选择地下水位最低的季节施工，由于各地条件的差异，季节则因地而异。此外，在做好春检和秋检工作的基础上，在容易产生病害的季节，要加强巡视，发现病害及时处理，以确保行车安全。路基填料(换填与帮宽)除控制含盐量外，还要控制有机质含量，有机质含量不能超过5%。

(一)排水设施

盐渍土路基浸水后，易融盐溶失，路基极易变形，因此必须保证排水系统完好畅通，若发现阻塞、积水，应及时疏导排通，以免浸泡路基。

(二)不同盐渍土路基的养护维修

1.硫酸盐渍土路基

由于松胀引起的路肩宽度变窄、边坡破坏，应采用当地含盐量符合标准的土进行帮宽，每侧不宜小于20 cm，也可用卵石、砾石平铺或黏土夯实。

由于盐胀引起的路面隆起与下沉，宜采用如下措施：

(1) 临时处理：与处理冻害的临时措施一样，不断增减垫板，局部顺坡，个别落道。

(2)把路基受温度变化影响范围内的盐渍土全部挖掉，换填渗水土。这个办法处理最彻底，但干扰行车，不利安全且深层处理困难。

(3)改变土的工程性质，一般采用改良方法抑制盐胀的发生。此方法施工安全，不干扰行车，工序简单。缺点是机械灌注工效较低，而且成本较高。

2.碳酸盐渍土路基

碳酸盐渍土吸水性强，容易崩解，抗冲蚀能力差，在降水较多地区路肩边坡冲沟较发育，路堤内产生大小不一的空洞，影响路基的稳定。对此应采取以下养护措施：

(1) 用碎石、炉渣覆盖在路肩及边坡上，其厚度不小于30 cm。因炉渣吸水性较好且易蒸发，效果比碎石要好。

(2)用草皮护坡,增加护道。

(3)用石灰桩加固土体。在路肩及边坡内加石灰桩,可吸收水分,降低土湿度,提高土体强度。

3.氯盐渍土路基

因氯盐淋溶作用强,易使路基下沉,边坡冲刷,为保证路基稳定,可采取以下养护措施:

(1)加宽路基,放缓边坡。

(2)根据当地实际情况,选择边坡防护形式及材料。

4.其他情况

(1)为防止基床翻浆冒泥,产生道砟囊,养护中必须注意道床维护,保证道床清洁,以利于排水。

(2)对已发生路基下沉、翻浆等病害,应及时进行基床换土,铺设砂垫层,以防止病害的继续发展。

(3)盐渍土地区应建立路基病害记录登记卡,随时记录病害发生的时间、里程、气候条件及变形特征,并提出具体处理意见。

(4)有条件时,进行盐渍土路基含盐量、含水率的观测,以掌握其发展趋势。

四、盐湖地区路基的养护维修

受地势封闭、气候干旱、降水量少、蒸发量大等自然条件影响,内陆盆地含盐量较高的湖泊在湖水蒸发完后形成干涸盐湖。我国干涸盐湖主要分布在西北内陆盆地中,盐湖的地质条件一般是以氯化钠为主要成分的盐岩沉积层。在盐岩地区,由于淡水低矿化度溶液渗入盐岩层内,使盐岩融蚀成大小不一、形态各异的洞穴,称为"岩溶",岩溶化程度取决于盆地的地质构造及水文地质条件。

迄今为止,我国已建成的盐湖铁路只有青藏铁路,其在柴达木盆地中部通过,贯穿察尔汗盐湖 32 km,其中 2.7 km 范围内分布着盐溶。其中对铁路工程有直接影响的是盐岩层和湖区的三层地下水,即上部盐岩层内的潜水型晶间卤水、中间盐岩层内的承压水和下部盐岩层内的承压水,后两层水属地矿化度的承压水,向上渗透会形成岩溶,也是溶洞产生的主要原因。

盐湖地区路基养护维修一般采取以下养护措施:

1.建立长期检测制度,摸清路基病害产生原因及发展规律,以便采取正确的处理方案,做到超前预报。若遇到变化异常地段,应及时采取措施,保证行车安全。

2.加强盐湖路基段的巡视,若发现路堤填砂有塌落、路基下沉现象,应及时修复。

3.路堤坡面要经常浇洒卤水,保持路基应有的含水率,以避免因水分过少而产生干裂现象,同时也能起到盐胶结作用,保证路基边坡完好。

4.在采取自流排水地段,一定要保持排水孔的清洁,每隔 2～3 年清洗排水孔一次,以免长时间砂粒堵塞排水孔而失去排水作用。

第五节　风沙地区路基的养护维修

我国的沙漠就地理位置而言主要以西北五省和内蒙古为最多,其次东北西部、黄河古道及滨海地带有零星的平沙地。铁路工程所谓的沙漠是广义而言,主要指沙质荒漠和石质荒漠(戈壁)。

一、铁路沙害类型及特征

沙漠地区铁路的沙害类型主要有以下几种。

(一)沙　埋

沙埋是铁路沙害的主要类型,对铁路危害性也大。根据路基积沙形态分为片状、舌状和堆状三类。

1. 片状沙埋。为路基沙埋最普遍的形式,多发生在地形平坦的流动沙地和戈壁风沙流动区。

2. 舌状沙埋。在风口地带或路基两侧有突起的地貌,以及路堑两端有斜向风吹入时,易于形成舌状沙害。

3. 堆状沙埋。在流动沙丘地区,个别新月形沙丘或沙丘链,由于防护措施不足,或半固定、固定沙丘植被遭到破坏,形成流动沙丘,整个丘体逐渐向线路移动,堆积于路基旁,形成堆状沙丘。

(二)风　　蚀

路基风蚀是路基沙害又一普遍类型,根据调查,凡用沙修筑的路基,如不进行防护或防护不够时,将产生不同程度的风蚀,并随着路基形式、风力大小和风向变化等有着不同的风蚀形态。

1. 路堤

以路肩及边坡上部较为严重,并随着路堤的增高而加重,通常路肩被风蚀成浑圆状,坡面有风蚀槽,使路肩宽度不足,甚至轨枕头部外漏,危及行车安全。由于风向不同,路堤两侧的风蚀程度也不一样。

2. 路堑

以边坡风蚀较为严重,一方面随着路堑的加深而逐渐减轻,同时又随主风向与线路交角不同而不同。路堑风蚀常使边坡坍塌,形成新的沙埋,堆积在坡脚平台上,使路基断面减小,影响养护作业和行车安全。

(三)磨　　蚀

具有一定硬度的砂粒,在气流流动中含有较大的能量,往往对机车车辆和通讯设备进行撞击和磨蚀,产生一些不良影响。

二、路基沙害的防治措施

沙害防治工程要因地制宜、综合治理,采用疏导、截挡、稳固、植物防沙相结合的原则。

(一)设置沙障

沙障主要有以下两种,起固沙作用。

1. 半隐蔽式麦草沙障(又称方格草)

选用材料为麦草或稻草,方格规格为1 m×1 m、2 m×2 m、3 m×3 m等几种。方格选用原则:在沙丘顶部风蚀最强处使用小方格,在沙丘间低凹处使用大方格;距离线路较远处使用大方格,近处使用小方格;距离线路5 m以内防止机车漏火烧毁麦草则采用卵石铺砌。

2. 土埂沙障

土埂沙障也设置成方格式，高0.2～0.3 m，底宽0.5～0.7 m，顶部成圆弧形。主带土埂间距离2.0 m，副带间距不大于4.0 m。在沙丘的迎风坡面自下而上设置土埂沙障，背风坡可不设。

(二)乳化沥青固沙

用配置好的乳化沥青，加水稀释后喷洒于沙面。其水分迅速渗入沙层深处，沥青微粒将沙丘表层砂粒胶结成多孔状的固结沙层，具有一定的抗风蚀能力。

(三)阻沙措施

1.防沙栏栅。由多节联结组成。

2.防沙沟堤。适用于戈壁砾石沙地，设在路基迎风侧距路基中心约80～100 m处，利用挖沟弃土填筑。

3.防沙土墙。在附近有土时，可在路基迎风侧距路基中心约 30～50 m 处平行线路修筑高1.5～2.0 m的防沙土墙。

4.防沙林、植树林带。这是防治风沙的治本措施。一般在封沙育草、设置沙滩，全面固定沙丘的基础上适当植树造林。

三、风沙地区路基的养护维修

实践证明，防治沙害，贵在及时，贵在防微杜渐，否则沙害一旦形成，再治理困难就较大。铁路沙害的防治，不是一条线，而是一个面的治理问题，只有大面积的控制风沙活动，才能巩固治沙效果。因此要经常了解沿线沙害分布特征及演变规律，才能达到因地制宜，因害设防的目的。风沙地区路基养护维修应采取以下养护措施：

1.沙害治理，需要从预防入手，防患未然。要制定植物保护条例，控制人为破坏，保持生态平衡，防止沙害的发生和发展。

2.加强调查研究，组织定期观察。将沿线沙害分布地段、类型、产生原因、现有防护措施及改进意见，分别填入沙害工点履历表，以备查询。

3.制定日常防沙工作计划和实施细则。大风季节对重点沙害地段，要事先安排好材料、劳力及运输条件，特别要储备一定数量的防沙材料，以备紧急需要。

4.路基积沙要及时清理。将沙子运至背风侧适当距离，加以整平覆盖；防沙设备要不断维护，大风季节要加强养护，甚至派人看守，因此要成立专门防治机构。

5.为使线路保持良好状态，不得采用混砟，注意道床洁净和定期清筛，按标准断面整理道床，增加光滑度。当主风向与线路垂直、输沙量不大时，可考虑在轨底与枕木和道砟间留出5 cm的间隙，以利于风沙通过，保证能经常检查钢轨和连接零件。

6.沙漠地区的钢轨和零件涂油后，容易使砂粒粘住，加大磨损，因此除应经常对钢轨上的铁锈和砂粒清除外，还可试涂蜡剂或铅粉。

7.沙漠地区温差较大，调整钢轨接缝时，应根据最高、最低温度计算预留轨缝，防止线路发生胀轨现象。

8.巡道工要随时携带铁锨，清除线路上的突然积沙；如短时间内难以清除，又危及行车安全时，应立即发出停车或缓行信号，并上报工区以便及时清理，排除险情。

9.要按时清理桥涵积沙，以免暴雨时，由于桥孔堵塞，影响水流通过。

10.在大风季节，养护人员要加强与临近气象台联系，了解大风情况，派出防沙人员加强巡道工作。

11.路基边坡及两侧固沙带,要加强保护,不得随意践踏和破坏。

12.沙漠地带气候干燥,特别在冬季,草类沙障及林带要注意加强防火工作。在铺草皮及堆放草类地段,特别注意防火。

13.沙埋地段铁路养护时,应根据风力和能见度大小,采取相应的安全措施。养护作业标和移动信号标应设在距钢轨外侧不小于 3 m 处,杆身微向外倾,并插立牢固。

第六节　粉土地区路基的养护维修

粉土为第四纪松散河流堆积物,主要由黄土高原的黄土经河流再搬运形成,分布在我国黄河、淮河、海河等河流的中下游地区,也就是废黄河冲积地区。《铁路路基设计规范》(TB 10001—2005)对粉土定名为:$I_p \leqslant 10$,且粒径大于 0.075 mm 颗粒的质量不超过全部质量 50%的土为粉土,其中对液限 $w_L < 40\%$ 的粉土定名为低液限粉土,而 $w_L \geqslant 40\%$ 时定名为高液限粉土。

一、粉土的工程性质

粉土多呈棕黄色、散粒结构,由于其状态及含水率不同,表现出来的工程性质也极不稳定。粉土的工程性质主要有以下几种。

(一)弱可塑性

粉土的颗粒组成主要为粉粒和砂粒,黏粒含量很少,因此通常粉土的塑性指数较低,其数值一般均小 10。

(二)低黏结性

因粉土中黏粒含量偏小,土粒间黏结性差,从而表现出土体易粉碎而不易成型的工程特性,即低黏结性,而且其渗透性较高。因此,用粉土做路基填料时碾压密实很困难,尤其表层易失水,碾压易起皮、松散、剪切推移。

(三)强 度 低

因为粉土的级配不良,在成型时难以达到最理想的压实状态,即砂粒和粉粒之间的空隙没有更多的细小黏粒来填充;作为粉粒既不能像黏粒那样与各种稳定剂有效地发生作用,也不能在土中起到骨架作用,土颗粒之间的结合力较差,表现为强度较低,尤其遇水后强度降低较大。

(四)毛细作用强

由于粉土的颗粒组成中,绝大部分颗粒集中在 0.075~0.002 mm 的范围内,在最佳含水率时,土中的孔隙率仍较高,即使在 98%的压实度下,仍不能有效阻止毛细作用的进行。在地下水位较高地区,路基土极易吸水,容易引起路基翻浆冒泥、聚冰冻胀翻浆等病害。

二、粉土地区路基病害类型

粉土路基病害主要表现为以下几种。

(一)坡面冲蚀

由于粉土黏粒含量低,土颗粒黏聚性差,碾压不易成型。因此,粉土路基边坡水稳定性差,再加之粉土中不易生长植被,造成粉土边坡耐水流冲蚀的能力低,降雨所形成的水流经边坡时

对边坡产生强烈的冲蚀，长期的冲蚀使边坡表面冲槽遍布，支离破碎，从而直接影响边坡的稳定性。

(二)边坡溜坍

路基边坡经雨水冲刷，边坡土体达到饱和以后，从路基边坡上部、路肩中部或道床坡脚处先沿路基纵向开裂，在达到饱和极限后，与路基母体分裂开的部分土体会沿一定曲率的滑动线下滑，出现边坡溜坍。严重时会造成道砟溜淌下滑，出现轨道外部轨枕头悬空，严重影响行车安全。

(三)淤积堵塞

由于粉土边坡抗冲蚀能力差，降雨水流冲刷坡面极易造成土颗粒随水流失，流失的土体最终都淤积在路侧边沟内或涵洞中，从而影响路基排水，导致排水不畅，有时还会造成水流溢出边沟而侵蚀边坡坡脚，使边坡失稳破坏。

(四)基床陷穴

基床陷穴是粉砂土路基在汛期暴雨中发生的严重危及行车安全的病害，它是集中水流、粉土的动强度衰减和振动液化共同作用的结果。

基床表层粉土的强度在列车动荷载作用下衰减，当抗剪强度小于剪应力时，基床中某单元土体发生剪切破坏，导致裂隙产生，为降雨在基床表层中下渗提供了路径。汛期因暴雨沿裂隙下渗，使基床中裂隙周围土体含水率增加并趋于饱和，在列车动荷作用下，土体就容易发生振动液化。

发生振动液化时粉土中的自由水具有较高的水压力，对周围土有渗透破坏和劈裂破坏作用，从而破坏了粉土颗粒间联结。同时，承压水寻找出水路径以消散孔隙水压力。当出水路径形成后，自由水流出路堤边界，并带出粉土颗粒时，自由水在路堤中渗流的通路逐渐形成，粉土的潜蚀破坏开始。道床中雨水开始定向汇集成集中水流，集中水流的冲蚀作用不断增强，粉土颗粒大量流失，最后导致基床陷穴产生。

(五)翻浆冒泥

此种病害多发生在雨季，是由于雨水在道床下路基沉陷处排水不畅，发生积水，基床受积水作用软化，道砟沉陷在路基土体中形成道砟囊，在列车经过时产生的震动作用下，碎石和积水相互作用，道砟陷槽内的土水混合物被挤出形成翻浆冒泥。

另外，在季节冻土区地下水位较高时，粉土的毛细作用使得地下水在冻结过程中也不断迁移到冻结面处并聚集成冰，在春季冰融化后，若排水不畅也易形成翻浆冒泥。

三、粉土地区路基病害防治措施

(一)控制路基高度

在路基设计时应严格控制路基高度，尽量减少粉土路基边坡面积，使边坡上的水流快速流到侧沟，减少冲蚀。

(二)坡面防护

对于路基较高、边坡坡面较大时，应严格控制施工质量，保证碾压密实，提高路基的抗冲蚀能力。同时应采取植物防护、砌石防护、加筋防护等防护措施，并做好反滤层设置，以防止水流的冲蚀破坏，确保边坡的稳定。

(三)防渗、隔水措施

防止雨水下渗是彻底解决粉砂土路基病害的首要条件,可在基床中铺设隔水材料对基床进行封闭处理。一般防渗措施有土工材料、塑料排水板等,边坡防冲蚀整治应与基床封闭同时进行,以达到综合整治效果。

在地下水位较高地区,为了防止粉土的毛细作用,一般在路基基底下铺设一定厚度的碎石垫层,以隔断毛细水的上升。

(四)灌浆、回填

对已发现的基床暗沟、暗穴可采取灌浆、灌砂、开挖回填等措施。

四、粉土地区路基养护维修

粉砂土路基病害多数在汛期因集中暴雨而发生,病害发展速度快、分布范围广,对行车安全构成很大的威胁。因此,粉土地区路基的养护维修主要有:

1. 做好路基的排水工作,尤其在每年的雨季前和雨季期间,勤检查路基的防、排水设施,确保路基排水畅通,如发现堵塞要及时清除。

2. 路基坑洼积水、表土松散及裂缝等处,要及时填平夯实并采取防渗措施。

3. 检查路基坡面防护设施的质量,如发现缺损要及时修补并采取防渗措施,尤其在雨季。

4. 路基边坡被水流冲蚀形成的沟槽应及时补平夯实,并采取防渗措施,

5. 养护中必须注意道床维护,保证道床清洁,以利于排水。

6. 对已发生路基下沉、翻浆等病害,应及时进行基床换土,铺设砂垫层,以防止病害的继续发展。

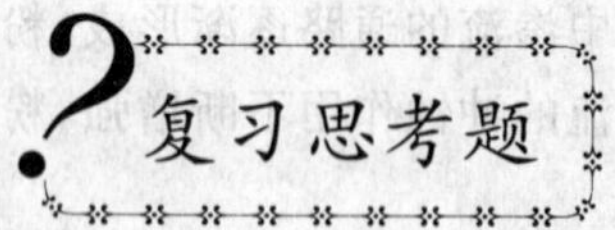

1. 名词解释:冻土、冻峰、冻阶、交错冻害、双侧冻害、表层冻害、深层冻害、冻胀、冻拔、基底融沉、冲蚀、鼓胀、盐渍土、盐胀、溶蚀、淤积堵塞。

2. 简述冻土区路基病害原因及其整治措施。

3. 冻土区路基养护维修与黄土湿陷区路基养护维修的共同点是什么?

4. 膨胀土路基的病害类型是什么?

5. 简述盐渍土路基养护维修的方式方法。

6. 风沙地区铁路路基病害类型及其防治措施是什么?

7. 简述粉土地区铁路路基工程性质及其养护维修措施。

参考文献

[1] 中华人民共和国铁道部. 铁路路基设计规范(TB 10001—2005)/ J447—2005. 北京:中国铁道出版社,2005.

[2] 中华人民共和国铁道部,铁路路基支挡结构设计规范(TB 10025—2006) / J127—2006. 北京:中国铁道出版社,2006.

[3] 中华人民共和国铁道部. 铁路特殊路基设计规范(TB 10035—2006)/ J158—2006. 北京:中国铁道出版社,2006.

[4] 中华人民共和国铁道部,铁路路基土工合成材料应用设计规范(TB 10118—2006) / J532—2006. 北京:中国铁道出版社,2006.

[5] 中华人民共和国铁道部,新建时速 200～250 公里客运专线铁路设计暂行规定(上、下)(铁建设〔2005〕140 号). 北京:中国铁道出版社,2006

[6] 铁道部运输局. 铁路路基大维修规则. 北京:中国铁道出版社,2008.

[7] 中华人民共和国铁道部. 铁路沿线斜坡柔性安全防护网(TB/T 3089—2004).

[8] 铁道部第一勘测设计院. 铁路工程设计技术手册・路基. 北京:中国铁道出版社,1992.

[9] 铁道部工务局. 铁路工务技术手册・路基. 北京:中国铁道出版社,1993.

[10] 铁道部第一勘测设计院. 铁路工程地质手册. 北京:中国铁道出版社,2002.

[11]《地基处理手册》编写委员会. 地基处理手册. 2 版. 北京:中国建筑工业出版社,2000.

[12] 罗嘉运. 岩土工程与路基. 2 版. 北京:中国铁道出版社,2006.

[13] 布鲁克(成都)工程有限公司阳友奎. 坡面地质灾害柔性防护的理论与实践. 北京:科学出版社,2005.

[14] 闵耀兴. 既有铁路列车提速. 北京:中国铁道出版社,1997.

[15] 谢纫秋. 路基工. 北京:中国铁道出版社,1994.

[16] 杨新安，李怒放，李志华. 路基检测新技术. 北京:中国铁道出版社,2006.

[17] 刘建坤,曾巧玲,侯永峰. 路基工程. 北京:中国建筑工业出版社,2006.

参考文献

[1] 中华人民共和国铁道部. 铁路路基设计规范(TB 10001—2005 J 447—2005). 北京:中国铁道出版社,2005.

[2] 中华人民共和国铁道部. 铁路[illegible]设计规范(TB 10[illegible]—2006 J 1127—2006). 北京:中国铁道出版社,2006.

[3] 中华人民共和国铁道部. 铁路[illegible]设计规范(TB 1008—2006 J [illegible]—2006). 北京:中国铁道出版社,2007.

[4] 中华人民共和国铁道部. 铁路路基土工合成材料应用设计规范(TB 10118—2006 J 1552—2006). 北京:中国铁道出版社,2006.

[5] 中华人民共和国铁道部. 新建时速200~250公里客运专线铁路设计暂行规定(上、下)(铁建设[2005]140号). 北京:中国铁道出版社,2005.

[6] [illegible]. 北京:中国铁道出版社,2008.

[7] 中华人民共和国铁道部. [illegible](TB/T 2084—2004).

[8] 铁道部第一勘测设计院. 铁路工程设计技术手册·路基. 北京:中国铁道出版社,1992.

[9] 铁道部[illegible]. 铁路工务技术手册·路基. 北京:中国铁道出版社,1995.

[10] 铁道部第[illegible]勘测设计院. [illegible]. 北京:中国铁道出版社,2003.

[11] [illegible]. 第2版. 北京:中国建筑工业出版社,2005.

[12] [illegible]. 2版. 北京:[illegible]出版社,2006.

[13] 中铁二院(成都)工程集团有限责任公司. [illegible]. 北京:中国铁道出版社,2003.

[14] [illegible]. 北京:中国铁道出版社,1998.

[15] [illegible]. 北京:中国铁道出版社,2006.

[16] [illegible]. 北京:中国铁道出版社,2006.

[17] [illegible]. 北京:中国建筑工业出版社,2006.